Q&A
実例から学ぶ
配偶者居住権のすべて

税理士法人安心資産税会計 代表税理士
高橋安志／監修

税理士法人安心資産税会計 税理士
大塚政仁・平田康治／著

ぎょうせい

はしがき

近年の社会の高齢化の進展及び平均寿命の伸長に伴い、被相続人の配偶者が被相続人の死亡後にも長期間にわたり生活を継続することは少なくありません。

2019（令和元）年における国民の平均寿命は男性81.41歳、女性87.45歳（差6.04）ですが、約40年前の1980（昭和55）年の平均寿命は男性73.35歳、女性78.76歳（差5.41）と比較すると、男性で約8.06歳、女性で約8.69歳伸びており、高齢化が進展しています。

しかも、男女差についても拡大する傾向にあります。

夫の死亡後残された妻（もちろんその逆もあります）が長期間生活を継続する場面が増加していると考えられます。

また、どちらにも前の配偶者との間の子供がいる高齢者同士の再婚も増加しています。

夫が死亡した場合、その財産の相続をめぐってバトルが勃発します。

本当の親子関係でも骨肉の争いが生じ、いわんや生《な》さぬ仲ではお互いが法定相続分を主張し、残された配偶者は居住していた土地と建物を相続した場合、法定相続分からその相続した土地建物を控除すると残りがわずかになり（又は超過してしまい）生活資金に困窮する場面が想定されます。

また遺産分割が長引いた場合、住み慣れた居住用住宅から追い出しを迫られたりもします。

配偶者は、住み慣れた居住環境での生活を継続するために居住権を確保しつつ、その後の生活資金として預貯金等の財産についても一定程度確保したいという希望を有する場合も多いと考えられます。

そのために2018（平成30）年の民法改正で、①配偶者短期居住権と②配偶者居住権が創設され、2020（令和２）年４月１日から施行されました。

なお、実務の適用に当たっては「慎重の上にも慎重を期す」とともに特例の適用に際しては、最終的に必ず法令等を参照してください。

本書は税理士法人安心資産税会計の門脇雅人・安田智博両氏の協力によることを申し添えるとともに、本書刊行の機会を与えていただいた㈱ぎょうせいの方々に心から謝意を表します。

なお文中、意見にわたる部分は著者・監修者の個人的見解であることをご了承願います。

2024（令和６）年７月

税理士法人 安心資産税会計　会長　代表税理士　高橋　安志

凡　　例

1　引用した主な法令等は、それぞれ本書では次の略語を用いました。

法令等の正式名称	略称
民法	民法
国税通則法	通法
相続税法	相法
相続税法施行令	相令
相続税法施行規則	相規
相続税法基本通達	相基通
財産評価基本通達	評基通
所得税法	所法
所得税法施行令	所令
所得税法施行規則	所規
所得税基本通達	所基通
租税特別措置法	措法
租税特別措置法施行令	措令
租税特別措置法施行規則	措規
租税特別措置法関係通達	措通
減価償却資産の耐用年数等に関する省令	耐年省
不動産登記法	不登法
不動産登記法施行令	不登令
不動産登記法施行規則	不登規
借地借家法	借地法

参考書籍	略称
商事法務「一問一答　新しい相続法」第２版 （法務省立案者　著）	一問一答
商事法務「一問一答　民法（債権関係）改正」 （法務省立案者　著）	一問一答債権
大蔵財務協会「税務相談事例集平成 29 年」 （東京国税局関係者）	税相集

2　引用の方法は、例えば、次のとおりです。

相続税法第23条の２第１項第２号⇨相法23の２①二

民法第1028条第１項第２号⇨民法1028①二

3　西暦表示に統一し、ケースにより（　）で元号を使用

平成30年＝2018・平成31＆令和元年＝2019・令和２年＝2020……

4　本書は2024年７月31日現在の法令・通達・情報によっています。

5　数字等の使用方法（大小の順番）は次によります。

大分類⇨⑴⑵…原則として見出しを付ける。太字にする。

⑴　**継続要件**

中分類⇨❶　❷　❸　…並記する場合

小分類⇨ア　イ　ウ　エ　オ…　並記する場合の小さいもの

（注）①・②…は条文中の第１項等の際に使用する。⇨民法２②

目　次

第３章　取得時の評価に関する法務と税務／ 63

第１節　配偶者居住権等取得時の評価（法務）　64

第２節　配偶者居住権等取得時の評価（税務）　67

第４章　取得後の消滅等に関する法務と税務／*139*

第５章　配偶者居住権等と小規模宅地等の減額特例との税務／*183*

巻末　参考法令等／*251*

第1章

配偶者の居住の権利に関する制度の概要

本書で使用している用語（定義又は略称規定）――重要

税法のみならず法令等は「定義規定」および「略称規定（広義の定義規定）」の理解が最重要ですから、**第２章以降のＱ＆Ａを見る場合、この頁を参考に見ることを薦めます。**

（図表－１）

用　　語	具体的な内容	
甲 乙 Ａ・Ｂ	＝被相続人（夫又は妻） ＝甲の配偶者（妻又は夫） ＝乙以外の甲の相続人等	第２章以降で単に甲・乙・Ａ・Ｂと表現している場合がありますのでご留意下さい。
相続等	相続又は遺贈（死因贈与を含む）で財産を取得すること。	
相続人等	甲から相続又は遺贈で財産を取得した者（相続人・受遺者）	
配偶者	法律上被相続人と婚姻をしていた配偶者をいい、内縁の配偶者は含まれない（民法739①・戸籍法74）。 本書では被相続人（甲）の配偶者（乙）を指す（民法1028①）。	
居住建物	（配偶者居住権の場合） 甲が単独所有（又は乙と共有）していたもので、甲の相続開始の時に乙が居住していた建物（民法1028①）	
	（配偶者短期居住権の場合） 甲が単独所有（又は他人と共有）していたもので、被相続人の相続開始の時に乙が無償で居住していた建物（民法1037①）	
居住していた	乙が居住建物を生活の本拠としていたことを意味する。 （民法1028①）（民法1037①）理論上は複数可能性あり 病院に入院は原則　該当　老人ホーム等に入所等は原則　非該当	
配偶者居住権	乙が居住建物の全部について無償で使用及び収益をする権利 （民法1028①）	
配偶者居住権者	配偶者居住権（及び敷地利用権を有する）被相続人の配偶者	
敷地利用権	相法23の２③の居住建物の敷地の用に供される土地（土地の上に存する権利含む）を配偶者居住権に基づき使用する権利	
敷地所有権等	相法23の２④の居住建物の敷地の用に供される土地（土地の上に存する権利含む） ※居住建物の敷地と表現する場合もあります。	
敷地所有権等者	相法23の２④の居住建物の敷地の用に供される土地（土地の上に存する権利含む）を有する者	
配偶者居住権など	配偶者居住権＋敷地利用権をいいます。	

配偶者居住権等	配偶者居住権＋敷地利用権＋居住建物＋敷地所有権等の総称です。 例　**配偶者居住権等の評価明細書**
配偶者短期居住権	居住建物に対する民法1037条の配偶者の権利をいいます。
居住建物の所有者	・相続開始前から一部所有している乙 ・甲の相続で配偶者居住権が設定された居住建物の所有権を相続等した者（乙含む）（民法1028①）
居住建物取得者	配偶者短期居住権のある居住建物の所有権を相続又は遺贈により取得した者（乙含む）（民法1037①）
第三者	被相続人及び配偶者以外の者
他人	自分以外の人
特定財産承継遺言	遺産分割方法の指定として遺産に属する特定の財産を共同相続人の一人又は数人に承継させる旨の遺言（民法1014②）
占有補助者	占有者たる本人に対して、全く独立性を持たず完全にその支配に従属する本人の事実的支配の道具ないし機関と認められる者をいいます。 例　建物占有者である配偶者と同居する家族（最判S28. 4.24）
建物と家屋	【建物】と規定している法令等 ・民法（配偶者の居住に関する権利）1028 ～ 1041 ・相続税法（配偶者居住権等の評価）第23条の２ ・不動産登記法 ※「家屋番号。不登法45」という場合は家屋を使用 【家屋】と規定している法令等 ・措法35等関係の条文では原則、家屋と使用しています。 ・財産評価基本通達（家屋の評価単位）88項 （大蔵財務協会）財産評価基本通達逐条解説　令和２年版442頁 …本項における「家屋」とは、家屋台帳法（…）（不動産登記法の一部を改正する等の法律(昭和35年法律第14号)により廃止、以下「旧家屋台帳法」という。）に規定する家屋の範囲と同一であり、住宅、店舗、工場、倉庫その他の建物を指称している。なお、固定資産税における家屋は、不動産登記法（…）の建物とその意義を同じくするもので、建物登記簿に登記されるべき建物をいうとされているが、本項における家屋と同趣旨であると考えられる。 【建物】と【家屋】明確に区分している法令等 措法69の４（小規模宅地等の特例）は ３項二号イでは「建物」【いわば全部概念】を使用し

	３項二号ロでは「家屋」【いわば部分概念】を使用し 明確に区分しています。
	※配偶者の居住に関する権利については ・民法及び相続税法並びに所得税法では「建物」を使用し、 ・財産評価基本通達では「家屋」を使用しています が同趣旨であると考えられます。
使用及び収益	使用＝居住用・店舗用・事務所用等に使用すること（収益を除く） 収益＝居住建物を賃貸して利益を上げることなどをいい、利益を得るための活動を行う場所として居住建物を使用すること（居住建物の一部で小売店や飲食店を営業すること）は、基本的には収益に当たらないと解される（ただし、その代金等の一部に建物使用の対価が含まれていると認められるような場合には、収益に当たり得るものと考えられる。）。
遺産共有持分	遺産が未分割状態での共有持分（法定相続分）
土地等	土地又は土地の上に存する権利（第４章Ｑ１　図表－２）参照

Ⅰ　民法（相続法）の改正（2020年４月１日から施行）

⑴配偶者居住権の概要

改正前の民法の規定によれば、遺産分割に際し、被相続人の配偶者が安定的に住居を確保するためには、配偶者が居住し、被相続人が有していた家屋（以下「居住建物」といいます。）の所有権を取得する必要があります（他に、居住建物の所有権を相続した他の相続人と賃貸契約を締結することも考えられますが、金銭的負担が生じるほか、そもそも契約を締結できないことも想定されます。）。

配偶者が居住建物の所有権を取得しようとする場合、遺産の構成によってはそれを取得しただけで相続分に達し、協議によっては金融資産など他の財産を取得できなくなり、住居は確保したものの老後の生活に苦慮する事態となることもありえます。

そこで、配偶者の居住及び老後生活の安定に資するため、配偶者の生存中は居住建物に無償で居住できる権利（配偶者居住権）を創設することとされました。

他の相続人が居住建物の所有権を取得し、配偶者が配偶者居住権を取得することにより、配偶者の住居が確保され、かつ、他に金融資産も相続することができるため、老後の生活を安定させることが可能になります。

他の相続人も相続により取得する金融資産の額は少なくなるものの、居住建物の所有権は確保されており、配偶者死亡後、配偶者の別の相続人がいた場合でも居住建物が相続されることなく使用収益できることとなります。

配偶者居住権は、遺産分割協議のほか、遺言又は家庭裁判所の審判によっても設定されます（民法1028①一・二、1029）。

上記のほか、配偶者居住権の主な内容は以下のとおりです。

［存続期間］

配偶者居住権の存続期間は、原則として配偶者の終身の間とされていますが、遺産分割協議等により別の期間を定めることもできます（民法1030）。

［使用収益］

配偶者は善良な管理者の注意をもって居住建物の使用及び収益をしなければならないこととされています（民法1032①）。

また、配偶者居住権を譲渡することはできません（民法1032②）。

なお、配偶者居住権の合意解除、放棄は可能と解されます。

（参考１）民法（明治29年法律第89号）（抄）

（配偶者居住権）　第1028条

①　被相続人の配偶者（以下この章において単に「配偶者」という。）は、被相続人の財産に属した建物に相続開始の時に居住していた場合において、次の各号のいずれかに該当するときは、その居住していた建物（以下この節において「居住建物」という。）の全部について無償で使用及び収益をする権利（以下この章において「配偶者居住権」という。）を取得する。

　ただし、被相続人が相続開始の時に居住建物を配偶者以外の者と共有していた場合にあっては、この限りでない。

一　遺産の分割によって配偶者居住権を取得するものとされたとき。

二　配偶者居住権が遺贈の目的とされたとき。

②　居住建物が配偶者の財産に属することとなった場合であっても、他の者がその共有持分を有するときは、配偶者居住権は、消滅しない。

③　第903条第４項の規定は、配偶者居住権の遺贈について準用する。

（配偶者居住権の存続期間）　第1030条

①　配偶者居住権の存続期間は、配偶者の終身の間とする。

　ただし、遺産の分割の協議若しくは遺言に別段の定めがあるとき、又は家庭裁判所が遺産の分割の審判において別段の定めをしたときは、その定めるところによる。

（配偶者による使用及び収益）　第1032条

①　配偶者は、従前の用法に従い、善良な管理者の注意をもって、居住建物の使用及び収益をしなければならない。
　ただし、従前居住の用に供していなかった部分について、これを居住の用に供することを妨げない。

②　配偶者居住権は、譲渡することができない。

③　配偶者は、居住建物の所有者の承諾を得なければ、居住建物の改築若しくは増築をし、又は第三者に居住建物の使用若しくは収益をさせることができない。

④　配偶者が第１項又は前項の規定に違反した場合において、居住建物の所有者が相当の期間を定めてその是正の催告をし、その期間内に是正がされないときは、居住建物の所有者は、当該配偶者に対する意思表示によって配偶者居住権を消滅させることができる。

旧民法と新民法との関係を図解すると下記のようになります。

（図表－２・３・４・５）は法務省　ＨＰより

（図表－２）　旧民法（～2020年３月31日）

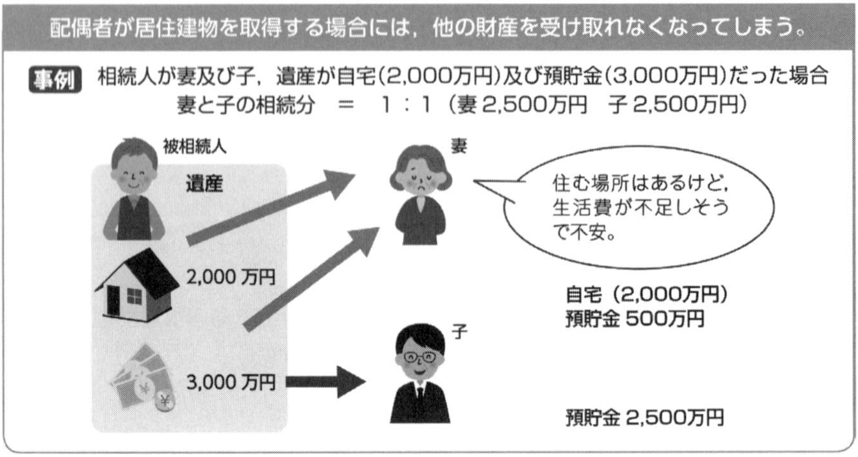

（図表－３） 改正民法（2020年４月１日～）

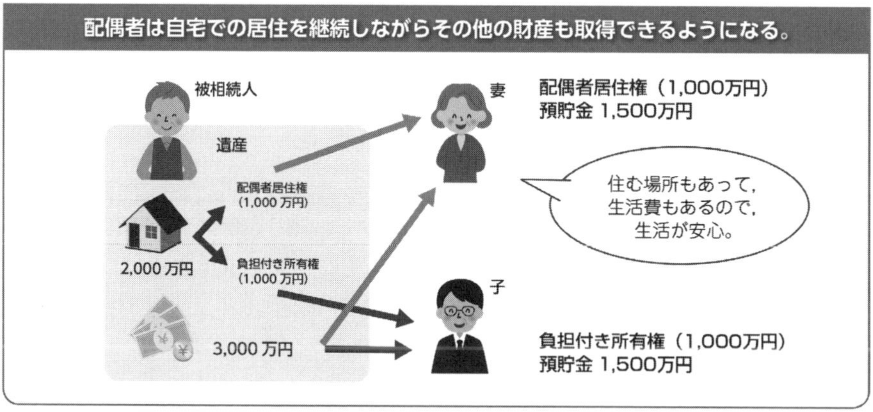

なお上記金額は仮定の評価額です。

⑵配偶者短期居住権の概要

配偶者短期居住権は、被相続人の建物に相続開始の時にその配偶者が無償で居住していた場合に、一定期間、その居住していた建物を無償で使用できる権利です（民法1037）。

配偶者短期居住権については、使用貸借の規定が準用されます（民法1041）。

ただし、財産性が認められない権利とされていることから、相続の対象にならず、相続税の課税対象にも馴染まないと考えられます。

（配偶者短期居住権） 民法第 1037 条

①　配偶者は、被相続人の財産に属した建物に相続開始の時に無償で居住していた場合には、次の各号に掲げる区分に応じてそれぞれ当該各号に定める日までの間、その居住していた建物（以下この節において「居住建物」という。）の所有権を相続又は遺贈により取得した者（以下この節において「居住建物取得者」という。）に対し、居住建物について無償で使用する権利（居住建物の一部のみを無償で使用していた場合にあっては、その部分について無償で使用する権利。以下この節において「配偶者短期居住権」という。）を有する。

ただし、配偶者が、相続開始の時において居住建物に係る配偶者居住権を取得したとき、又は第 891 条の規定に該当し若しくは廃除によってその相続権を失ったときは、この限りでない。

一　居住建物について配偶者を含む共同相続人間で遺産の分割をすべき場合

遺産の分割により居住建物の帰属が確定した日又は相続開始の時から6箇月を経過する日のいずれか遅い日

二　前号に掲げる場合以外の場合

第3項の申入れの日から6箇月を経過する日

②・③省略

（使用貸借等の規定の準用）　民法第1041条

①　第597条第3項、第600条、第616条の2、第1032条第2項、第1033条及び第1034条の規定は、配偶者短期居住権について準用する。

（以上は「改正税法のすべて」 2019年版より）

旧民法と新民法との関係を図解すると下記のようになります。

（図表－4）　旧民法（～2020年3月31日）

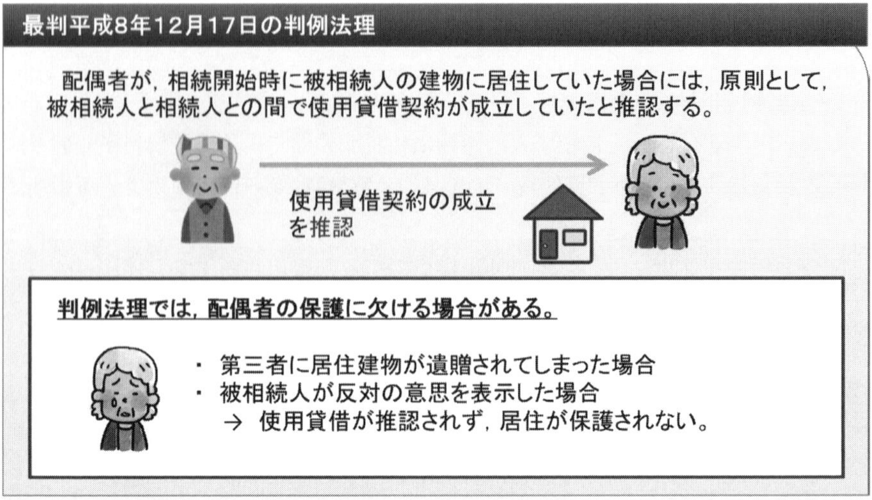

（図表－５）　改正民法（2020 年４月１日～）

配偶者は，相続開始時に被相続人の建物（居住建物）に無償で住んでいた場合には，以下の期間，居住建物を無償で使用する権利（**配偶者短期居住権**）を取得する。

① 配偶者が居住建物の遺産分割に関与するときは，居住建物の帰属が確定する日までの間（ただし，最低6か月間は保障）
② 居住建物が第三者に遺贈された場合や，配偶者が相続放棄をした場合には居住建物の所有者から消滅請求を受けてから6か月

被相続人の建物に居住していた場合には被相続人の意思にかかわらず保護

被相続人が居住建物を遺贈した場合や，反対の意思を表示した場合であっても，配偶者の居住を保護することができる。

他に，常に最低6か月間は配偶者の居住が保護されるというメリットもある。

配偶者の居住に関する権利の民法条文比較検討表

この表は第2章以降で、理解困難になった場合、または整理する場合にご覧下さい。

（図表－6） 甲＝被相続人 乙＝甲の配偶者 A等＝甲の乙以外の相続人等

例 甲＝夫 乙＝妻	Ⓐ＝配偶者居住権	Ⓑ＝配偶者短期居住権
根拠条文 民法	1028～1036	1037～1041
相続開始時要件 居住建物所有者要件	甲100％・甲と乙共有のみ※ ※ （1028①ただし…）	左記の他・甲とA等の共有※ ※左記の規定なし （1037①）
相続開始時要件 居住要件	乙は必要・甲は不要 （1028①）	同左 （1037①）
相続開始時要件 対価要件	有償・無償の制限規定はなし	無償のみ （1037①）
権利の及ぶ範囲 ※賃借人に対抗➡	建物全部（店舗・賃貸分）（1028①） ※現実は対抗不可 （借地借家法31）	無償で使用していた部分のみ （1037①）
無償で	使用・収益（賃貸）できる（1028①）	使用できる （1037①）
取得原因 ①遺産分割	（調停・審判含む）（1028①・1029）	当然に取得※ただし相続開始時に配偶者居住権を取得したら取得できない （1037①ただし書き）
取得原因 ②遺贈	（死因贈与を含む） （1028①二）	
903④持戻免除	同左の推定は、準用する （1028③）	規定なし
権利の及ぶ期間 ※Ⓑ一①②遅い方	・原則 乙の終身 （1030） ・別段の定め可 （1030ただし…）	一 ①分割日 ②相続後6月経過 二 消滅申入日6月経過日（1037）
居住権の登記	居住建物所有者に請求可（1031①）	規定なし
第三者対抗要件	登記した場合のみ対抗可（1031②） （605・605の4準用）	規定なし 保護はある （1037②）
使用 （居住・店舗等）	従前の用法に従い使用 （＆収益） 従前非居住分➡居住用可 （1032①）	従前の用法に従い使用 （1038①）
用法遵守＆善管注意	義務あり （1032①）	義務あり （1038①）
居住権の譲渡	民法上はできない （1032②） 税務上は対価あれば総合譲渡	民法上できない （1041） 規定はないが対価があれば同左？
改築・増築	所有者の承諾必要 （1032③）	取得者の承諾規定なし
第三者に使用・収益 ※使用（無償）	所有者の承諾必要 （1032③） ➡※第三者には家族等は含まない	取得者の承諾必要 （1038②） 同左 使用
Ⓐ・Ⓑ➡消滅可★ ※催告➡是正勧告	所有者1032①③催告無視（1032④） 対価なし・著しく低い➡贈与課税 （相基通9－13の2。みなし贈与）	取得者1038①＆②違反 （1038③） ※催告不要➡贈与課税なし
必要な修繕	乙ができる （1033①）	乙ができる （1041）
通常の必要費＝ （595①）	建物保存に必要な通常の修繕費＋居住建物と敷地の固定資産税等が含まれると考えられる（最高裁S36.1.27）。 乙が負担する（1034）（1041）	
居住建物の返還等 （債務控除の対象） ※乙共有持分あり	居住建物の返還義務 （1035①） ➡原状回復義務 （1035②・621） ➡返還義務無 （1035①ただし書）	居住建物の返還義務 （1040①） ➡原状回復義務 （1040②・621） ➡返還義務無 （1040①ただし書）
乙の居住権の消滅	・乙死亡時 （1036）➡（597③） ・期間満了 （1036）➡（597①） ・建物消滅等 （1036）➡（616の2） ・前掲★Ⓐ消滅可を参照 （1032④）	・同左 （1041）➡（597③） ・乙が配偶者居住権取得 （1039） ・同左 （1041）➡（616の2） ・前掲★Ⓑ消滅可を参照 （1038③）

1028②裏読み➡相続放棄した場合	・乙所有権取得➡混同で消滅（520） 分割では取得不可。遺贈は可能	相続放棄しても当然成立する
相続欠格事由該当	取得できない　(891➡965)	取得できない　（1037①但し書き） 欠格の宥恕 （新注釈民法（19）125頁）
推定相続人の廃除	分割では取得不可。遺贈は可能	
相続税法上の価値	Ⓐ１次相続あり（相法23の2)。２次相続&Ⓑ配偶者短期居住権はなし	
相続　法上の価値	同上（相続の対象）　Ⓐ&Ⓑ　帰属上の一身専属権	

Ⅱ　相続税法及び所得税法の改正

上記民法の改正を受け課税関係が整備されました。

⑴相続税法関係の改正

・配偶者居住権＝民法第1028条（配偶者居住権）の規定に基づく権利

・下記の罫線はそれぞれ下記の意味です。

——— ＝所有権　- - - - - ＝利用権等の区分

～～～ ＝使用形態（居住・店舗・貸付事業）　——— ＝共有

・敷地利用権＝配偶者居住権目的建物の敷地である土地等を配偶者居住権で使用する権利（民法では敷地利用権という定義をしていませんが、「配偶者は、配偶者居住権に基づき居住建物の使用及び収益をする場合には、それに必要な限度で敷地を利用することができる。」と「一問一答20頁」の中で解説しており、必要な限度での敷地利用権を容認しています。）税法上の用語とご理解下さい。

代表的な例

甲＝被相続人（夫）　　乙＝甲の配偶者（妻）　　A＝甲の子供

（図表－７）

相続開始前の所有者　➡相続開始➡　遺贈又は遺産分割協議等で
土地等・建物とも甲　　　　　　　　乙は配偶者居住権などを取得
　　　　　　　　　　　　　　　　　土地等・建物はAが取得

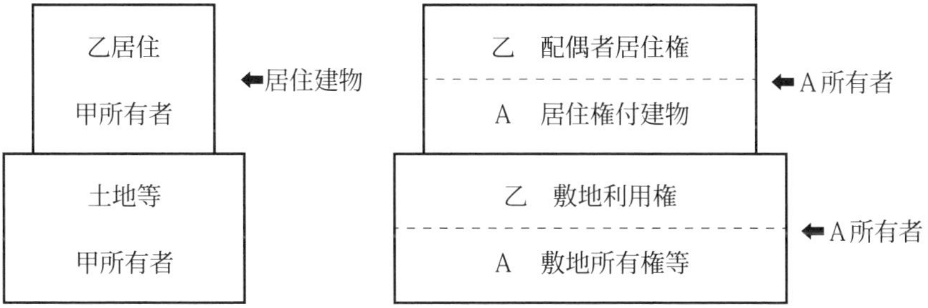

❶　財産評価

民法上の配偶者居住権については、取得した相続財産の分割行為である遺産分割等により定められ、具体的相続分を構成することから、相続により取得した財産として相続税の課税対象になります。

その場合の財産評価については、下記の理由から相続税法第22条の「時価」によるのではなく、相続税法で別途評価方法を規定することとされました（相法23の２）。

ア　法定評価とされた理由

相続税法は、相続税・贈与税における財産の評価額について、原則として財産を取得した時における「時価」によることのみを定め（相法22）、具体的な評価方法については解釈に委ねています（実務上は、専ら国税庁が定める「財産評価基本通達」「評価企画官情報」により評価されています。）。

ただし、地上権、定期金に関する権利等の一部の財産については、時価を把握することが困難である等の理由により、解釈に委ねるのではなく、相続税法に具体的な評価方法が法定されています（相法23 ～ 26）。

配偶者居住権は、従前から居住していた建物を無償で使用・収益することができる権利であり、遺産分割においては具体的相続分を構成することから、一定の財産的価値を有しているものと考えられます。

そのため相続税法の改正では、配偶者居住権の評価について、原則的な「時価」による評価ではなく、地上権等と同様に評価方法を法定することとされました。

具体的には下記の法令等が改正又は新設されました。

詳細な解説は第２章以下で行います。条文は巻末を参照して下さい。

・相続税法（配偶者居住権等の評価）第 23 条の２
・相続税法施行令（建物の一部が賃貸の用に供されている場合等の配偶者居住権の価額等）第５条の７

【相続税法施行規則】
・（耐用年数）第 12 条の２
・（配偶者の平均余命）第 12 条の３
・（法定利率による複利の計算で現価を算出するための割合）第 12 条の４
【相続税法基本通達】
・（配偶者居住権が合意等により消滅した場合） 9 ―13 の２

・（居住用不動産の範囲）21の6－1
・（一時的な空室がある場合の「賃貸の用に供されている部分」の範囲）23の2－1
・（「配偶者居住権が設定された時」の意義）23の2－2
・（相続開始前に増改築がされた場合の「建築後の経過年数」の取扱い）23の2－3
・（法定利率）23の2－4
・（完全生命表）23の2－5
・（配偶者居住権の設定後に相続若しくは遺贈又は贈与により取得した当該配偶者居住権の目的となっている建物及び当該建物の敷地の用に供される土地の当該取得の時の価額）23の2－6

【租税特別措置法関係通達】（措法69の4のみ収録）
・（配偶者居住権等）69の4－1の2
・（被相続人等の事業の用に供されていた宅地等の範囲）69の4－4
・（宅地等が配偶者居住権の目的となっている建物等の敷地である場合の被相続人等の事業の用に供されていた宅地等の範囲）69の4－4の2
・（被相続人等の居住の用に供されていた宅地等の範囲）69の4－7
・（宅地等が配偶者居住権の目的となっている家屋の敷地である場合の被相続人等の居住の用に供されていた宅地等の範囲）69の4－7の2
・（法人の事業の用に供されていた宅地等の範囲）69の4－23
・（被相続人等の貸付事業の用に供されていた宅地等）69の4－24の2

イ　評価方法の基本的な考え方

配偶者居住権を取得した乙は、その存続期間中、従前から居住していた建物を無償で使用・収益することができます。

その建物（及び土地等）を取得した相続人の側から見れば、配偶者居住権が存続する期間中は配偶者による無償の使用・収益を受忍する負担を負い、存続期間満了（終身または一定期間経過）時点でその建物が自由な使用・収益が可能な完全な所有権に復帰することになります。

この点に着目し、まず、存続期間満了時点における建物所有権の価額を算定し（例　50円）、これを一定の割引率により現在価値に割り戻すことにより、相続開始時点における（配偶者居住権付の）建物所有権の評価額を算定します（例　40円）。

そして、この価額を配偶者居住権が設定されなかったものとした場合の相続開始時点における建物所有権の評価額（例　100円）から控除することにより、間接的に配偶者居住権を評価（例　100円－40円＝60円）することとされました（配偶者居住権に基づく敷地の使用権についても同様です。）。

（図表－８）

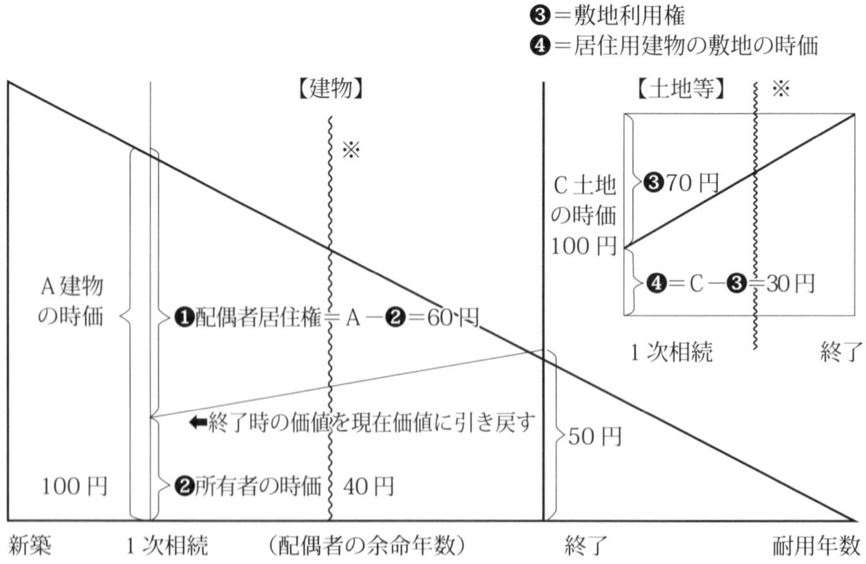

ウ　具体的な評価方法

第３章以下で詳解します。

❷　物納の扱い

ア　配偶者居住権（及び敷地利用権）は相続又は遺贈により取得した財産であり、相続税の課税対象ではありますが、民法上、第三者への譲渡が禁じられている（民法 1032 ②）ため、国への譲渡である物納の対象とはなりません。

イ　しかし、配偶者居住権が設定されている建物とその敷地の所有権部分にはそのような制限はありませんから、物納の申請をすることは可能と考えられます。

ただし、配偶者居住権が設定されている建物とその敷地については、これらを第三者へ譲渡した後もその物件に配偶者居住権が存続し、その物件の使用・収益が制限されることから、物納後に国が換価するには困難を伴うことが想定されます。

このように物納後に国が換価することが困難と考えられる財産については、物納劣後財産とされ、物納に充てることができる順位が後れることから、他に物納申請に適した財産がある場合には、その財産から物納の申請をする必要があります。

配偶者居住権が設定されている建物とその敷地についても、物納劣後財産とされました（相令19五）。

（図表－９）

<table>
<tr><td colspan="3">Ⓐ相続または遺贈により取得した財産（預金等除く）（相法41②）</td></tr>
<tr><td colspan="2">物納適格財産（Ⓐ－Ⓑ）</td><td>Ⓑ物納不適格財産</td></tr>
<tr><td></td><td>Ⓒ左記がない場合に物納できる
＝物納劣後財産（相令19）</td><td>管理処分不適格
財産（相規21）</td></tr>
</table>

❸　配偶者居住権に関するその他の取扱い

上記❶及び❷のほか、配偶者居住権に関する相続税の取扱いについては、以下のとおりです。

ア　関係者が死亡した場合（２次相続）

・　配偶者が死亡した場合

配偶者が死亡した場合には、民法の規定により配偶者居住権が消滅することとなります。

この場合、居住建物の所有者はその居住建物について使用収益ができることとなりますが、民法の規定により（予定どおり）配偶者居住権が消滅するものであり、配偶者から居住建物の所有者に相続を原因として移転する財産はありませんので、相続税の課税関係は生じません（配偶者居住権の存続期間が終身ではなく、例えば10年といった有期で設定されて存続期間が満了した場合も、同様に贈与税の課税関係は生じません。）。

・　配偶者より先に所有者が死亡した場合

配偶者より先に居住建物の所有者が死亡した場合には、居住建物の所有権部分について所有者の相続人（第２順位の直系尊属である乙が該当する場合もあります。）に相続税が課されます。

この場合、配偶者居住権は存続中ですので、所有者の相続開始時において所有権部分と同様に評価することが考えられます（居住建物の敷地についても同様です。）。

なお、居住建物の所有者から所有権部分の贈与があった場合も同様に贈与税が課税され、その課税価格は贈与時点における居住建物の評価額から配偶者居住権部分の評価額を控除した金額とすることが考えられます。

イ　期間の中途で合意解除、放棄等があった場合

配偶者居住権は、当初設定した存続期間をその中途で変更することができないと解されていますが、配偶者が放棄をすること、配偶者と所有者との間の合意により解除することが可能と解されます。

また、配偶者が民法第1032条第１項の用法遵守義務に違反した場合には、居住建物の所有者は、配偶者居住権を消滅させることができます。

このように配偶者居住権の存続期間の満了前に何らかの事由により配偶者居住権が消滅することとなった場合には、居住建物の所有者は期間満了前に居住建物の使用収益ができることとなります。

これは、配偶者居住権が消滅したことにより所有者に使用収益する権利が移転したものと考えられることから、相続税法第９条の規定により配偶者から贈与があったものとみなして居住建物の所有者に対して贈与税が課税されるものと考えられます。

ウ　小規模宅地等の課税価格の計算の特例

配偶者居住権そのものは建物についての権利であることから、宅地を対象とする小規模宅地等についての課税価格の計算の特例は適用がありませんが、敷地利用権については土地の上に存する権利であることから小規模宅地等の特例の適用があります。

その場合の面積要件の判定方法など詳細については、第５章の「配偶者居住権等と小規模宅地等の減額特例との税務」をご参照ください。

⑵所得税法関係の改正

❶　上記⑴イ（合意解除、放棄等）に該当した場合には各種の課税関係が生じることになり法令等が整備されました。

それを受けて国税庁は2020年12月16日資産課税課情報第26号を発出し、５つの事例を紹介しています。第４章で詳解します。

事例１　配偶者居住権及び敷地利用権の消滅（合意解除）につき対価を取得した場合【乙がＡから対価を取得】

事例２　収用等で配偶者居住権及び敷地利用権の消滅に係る補償金並びに配偶者

居住権の目的となっている建物及びその敷地の用に供される土地に係る補償金を取得した場合【収用等で対価を取得】
事例３　配偶者居住権の目的となっている建物及びその敷地の用に供される土地を配偶者居住権者に売却した場合【乙がＡから取得】
事例４　対価を支払って配偶者居住権及び敷地利用権を消滅（合意解除）させた後、建物及び土地を売却した場合【事例１の後に譲渡】
事例５　配偶者居住権者が配偶者居住権の目的となっている建物及びその敷地の用に供される土地を購入した後、その建物及び土地を売却した場合【事例３の後に譲渡】

具体的には下記の法令等が改正又は新設されました。
詳細な解説は第２章以下で行います。法令等で参照して下さい。

【所得税法】
・(贈与等により取得した資産の取得費等）第 60 条

【所得税法施行令】
・(短期譲渡所得の範囲）第 82 条
・(譲渡所得の収入金額とされる補償金等）第 95 条
・(贈与等により取得した資産の取得費等）第 169 条の２

【所得税基本通達】
・(配偶者居住権等の消滅による所得）33 － 6 の 8
・(土地建物等以外の資産の取得費）38 － 16
・(法第 60 条第２項の適用範囲）60 － 3
・(「配偶者居住権等を取得した時」の意義）60 － 4
・(配偶者居住権等の取得費）60 － 5
・(配偶者居住権等の取得費に算入する金額）60 － 6
・(令第 169 条の２第５項第１号及び第６項第１号に規定する配偶者居住権等の「取得費とされた金額」）60 － 7
・(配偶者居住権等の消滅につき対価を支払わなかった場合における建物又は土地の取得費）60 － 8
・(配偶者居住権の目的となっている建物又は当該建物の敷地の用に供される土地の購入後に配偶者居住権等の消滅につき対価を支払った場合における当該建物又は当該土地の取得費）60 － 9
・(配偶者居住権を有する居住者が贈与等により建物又は土地を取得した場合に

おける当該建物又は当該土地の取得費）60 − 10

【租税特別措置法関係通達】

・（分離課税とされる譲渡所得の基因となる資産の範囲）31・32 共− 1
・（配偶者居住権等が消滅した場合における建物又は土地等の所有期間の判定）31・32 共− 7
・（配偶者居住権を有する居住者が建物又は土地等を取得した場合の所有期間の判定）31・32 共− 8
・（借家権の範囲）33 − 31
・（配偶者居住権の目的となっている建物の敷地の用に供される土地等を当該配偶者居住権に基づき使用する権利の価値の減少による損失補償金の取扱い）33 − 31 の 3
・（配偶者居住権等を有していた者の居住の用に供する建物）33 − 38 の 2
・（配偶者居住権等を有していた者の居住の用に供する建物の判定）33 − 38 の 3
・（借家権の範囲）33 の 3 − 1

第2章

取得に関する法務と税務

Q 1 配偶者の居住に関する権利の法的根拠条文

配偶者の居住に関する権利の法的根拠条文を教えて下さい。

A 条文見出しと条文番号のみですから、全文は法令等で参照して下さい。

『法務』 民法改正により 2020（令和２）年４月１日から施行されています。

⑴民法1028条から1036条まで「配偶者居住権」を規定しており、

「賃借権類似の法定債権」と（一問一答18頁）で解説しています。

第 1028 条（配偶者居住権）

第 1029 条（審判による配偶者居住権の取得）

第 1030 条（配偶者居住権の存続期間）

第 1031 条（配偶者居住権の登記等）

第 1032 条（配偶者による使用及び収益）

第 1033 条（居住建物の修繕等）

第 1034 条（居住建物の費用の負担）

第 1035 条（居住建物の返還等）

第 1036 条（使用貸借及び賃貸借の規定の準用）

からなっています。

⑵民法1037条から1041条まで「配偶者短期居住権」を規定しており、

「使用借権類似の法定債権」と（一問一答46頁）で解説しています。

第 1037 条（配偶者短期居住権）

第 1038 条（配偶者による使用）

第 1039 条（配偶者居住権の取得による配偶者短期居住権の消滅）

第 1040 条（居住建物の返還等）

第 1041 条（使用貸借等の規定の準用）

からなっています。

⑶配偶者の居住に関する権利の法的イメージ

（図表－１）

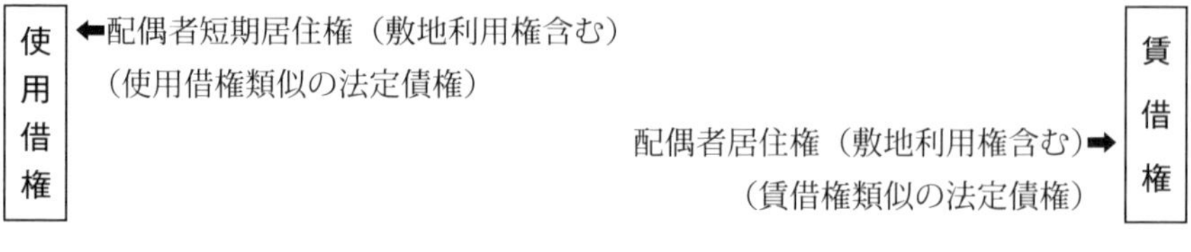

『税務』

上記の民法改正に伴い下記の法令等が改正（新設）されました。

（相続税法）

⑴相続税法関係の改正（2019年改正税法のすべてより）

❶　上記『法務』⑴の配偶者居住権について

取得した相続財産の分割行為である遺産分割等により定められ、具体的相続分を構成することから、相続により取得した財産として相続税の課税対象になります。

相続税法第22条の時価によるのではなく、相続税法で別途評価方法が規定されました（相法23の２）。

評価方法は別途詳解します。

❷　上記『法務』⑵の配偶者短期居住権について

収益はできず、財産性が認められない権利とされていることから、相続税の課税対象には馴染まないと考えられますので法令の改正（新設）はされませんでした。

⑵（措置法69条の４　小規模宅地等の減額特例）

法令の改正はありませんでしたが通達が改正（新設）されました。

第５章で詳解します。

（所得税法）

⑶所得税法関係の改正（2020年改正税法のすべてより）（第４章で詳解）

配偶者居住権の消滅につき対価の支払を受けた場合には、その対価は、譲渡所得として所得税の課税対象となるべきものとされました。

なお、配偶者居住権が賃借権類似の法定債権の性質を有する点を踏まえれば、現行の賃借権の課税関係と同様に、総合課税の譲渡所得として課税すべきものと考えられます。

また、配偶者敷地利用権があくまで（建物に対する権利である）配偶者居住権に基づく敷地の使用権に過ぎない点を踏まえれば、配偶者敷地利用権の消滅に伴う譲渡所得の金額の計算についても、配偶者居住権と同様の内容で課税すべきものと考えられます。

（注）土地等又は建物等に係る譲渡所得の分離課税（措法31、32）の対象となる「土地の上に存する権利」とは、「地上権、土地賃借権のような土地を直接利用すること

を内容とする権利及び地役権のような一定の土地の利用価値を増すための他の土地の上に支配を及ぼす権利をいうこととされる（東京地裁判決 昭和52年２月７日）」ことから、配偶者敷地利用権は土地の上に存する権利には該当せず、総合課税の譲渡所得として課税すべきものと考えられます。

Q２ 相続開始時要件（居住建物所有者要件）

居住建物の所有者要件をケース別に解説して下さい。

A 甲＝被相続人 乙＝甲の配偶者 A・B＝乙以外の甲の相続人

『法務』

⑴配偶者居住権を設定できる場合

甲に相続開始時の居住建物の所有者が、甲100％、又は甲と乙共有の場合のみです。したがって甲及び乙以外の者が一部でも持分を所有していた場合は配偶者居住権を設定できません。

❶甲が建物全部所有（①～⑩ 10ケース・⑪のケースは非該当）

❷甲＆乙が100％建物共有（４ケース）（民法1028①ただし書き）

下図の上が建物で、下がその敷地である土地等を表しています。

➡相続又は遺贈で所有者が変更

下記のケースに当てはまらない場合、配偶者居住権は取得できません。

（図表－２） ➡最初に第１章（図表－６）を参照して下さい。

１次相続開始直前	１次相続開始➡（＝分割等）	備 考
❶① 相続等 甲➡A（又はB） 甲➡A（又はB）	乙 配偶者居住権 A 居住権付建物 （又はB） 乙 敷地利用権 A 敷地所有権等 （又はB）	建物はA・土地等はBでも、その逆でも左記の回答は同じになります。

❶② 甲➡A＆乙 甲➡A	乙　配偶者居住権 ※　民法1028② A　居住権付建物 ／ 乙　居住権付建物 乙　敷地利用権 A　敷地所有権等	※居住建物が配偶者の財産に属することとなった場合であっても、他の者Aがその共有持分を有するときは、配偶者居住権は消滅しません。 自己借地権類似の規定（第25回民法部会資料）
❶③ 甲➡A 甲➡乙	乙　配偶者居住権 A　居住権付建物 乙　敷地所有権等【※敷地利用権含む】	※配偶者が取得した敷地の所有権と敷地利用権を区分して評価する必要性に乏しく、敷地利用権を所有権に含めて評価するるのが合理的であると考えられます。
❶④ 甲➡A 甲➡A＆乙	乙　配偶者居住権 A　居住権付建物 乙　敷地利用権 ／ A　敷地所有権等 ／ 乙　敷地所有権等【※敷地利用権含む】	『税務』 国税庁解説 【民法的には自己が取得した分にも敷地利用権はあるという意味】 自己借地権類似
❶⑤ 甲➡A＆乙 甲➡A＆乙	乙　配偶者居住権 ※1　民法1028② A　居住権付建物 ／ 乙　居住権付建物 乙　敷地利用権 ／ A　敷地所有権等 ／ 乙　敷地所有権等【※敷地利用権含む】	※1　❶②参照 ※❶③＆④と同上

❶⑥ 甲➡A X地 甲➡A ｜ Y地 甲➡B	乙 配偶者居住権 A 居住権付建物 乙 敷地利用権※ ｜ 乙 敷地利用権※ A 敷地所有権等 ｜ B 敷地所有権等	※敷地利用権については、敷地利用権の評価額の計算の基礎となる居住建物の敷地の評価単位（取得者別）と同様に判定するのが相当である。国税庁解説『税務』
❶⑦ 店舗併用建物 1F 甲が一般事業経営 ｜ 2F 居住 甲➡A 甲➡A	乙 配偶者居住権 ※ A 居住権付建物 乙 敷地利用権 ※ A 敷地所有権等	※一般事業分にも配偶者居住権＆敷地利用権は及びます（民法1028）。（一問一答15頁）
❶⑧ 店舗併用建物 Aに1F使用貸借一般事業 ｜ 2F 居住 甲➡A 甲➡A	乙 配偶者居住権 ※ A 居住権付建物 乙 敷地利用権 ※ A 敷地所有権等	※甲がAに使用貸借していた（Aの一般事業）分にも配偶者居住権＆敷地利用権は及びます。
❶⑨ 賃貸併用建物 1F 甲の貸付事業 ｜ 2F 居住 甲➡A 甲➡A	A 貸家の評価 ※ ｜ 乙 配偶者居住権 / A 居住権付建物 A貸家建付地の評価 ※ ｜ 乙 敷地利用権※ / A 敷地所有権等	※賃貸部分にも配偶者居住権＆敷地利用権が及ぶが、従来の賃借人に対抗できない「一問一答16頁」『法務』の考え方に合わせるために左記のように評価する『税務』

❶⑩ 賃貸併用建物 甲の貸付 ｜ 居住 半分空室 ｜ 居住 （建物）甲➡A （土地等）甲➡A	A　原則貸家の評価（空室含む）：乙　配偶者居住権／A　居住権付建物 A　原則貸家建付地の評価（空室含む）：乙　敷地利用権※／A　敷地所有権等	一時的な空室➡賃貸と申告した場合 配偶者居住権等の計算上は賃貸に含める必要があります（相基通23の2−1） 上記❶⑨の計算 空室分を配偶者居住権等の計算から除外
❶⑪ （建物）甲➡乙 （土地等）甲➡A	乙　建物　※1 ※2　有償なら➡乙に借地権の贈与税課税 A　土地等	※1　配偶者居住権等は発生しない ※2　地代の有無による相続後課税関係 無償➡使用貸借0円 有償➡乙に借地権
❷①　建物甲乙共有 土地等甲100% （建物）甲➡A ｜ 乙　※ （土地等）甲➡A 100% ｜ 乙が使用貸借	乙　配偶者居住権／A　居住権付建物 ｜ 乙が従来から所有 乙　敷地利用権 ｜ 乙が使用貸借※ A　敷地所有権等	※　乙の建物の敷地は甲から乙が使用貸借していたが、貸主が死亡しても使用借権は消滅しない（民法597）。『法務』 評価は乙　0％ 甲（A）は100％ 『税務』
❷②　甲100%➡A＆乙各50% （建物）50% 甲➡A ｜ 50% 乙 （土地等）甲➡A＆乙 ｜ 乙が使用貸借	乙　配偶者居住権／A　居住権付建物 ｜ 乙が従来から所有 50% 乙　敷地利用権／A　敷地所有権等 ｜ 50% 乙　敷地所有権等	建物の持分と土地等の持分が同じ場合 50%・50% 土地等の貸借関係は生じない『法務』

❷③　甲100%➡ A40%・乙60% 50%　甲➡A ｜ 50%　乙 甲➡A＆乙 ｜ 乙が使用貸借	乙　配偶者居住権 A　居住権付建物 ｜ 乙が従来から所有 乙　敷地利用権 A　敷地所有権等 ｜ ※　乙が使用貸借0評価 乙　敷地所有権等	※乙がAに土地等の一部を貸付『法務』 ※地代の有無による相続後の課税関係 無償➡使用貸借0円 有償➡Aに借地権の贈与税課税あり『税務』
❷④　甲100%➡ A60%・乙40% 50%　甲➡A ｜ 50%　乙 甲➡A＆乙 ｜ 乙が使用貸借	乙　配偶者居住権 A　居住権付建物 ｜ 乙が従来から所有 乙　敷地利用権 A　敷地所有権等 ｜ ※　乙が使用貸借0評価 乙　敷地所有権等	※Aが乙に土地等の一部を貸付『法務』 ※地代の有無による相続後の課税関係 無償➡使用貸借0円 有償➡乙に借地権の贈与税課税あり『税務』

⑵配偶者短期居住権を取得できる場合（民法1037①）

甲に相続開始時、甲が一部でも所有していれば取得できます。

※配偶者居住権の設定のような、甲と乙のみの共有要件はありません。

『税務』

（相続税法）

配偶者居住権のみの解説です。第３章で詳解しますが、表の備考欄で『税務』の基本的な解説をしています。

（措置法69条の４　小規模宅地等の減額特例）

第５章で詳解します。

Q３　相続開始時要件（居住要件）

甲に相続が開始した時に、乙が居住建物に居住していたことが要件となっていますが、甲の居住要件はあるのですか。

A　次のように考えます。

『法務』

（配偶者居住権）

甲の居住要件はありません（民法1028①）。

（配偶者短期居住権）

甲の居住要件はありません（民法1037①）。

したがってどちらも乙の（絶対）居住要件のみです。

『税務』

（相続税法）

解説はありません。

（措置法 69 条の 4　小規模宅地等の減額特例）　第 5 章で詳解します。

相続開始時の要件 ＼ 根拠法令	居住要件	
	甲	乙
小規模宅地等の減額特例（措法 69 の 4③二柱書前段）	必要	不必要
配偶者居住権（民法 1028①）	不必要	必要
配偶者短期居住権（民法 1037①）	不必要	必要

Q 4　相続開始時要件（対価要件）

甲に相続が開始した時に、乙が居住建物に居住していたことが要件となっていますが、家賃の支払いの有無はどうなっていますか。

A　次のように考えます。

『法務』

（配偶者短期居住権）

相続開始時に無償で居住していたことが要件です（民法1037①）。

❶　配偶者短期居住権は、相続開始後の短期間、配偶者に従前の居住環境での生活を保障しようとするものです。

したがって、配偶者が、「被相続人の財産に属した建物に相続開始の時に無償で居住していた」ことを成立要件としています。

❷ 第1037条の「配偶者」は、法律上被相続人と婚姻をしていた配偶者をいい、内縁の配偶者はこれに含まれません。

❸ 配偶者短期居住権が成立するためには、配偶者が居住建物を無償で使用していたことが必要です。

有償で使用している場合には、配偶者と被相続人との間に賃貸借等の契約関係があったと考えられ、被相続人の契約上の地位が相続人に引き継がれて契約関係が継続するため、新たな権利を創設する必要性が乏しいこと等を考慮したものです。

❹ 無償の考え方

（図表－3）

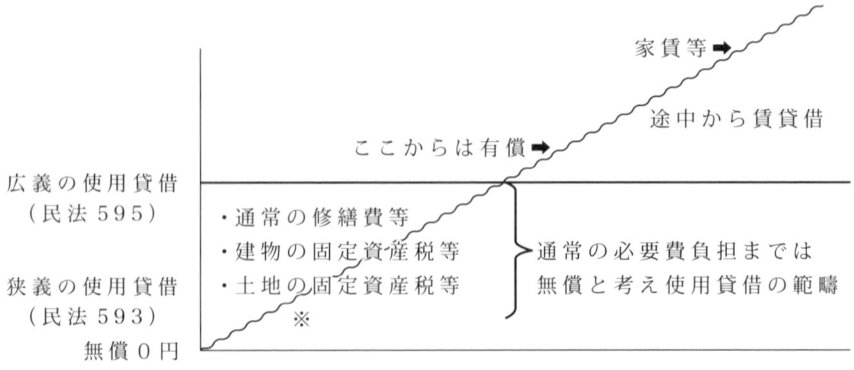

※最高裁昭和36年1月27日判決

なお貸付当初の家賃等が通常の必要費を相当上回っていた場合、又は当事者が賃貸借の意思で契約している場合で、相続開始時に上図のような場合は賃貸借契約が継続していると考えられます。

（配偶者居住権）

上記のような無償の要件はありません（民法1028①）。

したがって右記の図表—4の通りとなります。

（図表－4）

<table>
<tr><td>相続開始直前</td><td colspan="2">相続開始後、配偶者居住権の取得可能性</td></tr>
<tr><td>❶家賃は無償</td><td colspan="2">遺言（遺贈のみ）・遺産分割協議等</td></tr>
<tr><td>❷家賃は有償</td><td>遺言（遺贈のみ）</td><td rowspan="2">賃貸借契約は遺贈、又は遺産分割協議等で当事者が解約した。</td></tr>
<tr><td>❸家賃は有償</td><td>遺産分割協議等➡『税務』</td></tr>
</table>

『税務』　土地・建物は甲が所有　乙のみが居住と前提

（相続税法）

⑴第１段階の評価

相続開始直前は被相続人である甲が乙に賃貸していたのであるから甲の相続税の計算上

❶　家屋は貸家の評価になります（評基通 89）。

❷　敷地は貸家建付地評価になります（評基通 26）。

⑵第２段階の評価

上記⑴を受けて下記の評価になると思われます。

❶　貸家の評価を

・配偶者居住権

・（配偶者）居住権付建物

❷　敷地は貸家建付地評価になります（評基通 26）。

・敷地利用権

・敷地所有権等

（措置法 69 条の４　小規模宅地等の減額特例）　第５章で詳解します。

・乙以外が取得した敷地利用権付き土地等は貸家建付地評価ですが申告期限までの貸付事業要件を満たさないため特例の適用はありません。

・配偶者が取得した敷地利用権には特例適用があると思われがちですが

ア　甲は別の場所に居住しているため、甲の居住用宅地等に該当しないので特例の適用はありません。

イ　別居しているが生計一の乙の居住用宅地等と考えられる場合でも親族間の賃貸借なので特例の適用はありません（措通 69 の４－７）。

(所得税法)

・甲の準確定申告　解説不要

・上記❸家賃が有償の場合（土地・建物を取得した乙以外の相続人）

ア　相続開始時から遺産分割協議成立までの法定果実（家賃収入）は法定相続分計上が必要と思われます（最高裁平成17年9月8日）が、配偶者居住権の制定趣旨（無償）から考えると不必要と両論併記しておきます。

イ　遺産分割協議後は使用貸借（無償）になるためそもそも計上不要

Q5 相続開始時要件（無償と有償）の関係

配偶者の居住に関する権利で相続開始時に無償と有償ではどのようになるのですか。

A　次のように考えます。

『法務』

(配偶者居住権)

（図表－5）　無償・有償で使用していた場合の法務問題

用途	乙の居住用（又は店舗併用）住宅		
区分	無償で使用	有償で使用	
配偶者居住権	遺贈・遺産分割協議等で成立可能	※1遺贈・遺産分割協議等で成立可能	※2同左で成立しなかった場合 ➡新所有者に賃貸借契約継続（民法896）

※1　賃貸借契約は遺贈・遺産分割協議等で当事者が解約しました。

※2　乙は配偶者の居住に関する権利を取得することはできませんが、家賃を継続して支払っていればその場所に居住できますし、店舗併用住宅の場合、そこで従来の店舗を継続し生活を継続することはできます。

（配偶者短期居住権）

（図表－６）

用途	乙の居住用（又は店舗併用）住宅	
区分	無償で使用	有償で使用
配偶者短期居住権	一定期間自然発生的に取得します。	※取得不可➡新所有者に賃貸借契約継続（民法８９６）

※乙は配偶者の居住に関する権利を取得することはできませんが、家賃を継続して支払っていればその場所に居住できますし、店舗併用住宅の場合、そこで従来の店舗を継続し生活を継続することはできます。

『税務』

（相続税法）　所有権はＡが取得と仮定

⑴ **（配偶者居住権）**

（図表－７）（図表－５）の有償の部分のみ

	相続税法上の評価	
	①土地及び土地の上に存する権利の評価明細書等で計算➡②	②配偶者居住権等の評価明細書➡③小規模宅地等の判定
※１の家屋	貸家評価（評基通９３） 固定資産税評価額×１.０ ×（１－借家権割合３０％）	乙　配偶者居住権
		Ａ　居住建物
※２の家屋	貸家評価（評基通９３） 固定資産税評価額×１.０ ×（１－借家権割合３０％）	乙　取得不可
		Ａ　所有権等取得
※１の土地等	貸家建付地　（評基通２６） 貸家建付借地権（評基通２８）	乙　敷地利用権
		Ａ　敷地所有権等
※２の土地等	貸家建付地　（評基通２６） 貸家建付借地権（評基通２８）	乙　敷地利用権取得不可
		Ａ　所有権等取得

（図表－8）　１Ｆ第三者に賃貸　２Ｆに乙が無償で居住の場合

	相続税法上の評価	
	①土地及び土地の上に存する権利の評価明細書等で計算➡②	②配偶者居住権等の評価明細書➡③小規模宅地等の判定
２Ｆの家屋	自用家屋評価（評基通89） 固定資産税評価額×1.0	乙　配偶者居住権
		Ａ　居住建物
１Ｆの家屋	貸家評価（評基通93） 固定資産税評価額×1.0 ×（１－借家権割合30％）	乙　配偶者居住権取得不可
		Ａ　所有権取得
２Ｆの土地等	自用宅地等の評価	乙　敷地利用権
		Ａ　敷地所有権等
１Ｆの土地等	貸家建付地　　（評基通26） 貸家建付借地権（評基通28）	乙　敷地利用権取得不可
		Ａ　所有権取得

（措置法69条の4　小規模宅地等の減額特例）

原則、適用できません。第5章で詳解します。

Q６　居住建物について権利の及ぶ範囲

（居住建物について）配偶者の居住に関する権利を取得した場合、権利の及ぶ範囲はどこまでですか。

Ａ　次のように考えます。

『法務』

（配偶者居住権）

❶　配偶者が相続開始の時にその建物に「居住していた」ことが必要ですが、建物の全部を居住の用に供していたことは要件とされていません。

したがって、配偶者が被相続人所有の建物を店舗兼住宅として使用していた場合であっても、配偶者が建物の一部を居住の用に供していたのであれば、「居住していた」という要件を満たすことになります。

❷　もっとも、配偶者が相続開始前に居住建物の一部に居住していた場合であっても、配偶者居住権の効力は建物の全部に及ぶこととしているため、配偶者居住権を取得した配偶者は、居住建物の全部について使用及び収益をすることができることになります。

❸　これは、建物の一部について配偶者居住権が成立することを認めると、配偶者は居住建物全体についての配偶者居住権を取得するよりも低い評価額で配偶者居住権を取得することができることになり、執行妨害目的等で利用されるおそれがあることや、建物の一部について登記をすることを認めることが技術的に困難であること等を考慮したものであると解説（一問一答 15 頁）されています。

❹　したがって建物全部（居住分のみならず店舗等・賃貸分）（民法 1028 ①）にも権利が及ぶことになりますが、甲が相続開始前から賃貸していた分には現実は対抗できません（借地法 31）。

（図表－９）　⬇原則　建物全部に及ぶ

用途	乙の居住分	店舗等分	甲の賃貸分
配偶者居住権	現実はこの範囲内にしか効力は及びません。		現実は対抗できません（借地法 31）。

（配偶者短期居住権）

無償で使用していた部分のみ使用をすることができます（民法1037①）。

配偶者が無償で「使用」していた部分であり、配偶者が居住していた部分に限られません。

例えば、居住建物の一部に居住し、他の部分で飲食店を営んでいたが、いずれの部分も無償で使用していたという場合には、配偶者が居住していた部分及び飲食店を営んでいた部分の全部について配偶者短期居住権が成立します。

配偶者短期居住権は、相続開始後の短期間、配偶者に従前の居住環境での生活を保障しようとするものであるから、配偶者が居住建物の一部において飲食店等を営んでいたような場合には、その営業も配偶者の生活の一部になっていると考えられるため、店舗部分にも配偶者短期居住権の効力を及ぼす必要性があるためです。

（図表－ 10）

区　分	乙が甲から無償で使用		甲が第三者に賃貸
用　途	乙の居住分	乙の店舗等	アパート等
配偶者短期居住権	効力が及びます。		効力が及びません。

『税務』

（相続税法）

（図表－11） 配偶者居住権

	乙が居住分	店舗等分	甲の賃貸分
乙が取得	配偶者居住権の評価		
Aが取得	居住建物の評価		貸家の評価

Q 7 居住建物の敷地について権利の及ぶ範囲

Q６は居住建物について権利の及ぶ範囲はどこまでかという設問ですが、その敷地についてはどこまで及ぶのですか。

A 次のように考えます。

『法務』

「配偶者は、配偶者居住権に基づき居住建物の使用及び収益をする場合には、それに必要な限度で敷地を利用することができる。」と「一問一答20頁」の中で解説しており、必要な限度での「敷地利用権」を容認しています。なお「敷地利用権」は税法上の用語とご理解下さい。

しかし現実にはどこまで及ぶかはケースバイケースであり、遺言又は遺産分割協議書等の文言内容によっては、将来訴訟に発展するケースが考えられますので十分にご留意下さい。

ケース１ （図表－12）

この場合は通常は全体の敷地に及んでいると思われます。

ケース2　（図表－13）

（鳥瞰図）　（立体図）

この場合は一部にしか及んでいないとも思われますが、当事者が全体に及んでいると遺産分割協議書等で認識していれば後で訴訟等のトラブルは発生しないと思われます。

ケース3　（図表－14）

（鳥瞰図）　（立体図）

この場合も一部にしか及んでいないとも思われますが、当事者が全体に及んでいると遺産分割協議書等で認識していれば後で訴訟等のトラブルは発生しないと思われます。

『税務』

（相続税法）

敷地利用権がどこまで及んでいるかは相続税の評価上大変重要ですから遺産分割協議書等で確認し、不明の場合は書面にて当事者の意思を確認して敷地利用権の及ぶ面積を特定して評価して下さい。

（ケース３の場合）当事者（乙とＡ）で全体に及んでいると認識していたが、土地等を取得したＡが将来Ｙ地を乙との合意なしで譲渡した場合（居住建物には配偶者居住権の登記ができるためこのような問題は起こらないが、敷地については登記がないから譲渡することは可能です。）、配偶者居住権の敷地利用権について妨害行為となり訴訟に発展しかねません。

（図表－15）

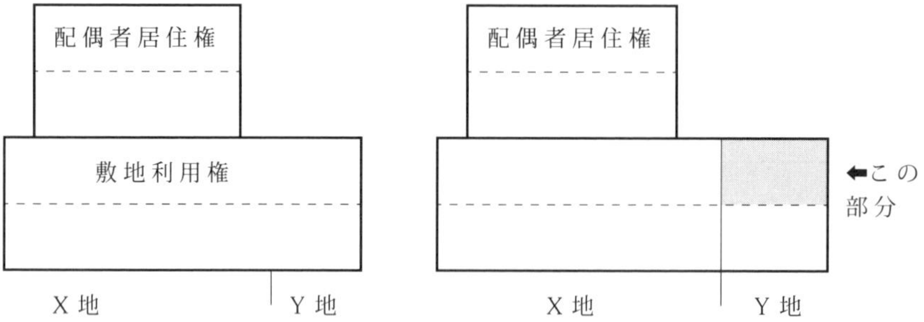

❶　所有権を取得したＡがＹ地を乙に無断で譲渡した場合、敷地利用権の妨害行為となると思われます（法務）。

❷　また、乙の了解のもと乙に対価の支払いがなく譲渡した場合には（配偶者居住権は全部残存しているが、敷地利用権の一部の合意解除がなされたことになり）網掛け部分は乙からＡへのみなし贈与となり贈与税の課税関係が生じます（相基通９—13の２）。

（図表－16）　Ｙ地の敷地利用権一部解除の問題

乙の行為	乙　対価の取得	乙の課税関係	Ａの課税関係
合意解除の意思表示あり	①乙が対価取得	総合譲渡所得	敷地利用権の消滅対価
	②対価取得せず		みなし贈与課税 ※著しく低い価額の対価の場合も同じ
黙認	③対価取得せず		
訴訟等	④損害賠償金	総合譲渡所得	敷地利用権の消滅対価

この件の課税関係は第４章で詳解します。

❸　近い将来Ｙ地を譲渡する可能性が高い場合には、Ｙ地には敷地利用権を設定しないという選択もありますので当事者で書面等にて確認し、相続税の評価をし、申告して下さい。

Q 8　配偶者の居住の権利の取得原因

そもそも配偶者の居住の権利（及びその敷地利用権）はどのような場合に取得できるのですか。

A　次のように考えます。

『法務』

（配偶者居住権）

⑴居住建物について配偶者に配偶者居住権を取得させる旨の

❶　遺産分割（調停・審判を含む。以下同じです。）（Ｑ９参照）

❷　遺贈（Ｑ 10 参照）

❸　死因贈与（注）

がされたことです（民法 1028 ①、554）。

Ｑ２でも解説しましたが、

「居住建物」は、相続開始の時点において、被相続人甲の財産に属した建物でなければなりません。

被相続人が建物の共有持分を有していた場合には、被相続人と配偶者との間でその建物を100％共有していた場合を除き、配偶者居住権を成立させることはできません（民法1028①ただし書）。

（図表－ 17）「居住建物」

<table>
<tr><td colspan="3">配偶者乙が相続開始時に被相続人甲所有の建物に生活の本拠として居住していたこと</td></tr>
<tr><td rowspan="2">被相続人甲が単独所有</td><td colspan="2">被相続人甲が共有持分を有していた</td></tr>
<tr><td>被相続人甲と配偶者乙共有持分 100％</td><td>左記以外（甲・乙・A等）</td></tr>
<tr><td colspan="2">配偶者居住権の目的となる建物＝「居住権付建物」</td><td>乙は配偶者居住権を成立できない</td></tr>
</table>

⑵「居住していた」

「居住していた」とは、配偶者が当該建物を生活の本拠としていたことを意味します。

❶　配偶者が相続開始の時点では入院していたために、その時点では自宅である居住建物にいなかったような場合であっても、配偶者の家財道具がその建物に

存在しており、退院後はそこに帰ることが予定されていた場合のように、その建物が配偶者の生活の本拠としての実態を失っていないと認められる場合には、配偶者はなおその建物に居住していたということができます。

❷ 生活の本拠は通常1か所であると思われますが、一定の期間（例えば半年）ごとに生活の拠点を変えているような場合には、例外的に、生活の本拠が複数認められることもあり得るものと考えられ、このような場合でいずれも被相続人所有の建物に居住していたときは、複数の建物について配偶者居住権が成立することもあり得ると考えられます。

❸ このほか、生活の本拠は1か所であるとしても、例えば、2棟の建物を一体として居住の用に供していた場合等については、2棟の建物について配偶者居住権が成立することもあり得るものと考えられます。

（図表－18）「生活の本拠として居住していた」

⑵ 「居住していた」➡配偶者が当該建物を生活の本拠としていたことを意味します。
❶ 病院入院は元の居住建物はＯＫ　老人ホーム等入所等は元の居住建物は該当しません。
❷ 通常は1か所➡生活の本拠が複数認められることもあり得ます。
❸ 2棟の建物を一体として居住用の場合等は2棟について配偶者居住権が成立します。

（注）条文上は「死因贈与」の場合でも配偶者居住権を取得できるという規定はありません（民法1028①）が、死因贈与については、「その性質に反しない限り遺贈に関する規定を準用する」（民法554）こととされており、死因贈与による配偶者居住権の取得を否定する理由はないことから、死因贈与によることも認められます。

（配偶者短期居住権）

甲に相続開始と同時に当然に乙は配偶者短期居住権を取得します。

※ ただし相続開始時に配偶者居住権を取得したら配偶者短期居住権は取得できません（1037①ただし書き）。

（図表－19） 配偶者短期居住権の取得の有無

	相続開始時➡	⬅ 未分割期間 ➡	⬅分割
❶遺産分割協議等成立	分割により A 完全所有権取得	（最低6か月あり） 乙 配偶者短期居住権	乙 配偶者短期居住権消滅
	分割により 乙 配偶者居住権 A 居住建物	（最低6か月あり） 乙 配偶者短期居住権	乙 配偶者居住権
❷遺贈等	遺贈等で A 完全所有権	消滅の申入れの日★から 6月を経過する日➡ ⬅乙 配偶者短期居住権➡	消滅
	遺贈等で 乙 配偶者居住権 A 居住建物	乙 配偶者居住権（1037①ただし書き）	

『税務』 特にありません。

取得した場合の税務上の評価は第３章で詳解します。

Q 9 遺産分割で配偶者居住権を取得できる場合

Ｑ８で遺産分割で配偶者居住権を取得できるとありましたが具体的にはどういう場合ですか。

A 次のように考えます。

『法務』 （配偶者居住権の場合のみ）

❶ 共同相続人全員の遺産分割協議により、乙は配偶者居住権を取得できます（民法 1028 ①一）。

❷ 遺産の分割の請求を受けた家庭裁判所は…（審判により）乙が配偶者居住権を取得する旨を定めることができます（民法 1029 ①一・二）。

（図表－20） 遺産分割協議と遺産分割

<table>
<tr><td rowspan="2">共同相続人間等のみ
遺産分割協議（狭義）</td><td colspan="3">家庭裁判所等</td></tr>
<tr><td>調停</td><td>審判➡不服</td><td>➡即時抗告</td></tr>
<tr><td colspan="2">共同相続人全員の話し合い
遺産分割協議（広義）</td><td colspan="2">裁判所が決定（反対者がいても可能）
※不服がある場合には、高等裁判所に対して「即時抗告」の申立てが可能</td></tr>
<tr><td colspan="4">遺産分割＝遺産分割の審判も含まれる（一問一答13頁）</td></tr>
</table>

『税務』

（相続税法）

⑴相続税の申告期限まで未分割の場合

法定相続分で申告する必要があります（相法55）。

⑵その後遺産分割が確定した場合

❶ 相続税が増加する者は修正申告書を提出することができます（相法31）。

❷ 相続税が減少する者は更正の請求をすることができます（相法32）。

Q10 遺贈で配偶者居住権を取得できる場合

Q８で遺贈で配偶者居住権を取得できるとありましたが具体的にはどういう場合ですか。

A 次のように考えます。

『法務』

⑴遺言書の分類

確立した見解ではありませんが参考のため下記に解説します。

（遺言書の文言に遺贈すると書いていない）相続人に限定。

❶ 相続分の指定➡共同相続人の相続分を定めること（民法902）。

例 「配偶者に５分の３を相続させる。」

❷ 相続分の指定を伴う遺産分割方法の指定➡遺産に属する特定の財産を共同相続人の一人又は数人に承継させる旨の遺言

「★特定財産承継遺言」（民法1014②）

例　「○○を○○に相続（又は承継）させる。」

❸　遺産分割の方法の指定➡遺産の分割の方法を定めること（民法908）。

例　「各物件を現物で分割せよ。」

（遺言書の文言に遺贈すると書いている）相続人に限定しない。

❶　特定遺贈　　物件何々をAに遺贈する

❷　包括遺贈

・全部的包括遺贈＝消極財産も含めて全財産を包括した遺贈

例　遺産の全部を○○に包括遺贈する。（遺産分割協議不要）

・割合的包括遺贈＝全財産の割合的な一部を包括した遺贈

例　全財産の３分の２を○○に遺贈する。（遺産分割協議必要）

遺産分割だから➡割合の変更は可能

贈与税の問題は発生しないと思われます。

・特定財産を除いた財産についての包括遺贈＝特定遺贈と包括遺贈の併存型の遺贈のうち包括遺贈（遺産分割協議必要）

遺産分割だから➡割合の変更は可能

贈与税の問題は発生しないと思われます。

(2)「★特定財産承継遺言」と「遺贈」について

❶　被相続人が遺言によって配偶者に配偶者居住権を取得させるためには、遺贈によることを要し、特定財産承継遺言（遺産分割方法の指定として遺産に属する特定の財産を共同相続人の一人又は数人に承継させる旨の遺言（民法1014②）によることはできないこととされています。

これは、仮に特定財産承継遺言による取得を認めることとすると、配偶者が配偶者居住権の取得を希望しない場合にも、配偶者居住権の取得のみを拒絶することができずに、相続放棄をするほかないこととなり、かえって配偶者の利益を害するおそれがあること、配偶者居住権の取得には一定の義務の負担を伴うことになるが、一般に、遺産分割方法の指定について負担を付すことはできないと解されていること等を考慮したものであります。

❷　このため、遺言者があえて配偶者居住権を目的として特定財産承継遺言をしたと認められる場合には、その部分は無効ということになるが、通常は遺言者があえて無効な遺言をすることは考え難いです。

❸　したがって、例えば、相続させる旨の遺言により、遺産の全部を対象として

各遺産の帰属が決められ、その中で、「配偶者に配偶者居住権を相続させる」旨が記載されていた場合でも、配偶者居住権に関する部分については、遺贈の趣旨であると解するのが遺言者の合理的意思に合致するものと考えられます。以上❶〜❸（一問一答14頁）。

❹ 上記立法担当者の解説では、このような場合には遺言者は、「遺贈」の意思を有していたと解すべき、としていますが、あくまでも立法担当者の見解であり、最高裁が同じ判断をするかどうかはわかりません。

『税務』

（相続税法）

⑴令和２年７月７日資産課税課情報第16号

国税庁は上記情報の中で下記の解説をしています。

〔配偶者居住権の成立要件〕

配偶者居住権の成立要件は次のとおりです（民法1028①）。

❶ 省略

❷ 次のいずれかの場合に該当すること

・遺産の分割※１によって配偶者居住権を取得するものとされた場合

・配偶者居住権が遺贈の目的とされた場合　※２、３

❸ 省略

※１　遺産の分割＝遺産の分割の協議＋調停＋審判

※２　民法第 1028 条第１項各号に死因贈与に関する規定はありませんが、死因贈与については、民法第 554 条により、その性質に反しない限り遺贈に関する規定が準用されることとされており、死因贈与によることも認められるとされています…。

※３　遺産の分割の方法の指定である特定財産承継遺言（民法 1014 ②）によって配偶者居住権を取得させることはできません。

⑵国税当局は基本的には否認の方向だと思われます。

『法務』と『税務』のまとめ

（図表－21）　特定財産承継遺言をしていた場合　私的見解　結論無し

居住権登記	当事者認識	法務	税務
してある	当然ある	登記できた➡○	法務に左ならえ？
していない	ある	？○	？○
していない	あいまい	×	？

（図表－22）　特定財産承継遺言の法務と税務まとめ

特定財産承継遺言（遺産分割方法の指定で、特定財産を相続人に承継させる旨の遺言）（民法1014②）	…遺贈するの文言	
	特定遺贈	包括遺贈
例／○○を○○に相続（又は承継）させる	物件何々をAに遺贈する	1/3等を遺贈する
配偶者居住権の取得➡原則できない	➡取得できる	考えにくい
❶相続の全部放棄はできる ❷相続の一部放棄はできない 配偶者居住権の取得のみを拒絶することができずに❶全部放棄をするほかなく、かえって配偶者の利益を害するおそれがあること、他 ❸法務省の担当者は『遺贈の趣旨であると解するのが遺言者の合理的意思に合致するものと考えられる。』と説明しているが、国税庁の情報（2020. 7. 7）では配偶者居住権の取得はできないと解説	❶遺贈の全部放棄はできる ❷遺贈の一部放棄もできる ❸受遺者は遺言者の死亡後いつでも遺贈の放棄をできる。 ❹遺贈の放棄は遺言者の死亡の時にさかのぼりその効力を生ずる（民法986）。 「税相集」361頁／全部放棄して遺産分割協議で取得でも、一部放棄でも相続税法上は課税関係は同じ	遺贈の放棄をする場合は3ヶ月以内にしなければならない（民法915・990）。

Q11 配偶者の居住の権利の財産評価

配偶者の居住の権利はどのように財産評価されるのですか。

Ａ 次のように考えます。

『法務』

（配偶者居住権）

配偶者居住権及びその敷地利用権については第３章で詳解します。

（配偶者短期居住権）

財産評価はされません。

『税務』

（相続税法）

第３章で詳解します。

Q12 配偶者の居住の権利の適用時期

配偶者の居住の権利の制度はいつから適用されるのですか。

Ａ 次のように考えます。

『法務』

（配偶者居住権）

⑴適用時期

取得原因にはＱ８で解説したとおり❶遺産分割　❷遺贈　❸死因贈与がありますがどれも2020年４月１日以後の相続開始から適用されました。

さらに❷には遺言書の作成日が2020年４月１日以後という要件が加えられています（令和元年民法附則）。

法務省の立案担当者は遺贈の中に死因贈与も含まれると解説していますので❸死因贈与の契約日も2020年４月１日以後という要件が加えられていると思われます。

⑵実務対応

遺言書の作成日や死因贈与の契約日が、2020年３月31日以前である場合は原則的には配偶者居住権の設定はできませんが、相続人間の協議で被相続人の意思を尊重して遺産分割協議書で設定することは可能と思われます。

> 令和元年民法附則　意訳（配偶者の居住の権利に関する経過措置）
> ①…第1028条から第1041条までの規定は、次項に定めるものを除き、2020年４月１日以後に開始した相続について適用する。
> ②　新民法第1028条から第1036条までの規定は、2020年４月１日前にされた遺贈については、適用しない。

（配偶者短期居住権）

2020年４月１日以後の相続開始から適用されました。

『税務』

（相続税法）

⑴適用時期

『法務』と同じです。

⑵実務対応した場合

大蔵財務協会「税務相談事例集Ｈ29年」（東京国税局関係者）361頁

「全部放棄して遺産分割協議で取得でも、一部放棄でも相続税法上は課税関係は同じ」と解説しています。

Q13　特別受益の持戻し免除の意思表示推定規定の概要

贈与や遺贈をした場合でも「特別受益の持戻し免除の意思表示推定規定」が創設されたそうですがどんな制度ですか。

Ａ　次のように考えます。

『法務』

⑴持戻し免除の意思表示推定規定創設（民法903④）

新法において婚姻期間が20年以上の夫婦の一方が他の一方に対して居住用不

動産の遺贈等をした場合については、持戻し免除の意思表示があったものと推定することとし、旧法における取扱いの原則と例外を逆転させました。これにより、配偶者の死亡により残された他方配偶者の生活について配慮することができることとなりました。

⑵具体的な計算　以上の規定を図解しますと下記の表になります。

（図表－23）　遺言が無い、又は一部分のみ遺言がある場合

民法	①未分割遺産	※②遺贈等	①に対する乙の具体的相続分
旧 903 ③	100	❶　乙 40	乙（100＋40）×1／2－40＝30
		❷　乙 40	乙 100×1／2＝50
新 903 ③④	100	❶❷乙 40	乙 100×1／2＝50
		❸　乙 40	乙（100＋40）×1／2－40＝30

仮定　相続人　乙（甲と婚姻期間20年以上）とA（甲の子供）

※　②＝婚姻期間 20 年以上の乙に対する居住用不動産【居住の用に供する建物又はその敷地】の遺贈等の金額

❶　持戻し免除の意思表示なし（新法では持戻し免除の意思を推定）

❷　持戻し免除の意思表示あり

❸　持戻し免除をしない旨の意思表示明確にあり

『税務』　解説はありません。

Q14　特別受益の持戻し免除の意思表示推定規定との関係

Q 12 の「特別受益の持戻し免除の意思表示推定規定」と配偶者居住権はどのような関係でしょうか。

A　次のように考えます。

『法務』

（配偶者居住権）

下記の図表の関係になります。

❶　民法第 903 第 4 項は本来「居住の用に供する建物又はその敷地」の遺贈等

です。

❷　一方「配偶者居住権」は居住の用に供する建物又はその敷地を利用する権利の遺贈等です。

❸　しかし民法第 1028 第３項で「遺贈について準用する」とありますので下図のようになります。

❷死因贈与と❸遺贈で配偶者居住権を与えることは可能です。

その際に「持戻し免除をしない旨の意思表示明確にあり」以外の場合は「特別受益の持戻し免除の意思表示推定規定」が働くことになります。

❹　なお民法第 903 第４項と第 1046 条「遺留分侵害額の請求」とは別の話です。

❺　旧法では、その意思表示は、遺留分に関する規定に違反しない範囲内で、その効力を有する（旧民法 903 ③）とありましたが、新民法では削除されました。

❻しかし遺留分を侵害している場合には、「遺留分侵害額の請求」をされる可能性はあります。

（図表－ 24）

❶贈与　❷死因贈与　❸遺贈		
居住用 不動産 ※１	❶贈与 ❷死因贈与 ❸遺贈	特別受益の持戻し免除の意思表示推定の規定（民法 903④）のみ 婚姻期間 20 年以上の夫婦間の贈与等
配偶者 居住権 ※２	❶贈与できない ❷死因贈与 ❸遺贈	同上の規定は、配偶者居住権の遺贈について準用する（民法 1028③）。 ❸遺贈（❷死因贈与含む）

※１　居住用不動産＝居住の用に供する建物又はその敷地

※２　（広義の）配偶者居住権＝配偶者居住権＋敷地利用権

『税務』

（相続税法）

⑴居住用不動産の贈与税の特例

現行法上、配偶者に対する贈与に対して特別な配慮をしているものとして相続税法上の贈与税の特例という制度があります。

これは、婚姻期間が20年以上の夫婦間で居住用不動産等の贈与が行われた場合に、基礎控除に加え最高2,000万円の控除を認めるという税制上の特例です（相法21の６）。

⑵制度の趣旨

❶　居住用不動産は夫婦の協力によって形成された場合が多く、

❷ 夫婦の一方が他方にこれを贈与する場合にも、一般に贈与という認識が薄いこと、

❸ 居住用不動産の贈与は配偶者の老後の生活保障を意図してされる場合が多いこと等を考慮し、

❹ 【同一配偶者間では】一生に一度に限り、その居住用財産の課税価格から2,000万円を限度として控除することを認めることとしたものです。

なお、この贈与税の特例については、令和元年は9,055人、平成30年は1万5,509人、平成29年は1万579人、平成28年は1万1,261人、平成27年は1万3,959人、平成26年は1万6,660人、平成25年は1万5,474人の適用があった（国税庁統計年報）。

⑶居住用不動産の定義

その年において贈与によりその者との婚姻期間が20年以上である配偶者から専ら居住の用に供する土地若しくは土地の上に存する権利（以下「土地等」という。）若しくは家屋でこの法律の施行地にあるもの（この場合における土地等には、受贈配偶者の配偶者又は当該受贈配偶者と同居するその者の親族の有する借地権の設定されている土地（いわゆる底地）及び配偶者居住権の目的となっている家屋の敷地の用に供される土地等を含むことに留意する）とありますが、配偶者居住権は贈与（死因贈与を除きます。）で取得することはできません（相法21の6・相基通21の6－1⑵）。

⑷賃貸併用住宅を過去に贈与していた場合（相基通21の6－3）

Q 賃貸併用住宅等の贈与税評価額は、全体で4,000万円で、2年前に甲は配偶者である乙（婚姻期間20年以上）に、全体の50％を贈与しました（2,000万円相当）。その申告の際に、居住用を先取りするために「相基通21の6－3ただし書以後」の特例を適用しました。

今回、甲に相続が開始し遺贈で乙が配偶者居住権を取得しましたが生前に贈与税の配偶者控除の適用を受けていたので適用関係はどうなりますか。

A 上記の場合、50％贈与したわけですから、居宅及び貸付けの建物及びその宅地の50％分を贈与したことになり、貸付け分は贈与税が課税されます。

しかし、相続税法基本通達21の6－3ただし書以後では、居住用の先取りを申告した場合、それを認めるとありますので、結果としては非課税となります（著者の造語「寄せ寄せ理論」）。

（図表－25）

〈贈与前〉　〈原則＝本来の考え方〉　〈特例＝相基通21の６－３ただし書〉

上記の贈与税の取扱いからすると、甲の居住用宅地等は、既に贈与によりなくなっていると考えられますが、上記の規定は贈与税の配偶者控除の特例を適用す

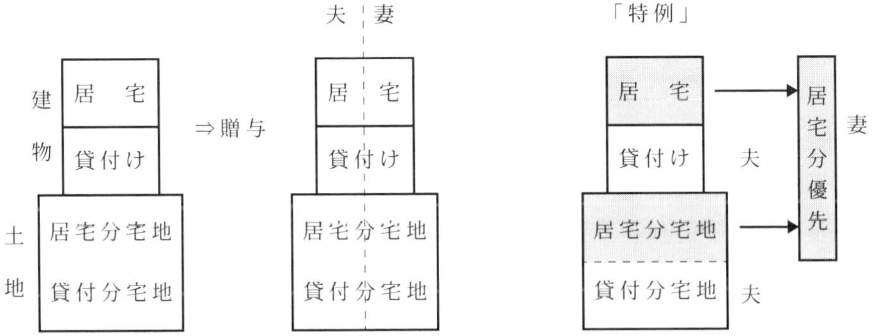

る場合の計算に限り特別に認められているものでありそれ以外の課税関係（贈与税・所得税・相続税等）は本来の考え方のとおりになります（参考　措通69の４－９）。

したがって、下記の図のような関係になります。

（図表－26）

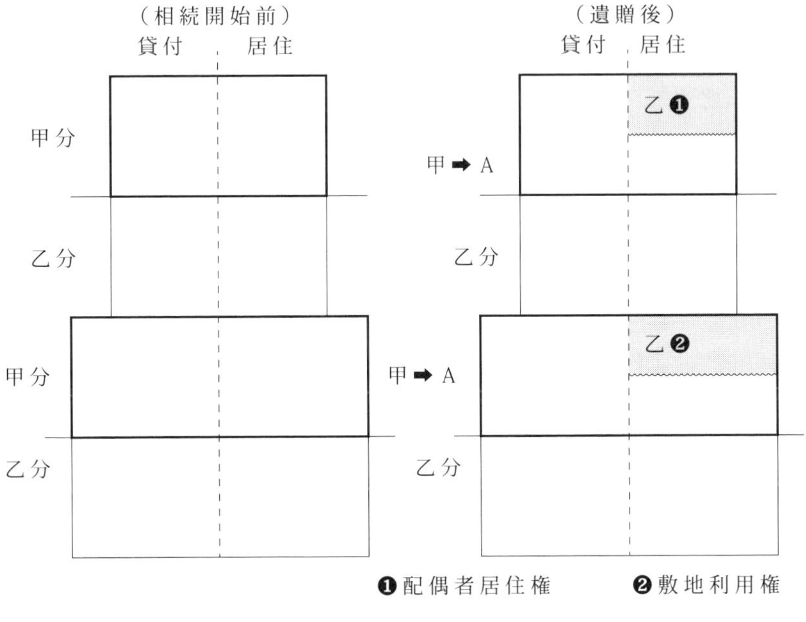

（注）「相基通21の６－３ただし書」は緩和通達の代表的なものです。

①**相続税法21条の６の贈与税**---------------------------**特例**

②上記①以外の贈与税 -----------------------------------原則

③相続税--原則【配偶者居住権等も含む】

④所得税（不動産所得・譲渡所得等）-------------------原則

Q15 配偶者の居住に関する権利の及ぶ期間

配偶者の居住に関する権利の及ぶ期間はどのくらいですか。

A 次のように考えます。

『法務』

（配偶者居住権）

(1)原則

配偶者居住権の存続期間は、配偶者の終身の間です（民法1030）。

(2)別段の定め可

遺産の分割の協議若しくは遺言に別段の定めがあるとき、又は家庭裁判所が遺産の分割の審判において別段の定めをしたときは、その定めるところによります（民法1030ただし…）。

（図表－27） 別段の定めの期間

遺産分割協議（共同相続人全員。調停含む）	別段の定めがあるとき
遺言（特定財産承継遺言を除く）	
家庭裁判所が遺産の分割の審判	別段の定めをしたとき

(3) (2)の限度

配偶者の居住に関する権利は乙に与えられた一身専属権ですから、別段の定めの期間内に死亡した場合はその権利は消滅します。

（配偶者短期居住権）

⑴乙が（居住建物に対して）遺産共有持分を有している場合（民法1037①一）

❶　遺産の分割により居住建物の帰属が確定した日

❷　相続開始の時から６月を経過する日

のいずれか遅い日

❸　上記規定の趣旨

遺産分割が早期に終了し、配偶者以外の相続人が居住建物を取得した場合には、配偶者において退去の準備ができているとは限りません。

また、遺産分割の内容について共同相続人間で早期に合意ができる場合にも遺産分割協議の成立時までしか配偶者短期居住権が存続しないとすると、配偶者が、遺産分割の方法には異論がないにもかかわらず、転居の準備が整っていないがゆえに遺産分割協議の成立に応じないことにもなりかねません。

そこで、早期に遺産分割協議が成立した場合であっても、配偶者が転居するために必要な猶予期間を確保するため、少なくとも相続開始の時から６か月間は配偶者短期居住権が存続することとしているのです。

⑵乙が（居住建物に対して）遺産共有持分を有していない場合（民法1037①二）

受遺者になっていない場合又はＱ16を参照して下さい。

⑶の申入れの日から６月を経過する日

⑶居住建物取得者は、⑴に掲げる場合を除くほか、いつでも配偶者短期居住権の消滅の申入れをすることができる（民法1037③）。

（図表－28）（配偶者短期居住権の終期）

乙が遺産共有持分	相続開始➡		
を有している	⬅未分割期間➡	❶分割／乙以外取得	❶・❷どちらか遅い方 終期➡
	➡　❷６月を経過する日		
を有していない ・受遺者でない ・相続放棄している	居住建物取得者が配偶者短期居住権の消滅の申入れの日★から６月を経過する日 ⬅始期　★～６月（終期）➡		

『税務』　解説はありません。

Q16 配偶者が正式に相続を放棄した場合

乙が正式に相続を放棄した場合はどうなりますか。

A 次のように考えます。

『法務』

(相続の放棄)

⑴民法915（相続の承認又は放棄をすべき期間）

相続人は、自己のために相続の開始があったことを知った時から３月以内に、相続について、単純若しくは限定の承認又は放棄をしなければならない。ただし、この期間は、利害関係人又は検察官の請求によって、家庭裁判所において伸長することができる。

⑵民法939（相続の放棄の効力）

相続の放棄をした者は、その相続に関しては、初めから相続人とならなかったものとみなす。

(配偶者居住権)

⑴分割では取得不可

相続を放棄したわけですから遺産分割協議等に参加できませんから、配偶者居住権を取得することはできません。

⑵遺贈では取得可能

相続を放棄したとしても、遺贈を受けることはできます。

つまり配偶者居住権を取得することはできます。

(配偶者短期居住権)

配偶者が正式に相続を放棄した場合であっても、配偶者短期居住権は成立します。

Q17＆18のような、民法第1037第１項のただし書き（配偶者短期居住権を取得できない場合）の規定はありません。

相続を放棄しても配偶者の短期的な居住権を保護する必要性はなお存するからです。

『税務』

(相続税法)

配偶者居住権についてはありませんが、配偶者に対する特例規定である相続税法第19の２《配偶者に対する相続税額の軽減》の適用について解説します。

（相続を放棄した配偶者に対する相続税額の軽減）相基通19の２－３

配偶者に対する相続税額の軽減の規定は、配偶者が相続を放棄した場合であっても当該配偶者が遺贈により取得した財産があるときは、適用があるのであるから留意する。

配偶者に対する税額軽減の規定の適用が受けられる者は、被相続人と婚姻の届出をした者であることが要件とされていますが、被相続人の相続人であることは要件とされていません。

したがって、配偶者が相続の放棄をした場合であっても、遺贈によって財産を取得したときはこの規定の適用を受けることができます。

相基通19の２－３は、このことを留意的に明らかにしたものです。

なお、相続を放棄した配偶者が、被相続人の死亡により生命保険金を取得し相続税法第３条第１項の規定に該当することとなった場合など財産を遺贈により取得したものとみなされるときにも、この規定の適用を受けることができることはいうまでもありません。

配偶者が相続を放棄しても配偶者であることは変わりませんから下記のようになります。

❶配偶者の※法定相続分（２分の１という意味ではありません。）

※法定相続分＝相続の放棄があった場合には、その放棄がなかったものとした場合における民法900条の相続分をいいます。

１分の１・２分の１・３分の２・４分の３の４種類があります。

❷ 160,000,000 円

どちらか多い方まで配偶者の相続税額が軽減されます（Q17・Q18との違いに留意して下さい。）。

Q17 配偶者が相続人の欠格事由に該当した場合

乙が相続人の欠格事由に該当した場合はどうなりますか。

A 次のように考えます。

『法務』

⑴相続人の欠格事由

次に掲げる者は、相続人となることができない（民法891）。

一 故意に被相続人又は相続について先順位若しくは同順位にある者を死亡するに至らせ、又は至らせようとしたために、刑に処せられた者

二 被相続人の殺害されたことを知って、これを告発せず、又は告訴しなかった者。ただし、その者に是非の弁別がないとき、又は殺害者が自己の配偶者若しくは直系血族であったときは、この限りでない。

三 詐欺又は強迫によって、被相続人が相続に関する遺言をし、撤回し、取り消し、又は変更することを妨げた者

四 詐欺又は強迫によって、被相続人に相続に関する遺言をさせ、撤回させ、取り消させ、又は変更させた者

五 相続に関する被相続人の遺言書を偽造し、変造し、破棄し、又は隠匿した者

つまり上記に該当したら、何らの手続きも要せず法律上自動的に相続権を剥奪されるということです。

⑵受遺者にも適用

「…第891条の規定は、受遺者について準用する。」と規定されています（民法965）。

条文見出しは（相続人に関する規定の準用）です。

つまり相続人の欠格事由に該当したら、遺言書に書かれていても受遺者にもなれないという規定です。

大変厳しい規定です。Q16（相続の放棄）やQ18（推定相続人の廃除）は受遺者になることは可能です。

⑶相続人の欠格宥恕（寛大な心で許す）を認めた事例

しかし極めてまれな事例ですが、広島家庭裁判所　呉支部　平成22年10月５日審判・欠格の宥恕を認めた事例があります（第２章最後）。

（配偶者居住権）

⑴分割では取得不可

欠格事由に該当したら相続人ではなくなりますから、遺産分割協議等に参加できませんから、配偶者居住権を取得することはできません。

⑵遺贈でも取得不可

原則「…第891条の規定は、受遺者について準用する。」と規定されています（民法965）ので受遺者にもなれませんから、配偶者居住権を取得することはできません。

（配偶者短期居住権）

配偶者が民法891条の相続の欠格事由に該当し相続権を失った場合には、配偶者短期居住権は成立しません（民法1037①ただし書き）。

Ｑ16の相続の放棄の場合と比較して、居住建物取得者の所有権を制約してまで配偶者の居住を保護することを正当化するのが困難であること等を考慮したものであります。

『税務』

（相続税法）

前掲Ｑ16の『税務』の解説と基本的には同じです。

配偶者が相続人の欠格事由に該当しても、配偶者であることは変わりませんから下記のようになります。

ただし、相続権の喪失（相続人の欠格事由に該当）をしていますから相続の放棄をした場合の「法定相続分＝相続の放棄があった場合には、その放棄がなかったものとした場合における相続分」という規定には該当しませんのでＱ16の

❶遺産額×法定相続分０＝ゼロ円

❷ 160,000,000 円

どちらか多い方（当然❷）まで配偶者の相続税額が軽減されます。

Q18 配偶者が推定相続人の廃除をされた場合

乙が推定相続人の廃除をされた場合はどうなりますか。

A 次のように考えます。

『法務』

⑴推定相続人の廃除

遺留分を有する推定相続人（相続が開始した場合に相続人となるべき者をいう。以下同じ。）が、被相続人に対して虐待をし、若しくはこれに重大な侮辱を加えたとき、又は推定相続人にその他の著しい非行があったときは、被相続人は、その推定相続人の廃除を家庭裁判所に請求することができます（民法892）。

⑵遺言による推定相続人の廃除

被相続人が遺言で推定相続人を廃除する意思を表示したときは、遺言執行者は、その遺言が効力を生じた後、遅滞なく、その推定相続人の廃除を家庭裁判所に請求しなければならない。この場合において、その推定相続人の廃除は、被相続人の死亡の時にさかのぼってその効力を生じます（民法893）。

⑶相続権の喪失

上記⑴又は⑵が家庭裁判所で認められたらその者は相続権を喪失し、相続人ではなくなります。

しかしQ17で解説した相続人の欠格事由のような規定「…第891条の規定は、受遺者について準用する（民法965）」はありませんので受遺者にはなれます。

（配偶者居住権）

⑴分割では取得不可

推定相続人の廃除が家庭裁判所で認められたら、相続人ではなくなりますから遺産分割協議等に参加できませんので配偶者居住権を取得することはできません。

⑵遺贈では取得可能

上記⑶で解説したとおり遺贈を受けることはできます。

つまり配偶者居住権を取得することはできます。

（配偶者短期居住権）

配偶者が推定相続人の廃除をされ相続権を失った場合には、配偶者短期居住権は成立しません（民法1037①ただし書き）。

Ｑ16の相続の放棄の場合と比較して、居住建物取得者の所有権を制約してまで配偶者の居住を保護することを正当化するのが困難であること等を考慮したものであります。

『税務』

前掲Ｑ16の『税務』の解説と基本的には同じです。

配偶者が推定相続人の廃除をされた場合でも、配偶者であることは変わりませんから下記のようになります。

ただし、相続権の喪失（推定相続人の廃除）をしていますから相続の放棄をした場合の「法定相続分＝相続の放棄があった場合には、その放棄がなかったものとした場合における相続分」という規定には該当しませんのでＱ１６の

❶遺産額×法定相続分０＝ゼロ円

❷ 160,000,000 円

どちらか多い方（当然❷）まで配偶者の相続税額が軽減されます。

Q19　配偶者の居住の権利の登記

配偶者の居住の権利は登記できるのですか。

A　次のように考えます。

『法務』

（配偶者居住権）

⑴（居住建物に対する）配偶者居住権の登記義務

❶　居住建物の所有者は、配偶者居住権を取得した配偶者に対し、配偶者居住権の設定の登記を備えさせる義務を負っています（民法 1031 ①）。

❷　配偶者が遺産分割に関する審判や調停によって配偶者居住権を取得したときは、その審判書や調停調書には、配偶者が単独で配偶者居住権の設定の登記手続をすることができるように所要の記載がされるのが通常であるから、配偶者は、その審判書や調停調書に基づき、単独で配偶者居住権の設定の登記の申請

をすることができます（不登法 63 ①）。

❸ このような審判書や調停調書がない場合には、配偶者居住権の設定の登記は、配偶者と居住建物の所有者とが共同して申請しなければなりません（不登法 60）。

⑵居住建物の所有者が登記の申請に協力しない場合

配偶者は、居住建物の所有者に対して登記義務の履行を求める訴えを提起することができ（民法1031①）、これを認容する判決が確定すれば、配偶者は、その判決に基づき、単独で登記の申請をすることができます（不登法63①）。

⑶上記の規定の意味

Q20の第三者対抗要件を具備するためであり、遺産分割や遺贈で当事者双方が配偶者居住権（及び敷地利用権）があると認識している場合は登記は必ずしも不要です。

数万円の節約になりますが、不仲の場合又は将来揉めそうな場合は、登記することをおすすめします。

（配偶者短期居住権）

上記のような規定はありません。

『税務』

（所得税法）

乙（配偶者）が負担した配偶者居住権の登記諸費用は、国税当局は明確にしていませんが所得税基本通達60－２（贈与等の際に支出した費用）により「…当該資産を取得するために通常必要と認められる費用」に該当し資産の取得費に算入できると思われます。

Ａ（建物の取得者）が負担した配偶者居住権の登記諸費用は、家事関連費になるものと思われます。

Q20 配偶者の居住の権利の第三者対抗要件

配偶者の居住の権利の第三者対抗要件はありますか。

A　次のように考えます。

『法務』

（配偶者居住権）

民法（配偶者居住権の登記等）第1031条では下記のように規定しています。

①　省略

②　第605条【不動産賃貸借の対抗力】の規定は配偶者居住権について、第605条の４【不動産の賃借人による妨害の停止の請求等】の規定は配偶者居住権の設定の登記を備えた場合について準用する。

⑴第三者対抗要件（民法605の準用）

Ｑ19の配偶者居住権の登記をした場合には、その建物を取得した者その他の第三者に対抗することができます（民法1031②）。

⑵妨害の停止の請求等（民法605の４の準用）

配偶者居住権の登記をし対抗要件を備えた場合において、次の各号に掲げるときは、それぞれ当該各号に定める請求をすることができます（民法1031②）。

一　その不動産の占有を第三者が妨害しているとき

その第三者に対する妨害の停止の請求

二　その不動産を第三者が占有しているとき

その第三者に対する返還の請求

※上記の例外　抵当権者等との関係

建物の抵当権者との関係では、相続開始前に設定及び登記がされた抵当権に劣後することになるため，その抵当権が実行されれば，配偶者は買受人からの明渡請求を拒むことはできないと考えられる（法制審議会民法（相続関係）部会第６回資料）。

（配偶者短期居住権）

上記のような規定はありません。

しかし「居住建物取得者は、第三者に対する居住建物の譲渡その他の方法により配偶者の居住建物の使用を妨げてはならない（民法1037②）」という規定があり、配偶者短期居住権は保護されています。

『税務』　解説はありません。

Q17の相続人の欠格宥恕（**広島家裁　呉支部　平成22年10月５日審判**）

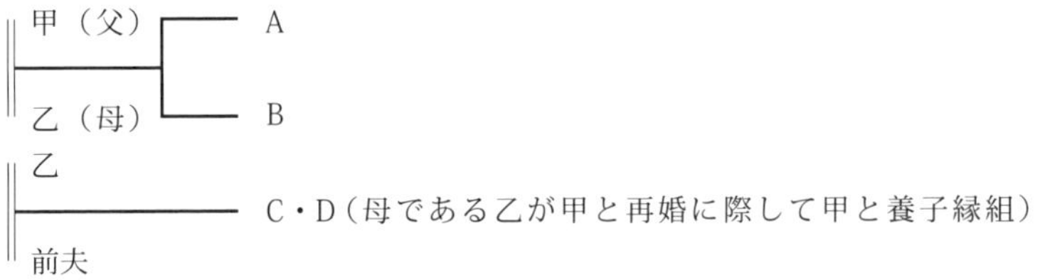

1．事実の概要　理解しやすいように簡略化しています。

被相続人甲は、昭和26年×月×日、妻乙との間で、長男Aをもうけ、昭和30年×月×日、妻との間で次男Bをもうけた。

他に養子C・D（乙の連れ子）がいる。

❶乙は、平成13年×月×日死亡している。

❷Bは、平成15年×月×日、Aによって殺害された。

Aは、同年×月懲役刑に処せられ、〇△刑務所で服役している。

❸平成20年×月×日、被相続人甲が死亡した。

C、Dが甲の遺産をめぐって遺産分割の申立てをし、それらの前提問題として、Aの相続人適格が争点となったのが事案である。

2．審判要旨

「AがBを殺害したことから、Aは民法891条１号所定の者に当たる。

しかし、Aは、昭和32年（小学校１年生時）、交通事故に遭い、右脚の膝から下の部分を失い、義足を使用して歩行することを余儀なくされるようになり、読み書きの能力が不十分である（特に漢字の習得がほとんどできていない。）など知的能力もやや劣る状態となったこと、

Bは、上記のような障害を持つAを無視したり、馬鹿にしたりするような態度をとったりしたことから、Aは、Bに憎しみを覚えるようになり、言い争いもたびたびあったこと、**そのような経過を経た後の平成15年×月×日**、Aは、酒に酔ったBから、『親父が死んでわれが死ねば、最低の葬式をして、残った金はわしが使う。』などと言われて激高し、Bをナイフで何回も突き刺すなどして殺害するに至ったこと、被相続人甲は、Aが被相続人甲経営の呉服店を約33年間にわたり手伝ってきたことを評価していた上、上記事件についてはBにも非があったと思い、刑事裁判においては、Aに寛大な刑が下されることを求め、また、服役後は、何回か刑務所を訪ね、障害を持つAの出所後の生活を案じ、『心配ないから。』と話すなどしたことが認められる。

上記認定事実によれば、甲は、遅くともＡが上記の刑務所に服役したころには、Ａを宥恕【寛大な心で許す】し、その相続人としての資格を有することを認める旨の意思表示をしたものと推認される。」として、Ａは、甲の相続人としての資格を有するといえるとして、相続人適格を認めた。

第3章

取得時の評価に関する法務と税務

第1節　配偶者居住権等取得時の評価（法務）

Q 1　遺産分割等における財産評価方法

配偶者居住権等は、遺産分割においてどのように財産評価をされることになるのですか。

A　次のように考えます。

『法務』

（配偶者居住権）

⑴評価の必要性

❶　配偶者が遺産分割において配偶者居住権を取得する場合には、自らの具体的相続分においてこれを取得することになるため、その財産的価値を評価することが必要となります。

❷　また、配偶者が遺贈や死因贈与によって配偶者居住権を取得した場合にも、他に遺産分割の対象となる財産があれば、特別受益（民法903）として配偶者の具体的相続分に影響を与える場合があります（注１）。

❸　他に遺産分割の対象となる財産がない場合にも、遺留分侵害額の有無を算定する際にもその財産評価を行う必要が生じます。

⑵評価方法

配偶者居住権の価額の算定方法（評価方法）については、以下のような方法によることが考えられます。

❶　一般的に、不動産の鑑定評価には様々な方式があるのと同様に、配偶者居住権の価額の算定方法についても様々な方式が検討されており、例えば、公益社団法人日本不動産鑑定士協会連合会は、配偶者居住権の評価方法の１つの在り方として、配偶者居住権の価額は、「居住建物の賃料相当額」から「配偶者が負担する通常の必要費」を控除した価額に存続期間に対応する年金現価率を乗じた価額であるとする考え方（注２）を示しています。

専門家である不動産鑑定士によって考案されたものであり、共同相続人間で配偶者居住権の評価額について争いがある場合には、このような評価方法によることになるものと考えられます。

❷　一方で、専門家以外の者には賃料相当額の算定や年金現価率の設定が困難であるため、特に共同相続人間の協議によって遺産分割をする場合には、より簡便な算定方法が必要になります。

❸　そこで、法制審議会民法（相続関係）部会においても、当事者が目安として利用する簡易な計算方法として、居住建物及びその敷地の価額から配偶者居住権の負担付きの各所有権の価額を引いた額を配偶者居住権の価額とする方法（注３）が検討されました。

❹　また、平成31年度の税制改正において相続税における配偶者居住権の価額の評価方法が定められたことから、当事者間の協議においても、これを用いて算定された評価額等を参考にして分割することがあり得るものと考えられます（注４）（注５）。

（注１）もっとも、配偶者居住権の遺贈又は死因贈与がされた場合には、民法第903条第４項の規定が準用されるため（民法1028③)、婚姻期間が20年以上の夫婦間において、配偶者居住権の遺贈又は死因贈与がされた場合には、これらの遺贈等は、原則として特別受益とは取り扱われないこととなる（民法第903条第４項の規定の詳細は、第２章Ｑ12参照)。

（注２）法制審議会民法（相続関係）部会第19回会議（平成29年３月28日開催）参考人（公益社団法人日本不動産鑑定士協会連合会）提出資料「『長期居住権についての具体例』についての意見」

（注３）法制審議会民法（相続関係）部会第19回会議（平成29年３月28日開催）部会資料19－２「長期居住権の簡易な評価方法について」

（注４）この点は、遺産分割において、土地の所有権の価額について争いがある場合でも、共同相続人全員の同意がある場合には、専門家による鑑定評価等をせずに、固定資産税評価額等の税制上の評価額が用いられることがあるのと同様である。

（注５）平成30年12月に平成31年度税制改正大綱が閣議決定され、平成31年度税制改正において、相続税における配偶者居住権等の評価方法についても措置されました（以上　一問一答27頁)。

（配偶者短期居住権）

財産価値が無いので問題となりません。

『税務』　第２節で詳解します。

⑴配偶者居住権の評価

配偶者居住権（建物部分）の評価額は、

（建物の時価）－（建物の時価）×（残存耐用年数－存続年数）／残存耐用年数×（存続年数に応じた民法の法定利率による複利現価率）

により求めるものとされます。

※ 「残存耐用年数」は、居住建物の所得税法に基づいて定められている耐用年数（住宅用）に1.5を乗じて計算した年数から居住建物の築後経過年数を控除した年数をいい、また、配偶者居住権が終身の間と設定された場合における「存続年数」については、配偶者の平均余命年数をいうという注記が付されています。以下同じです。

⑵敷地利用権の評価

配偶者居住権に基づく居住建物の敷地の利用に関する権利の評価額は、（土地等の時価）－（土地等の時価）×（存続年数に応じた民法の法定利率による複利現価率）により求めるものとされています。

⑶配偶者が受ける利益の合計

配偶者が受ける利益の合計は上記⑴配偶者居住権＋⑵敷地利用権の合計であり「配偶者居住権など」と本書では定義しています。

第２節　配偶者居住権等取得時の評価（税務）

前提条件（断りがある場合をのぞき、全部のＱに同じです。）

網掛け部分が配偶者居住権及び敷地利用権です。

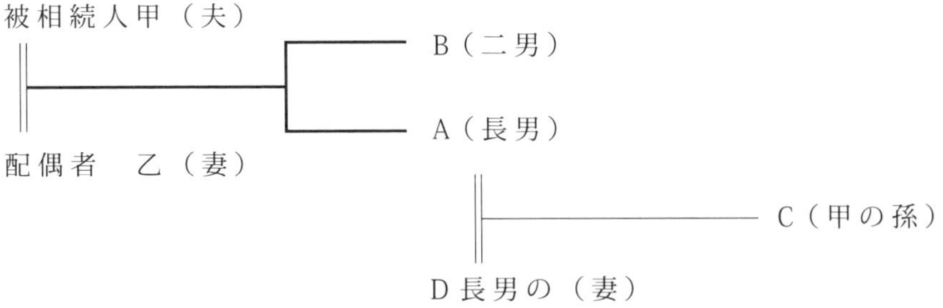

・下記の罫線はそれぞれ下記の意味です。

――――＝所有権

------＝利用権等の区分

～～～～＝使用形態（居住・店舗・貸付事業）

――――＝共有

借家権割合30％

借地権割合40％

Ｑ１　配偶者居住権の概要

配偶者居住権の評価の概要を教えてください。

Ａ　下図のようになります。

甲所有の建物と土地等をＡが相続等で全部取得した場合

ケース1 （1F甲が店舗経営。乙がその事業を承継）

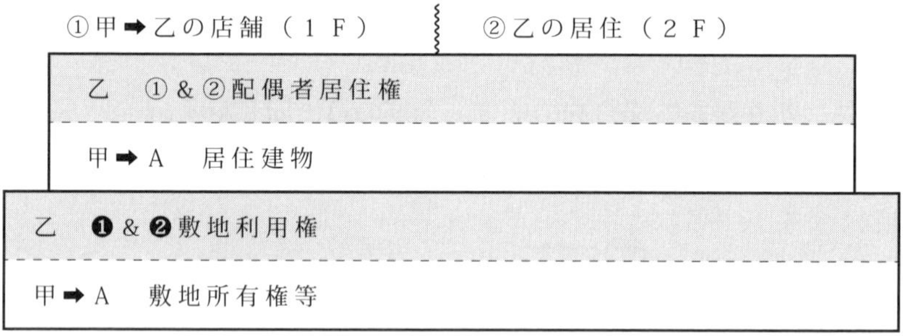

配偶者居住権【及び敷地利用権】は居住建物の全部【及びその建物の敷地】を無償で使用（居住・店舗等）及び収益（賃貸）をする権利であることから、配偶者が居住建物の一部しか使用していなかった場合【上図で店舗の事業をAが承継した場合】であっても、基本的には配偶者居住権の効力は居住建物全部に及ぶこととなります（民法1028①）。

ケース2 （1F甲が店舗経営。乙が事業を承継。3Fの貸付はAが承継）

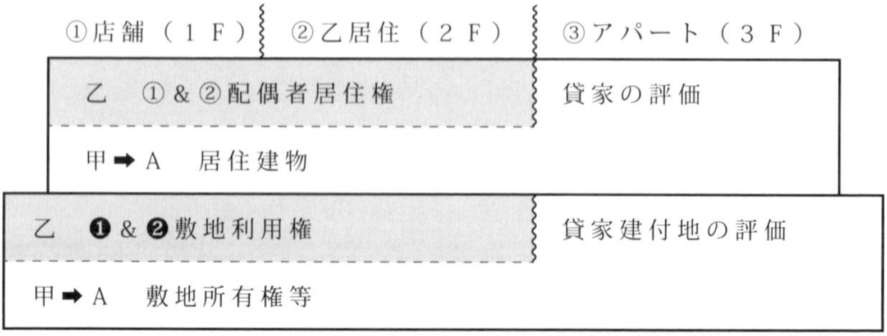

配偶者居住権【及び敷地利用権】は居住建物の全部に無償で使用（居住・店舗等）及び収益（賃貸）をする権利であるが、配偶者は相続開始前からその居住建物を賃借している賃借人（③アパート）に権利を主張することができない（対抗できない。借地法31）ため、実質的に配偶者居住権に基づく使用・収益をすることができない部分を除いて評価する必要があります。

Ｑ２　配偶者短期居住権の概要

「配偶者短期居住権」の評価の概要を教えてください。

Ａ　下図のようになります。

甲所有の建物と土地等をＡが相続等で全部取得した場合

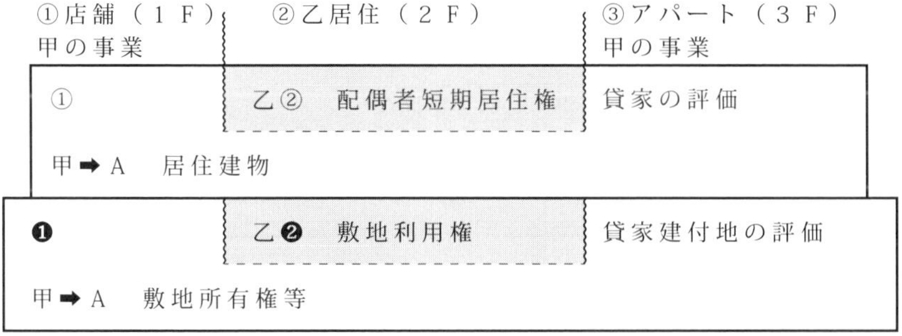

配偶者短期居住権等

相続税法上は②も❷も評価しません。

Ａの相続財産として100％評価

※配偶者が無償使用していた部分についてのみ効力が及び、成立範囲については、居住用部分に限らず、配偶者が無償で使用していた部分（①❶店舗分を甲から無償で借り受け、お店を営業していた場合）全体に及びます（民法 1037 ①）。

Ｑ３　相続税法における配偶者居住権等の評価の考え方

相続税法の配偶者居住権等の評価の考え方を教えてください。

Ａ　相続税法における配偶者居住権・居住建物・敷地利用権・敷地所有権等（「配偶者居住権等」以下同じ。）の評価の考え方は次のとおりです。

〔配偶者居住権の評価の考え方〕

居住建物の所有者は、配偶者居住権存続期間終了時に居住建物を自由に使用収益することができる状態に復帰することとなります。

この点に着目し、配偶者居住権の価額は、居住建物の所有権部分の「配偶者居住権存続期間終了時の価額（将来価値）」を求め、それを現在価値に割り戻し、居住建物の時価からその割り戻した所有権部分の価額を控除した金額により評価します。具体的には、

❶　配偶者居住権存続期間終了時の居住建物の時価を減価償却に類する方法を用いて計算します。

❷　❶で計算した配偶者居住権存続期間終了時の居住建物の時価を法定利率による複利現価率を用いて現在価値に割り戻す（所有権部分の将来価値を現在価値に割り戻した価額を求める）

❸　居住建物の時価－所有権部分の現在価値割戻価額＝配偶者居住権の価額

（イメージ）

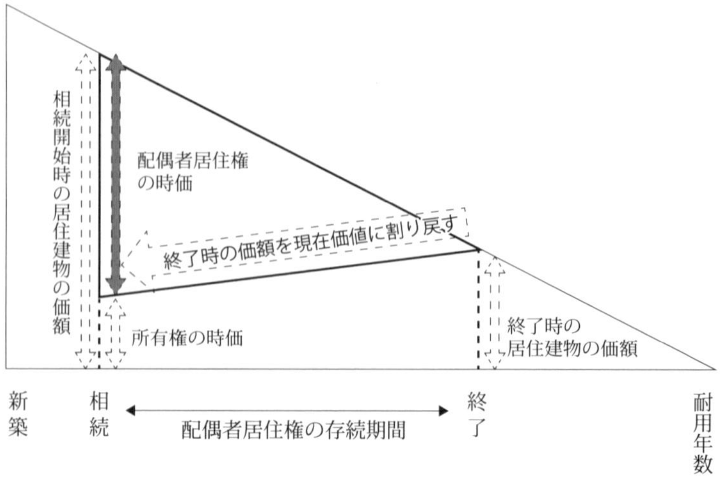

遺産の分割の協議に時間を要した場合には、❶遺産の分割が行われた時の配偶者の平均余命年数、耐用年数及び法定利率等に基づき、遺産の分割が行われた時の居住建物に占める配偶者居住権及び所有権の価額の割合（配偶者居住権と所有権の比率）を求め、❷その比率で相続開始時の時価を按分して、配偶者居住権及び所有権の評価額を求めます。

（イメージ）

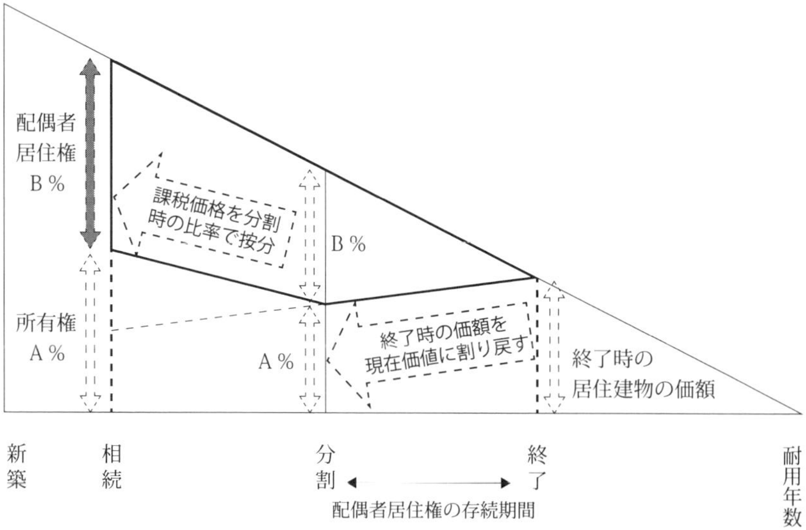

このような評価方法が採用されているのは、次の理由によるものです。

❶　仮に相続開始時の経過年数等に基づいて配偶者居住権を評価すると、配偶者が配偶者居住権を有していなかった期間（未分割期間）が「配偶者居住権」の評価に反映されてしまうこと。

❷　遺産の分割により配偶者居住権が設定される場合には、その遺産の分割の時を起算点として配偶者居住権の存続期間が定まることを踏まえると、居住建物の財産的価値に対する配偶者の取得割合も、遺産の分割の時において定まると考えられること。

おって、この算出方法により配偶者居住権及び所有権の価額を評価することは、相続税法第 23 条の２第１項及び第２項の規定に基づき配偶者居住権及び所有権の価額を評価することと同義ですので、実務上は、配偶者居住権等の評価明細書により配偶者居住権及び所有権の価額を評価することができます。

〔居住建物の評価の考え方〕

居住建物の価額❸は、相続開始時における配偶者居住権が設定されていないものとした場合の居住建物の時価❶から配偶者居住権の価額❷を控除した残額により評価することとされています。【❶－❷＝❸】

このように配偶者居住権の評価❷において居住建物の所有権部分の価額❸を算出した上で居住建物の時価❶との差額を配偶者居住権の評価額❷【❶－❸＝❷】としつつ、所有権部分を評価する際は改めて居住建物の時価❶から配偶者居住権の価額❷を控除した差額❸によることとされているのは、居住建物に賃貸部分があった場合には、配偶者居住権の評価額の計算の基礎となる居住建物の時価が賃貸部分を含まないのに対し、所有権部分には賃貸部分を含める必要があるためです。すなわち、賃貸部分の価額は、所有権部分に全て反映されることとなります。

（賃貸部分なし）

❶100－❸40＝❷60　❶100－❷60＝❸40

居住建物の時価 ❶100	乙　配偶者居住権の価額　❷60
	居住建物の価額（居住建物の所有権部分の価額）❸40

（賃貸部分あり 35）

賃貸部分含まない❶50－❸20＝❷30（１Ｆのみ）

賃貸部分含む　❶85－❷30＝❸55（１Ｆ・２Ｆ合計）

居住建物の時価 ❶85＝50（1F自用家屋）＋35（2F貸家評価）	乙　配偶者居住権の価額　❷30（1F）
	居住建物の価額（居住建物の所有権部分の価額）❸55　賃貸部分35含む。20（1F）＋35（2F）＝55

〔敷地利用権の評価の考え方〕

居住建物の敷地の所有者は、配偶者居住権存続期間終了時に居住建物の敷地を自由に使用収益することができる状態に復帰することとなります。

この点に着目し、敷地利用権の価額は、居住建物の敷地について、所有権部分の「配偶者居住権存続期間終了時の価額（将来価値）」を求め、それを現在価値に割り戻し、居住建物の敷地の時価からその割り戻した所有権部分の価額を控除した金額により評価します。

具体的には、

❶　配偶者居住権存続期間終了時の居住建物の敷地の時価を法定利率による複利現価率を用いて現在価値に割り戻す（所有権部分の将来価値を現在価値に割り戻した価額を求める）

❷　居住建物の敷地の時価から❶で求めた価額を控除して敷地利用権の価額を求めようとするものです。

なお、将来時点における土地等の時価を評価するのは不確実性を伴い困難な場合が多いと考えられること等から、時価変動を捨象し、相続開始時の価額をそのまま配偶者居住権存続期間終了時の時価として用いて計算します。

また、配偶者居住権及び居住建物の評価と同様、遺産の分割の協議に時間を要した場合には、遺産の分割が行われた時の配偶者の平均余命年数及び法定利率等に基づき、遺産の分割が行われた時の居住建物の敷地に占める敷地利用権及び所有権の割合（敷地利用権と所有権の比率）を求め、その比率で相続開始時の時価を按分して、敷地利用権及び所有権の評価額を求めます。

※遺贈等の場合は相続開始時の配偶者の平均余命年数及び法定利率等に基づき、居住建物の敷地に占める敷地利用権及び所有権の割合（敷地利用権と所有権の比率）により敷地利用権及び所有権の評価額を求めます。

〔イメージ〕

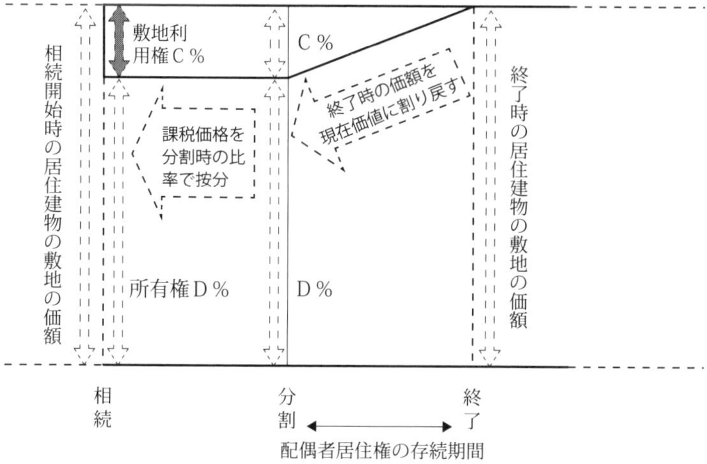

おって、この算出方法により敷地利用権及び所有権の価額を評価することは、相続税法第23条の２第３項及び第４項の規定に基づき敷地利用権及び所有権の価額を評価することと同義ですので、実務上は、配偶者居住権等の評価明細書により敷地利用権及び所有権の価額を評価することができます。

〔居住建物の敷地の評価の考え方〕

居住建物の敷地の価額は、土地等の相続開始時における配偶者居住権が設定されていないものとした場合の時価から敷地利用権の価額を控除した残額によって評価することとされています。

【関係法令等】相法23の2

配偶者居住権が設定されていないものとした場合の居住建物の敷地の時価（相法23の2③一）	乙　敷地利用権の価額（相法23の2③）
	居住建物の敷地の価額（敷地所有権等）（相法23の2④）

Q4 相続税法における配偶者居住権等の評価方法の概要

相続税法における配偶者居住権等の評価方法の概要を教えてください。

A　相続税法における配偶者居住権等の評価方法の概要は次のとおりです。

〔配偶者居住権の評価方法〕

配偶者居住権の価額は、次の算式により評価することとされています。

⑴配偶者居住権（相法23の2①）

A＝建物の相続税評価額（固定資産税評価額×1.0倍。評基通89）【①一号】

A－下記⑵＝**配偶者居住権**

⑵建物所有権【居住建物】（相法23の2②）

$$A \times \frac{\text{（法定耐用年数}\times 1.5\text{－築後年数）－居住権の存続年数＝【①二号イ】※1}}{\text{法定耐用年数}\times 1.5\text{－築後年数＝【①二号ロ】}} \times B\text{【①三号】}$$

B＝配偶者居住権の存続年数に応じた民法の法定利率による（年3％の）複利現価率　※2

※1　イ【⑵の分子】、ロ【⑵の分母】の年数が零以下➡零とします。

・残存耐用年数が0年以下の場合（分母）

・残存耐用年数が平均余命数以下の場合（分子）

居住建物の取得者の評価はゼロとなります。

この場合は居住建物の時価＝配偶者居住権となります。

※2　存続年数は、配偶者の平均余命年数（厚生労働省の完全生命表）を上限とします。

⑶敷地利用権（土地の上に存する権利）（相法23の２③）

Ｃ＝土地等の相続税評価額（路線価等）【③一号】

Ｃ－Ｃ×Ｂ【③二号】＝**敷地利用権**

⑷敷地所有権等（相法23の２④）＝Ｃ－⑶

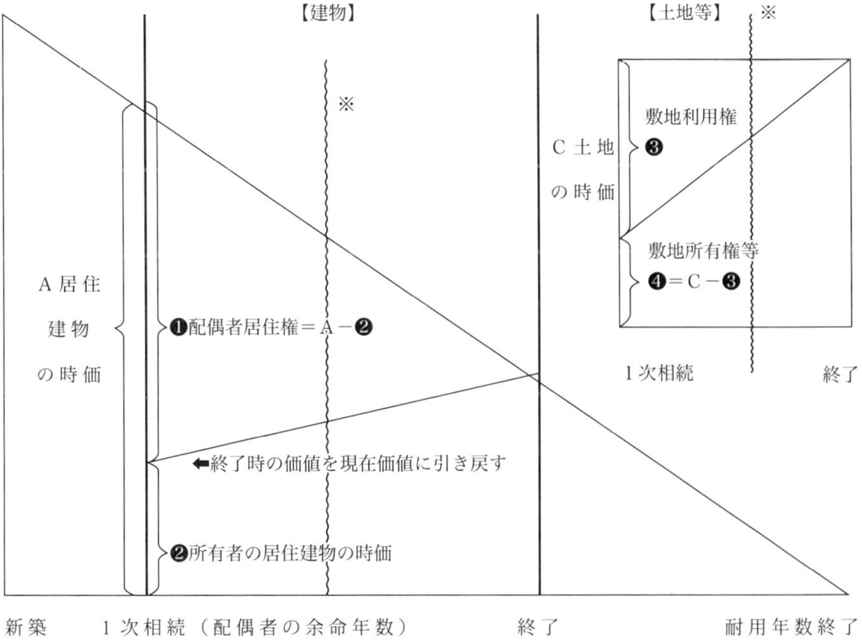

	女性の平均余命年数　仮19年 （配偶者居住権の存続年数）	所有者の使用期間　⑵の分子 4年（所有者の財産価値分）
築後年数10年	残存（耐用）年数23年　　上記算式⑵の分母	
法定耐用年数（例・木造）22年×1.5＝33年（居住用建物の耐用年数）		

つまり（33年－10年＝）残存（耐用）年数23年の、19年後の建物の価値を求め、それを現在価値に割り戻して居住建物の評価を計算し、Ａ建物の時価から控除した価額が配偶者居住権の評価になります。

Q５　配偶者居住権の評価額の計算の基礎となる金額

配偶者居住権の評価額の計算の基礎となる金額の考え方について教えてください。

A　次のように考えます。

配偶者居住権の評価額は、居住建物の相続税評価額を基礎として、配偶者居住権の存続期間や居住建物の経過年数等により定まる割合・割引率を乗じて計算します。

この場合の居住建物の相続税評価額は、「居住建物の時価」であり、基本的に評価通達の定めるところにより計算します。

ただし、その居住建物の一部が賃貸用又はその居住建物を配偶者と共有していた場合には、配偶者居住権の評価額の計算の基礎となる金額は、「政令（相令５の７①）で定めるところにより計算した金額」となります。

具体的には、以下の態様に応じてそれぞれ次の金額となります。

⑴居住建物の一部が賃貸用でなく、かつ、居住建物を配偶者と共有していなかった場合（一番シンプルなケースです。）

居住建物の一部が賃貸用でなく、かつ、居住建物を配偶者と共有していなかった（換言すると､居住建物を被相続人が自用家屋として単独所有していた）場合、配偶者居住権の評価額の計算の基礎となる金額は、「居住建物の時価」です。この場合の「時価」とは、相続税法第22条の時価をいいますので、評価通達の定めるところにより計算した相続税評価額が、配偶者居住権の評価額の計算の基礎となります。配偶者居住権等の評価明細書の⑨欄がこれに当たります。

配偶者居住権等の評価明細書（令和５年１月１日以降用）

（注）土地には、土地の上に存する権利を含みます。

<table>
<tr><td rowspan="3">所有者</td><td>建物</td><td>（被相続人氏名）</td><td>①持分割合
／</td><td>（配偶者氏名）</td><td>持分割合
／</td><td>所在地番
（住居表示）</td><td colspan="3"></td></tr>
<tr><td>土地</td><td>（被相続人氏名）</td><td>②持分割合
／</td><td>（共有者氏名）</td><td>持分割合
／</td><td>（共有者氏名）</td><td colspan="3">持分割合
／</td></tr>
<tr><td colspan="2">建物の耐用年数</td><td colspan="5">（建物の構造）※　裏面《参考１》参照</td><td>年</td><td>③</td></tr>
<tr><td rowspan="3">居住建物の内容</td><td>建築後の経過年数</td><td colspan="6">（建築年月日）（配偶者居住権が設定された日）（６月以上の端数は１年・６月未満の端数は切捨て）
年　月　日から　年　月　日…　年</td><td>年</td><td>④</td></tr>
<tr><td rowspan="2">建物の利用状況等</td><td colspan="6">建物のうち賃貸の用に供されている部分以外の部分の床面積の合計</td><td>㎡</td><td>⑤</td></tr>
<tr><td colspan="6">建物の床面積の合計</td><td>㎡</td><td>⑥</td></tr>
</table>

配偶者居住権の存続年数等	〔存続期間が終身以外の場合の存続年数〕 （配偶者居住権が設定された日）　（存続期間満了日）　Ⓐ 年　月　日から　年　月　日…　年（６月以上の端数は１年・６月未満の端数は切捨て）	存続年数Ⓒ 年	⑦
	〔存続期間が終身の場合の存続年数〕　（平均余命）Ⓑ （配偶者居住権が設定された日における配偶者の満年齢）Ⓒ　※裏面《参考２》参照（ⒶとⒷのいずれか短い年とし、Ⓐがない場合はⒷの年数） 歳（生年月日　年　月　日、性別　）…　年　年	複利現価率 ※裏面《参考３》参照	⑧

評価の基礎となる価額	建物	賃貸の用に供されておらず、かつ、共有でないものとした場合の相続税評価額	円	⑨
		共有でないものとした場合の相続税評価額	円	⑩
		相続税評価額　（⑩の相続税評価額）　（①持分割合） 円×　／	円 （円未満切捨て）	⑪
	土地	建物が賃貸の用に供されておらず、かつ、土地が共有でないものとした場合の相続税評価額	円	⑫
		共有でないものとした場合の相続税評価額	円	⑬
		相続税評価額　（⑬の相続税評価額）　（②持分割合） 円×　／	円 （円未満切捨て）	⑭

○配偶者居住権の価額

（⑨の相続税評価額）　⑤賃貸以外の床面積／⑥居住建物の床面積　（①持分割合） 円×　㎡／　㎡　／	円 （円未満切捨て）	⑮
（⑮の金額）　（⑮の金額）　③耐用年数−④経過年数−⑦存続年数／③耐用年数−④経過年数（注）分子又は分母が零以下の場合は零。（⑧複利現価率） 円−　円×（　−　−　）／（　−　）×	（配偶者居住権の価額） 円 （円未満切捨て）	⑯

○居住建物の価額

（⑪の相続税評価額）（⑯配偶者居住権の価額） 円−　円	円 （円未満切捨て）	⑰

○配偶者居住権に基づく敷地利用権の価額

（⑫の相続税評価額）　（⑤賃貸以外の床面積／⑥居住建物の床面積）　（①と②のうち低い持分） 円×　㎡／　㎡　×　／	円 （円未満切捨て）	⑱
（⑱の金額）　（⑱の金額）　（⑧複利現価率） 円−　円　×	（敷地利用権の価額） 円 （円未満切捨て）	⑲

○居住建物の敷地の用に供される土地の価額

（⑭の相続税評価額）　（⑲敷地利用権の価額） 円−　円	円 （円未満切捨て）	⑳

〔計算例１（配偶者居住権の評価額の計算の基礎となる金額）〕

※　居住建物が賃貸の用に供されておらず、かつ、共有でないものとした場合の居住建物の時価が3,000万円であるものとします。

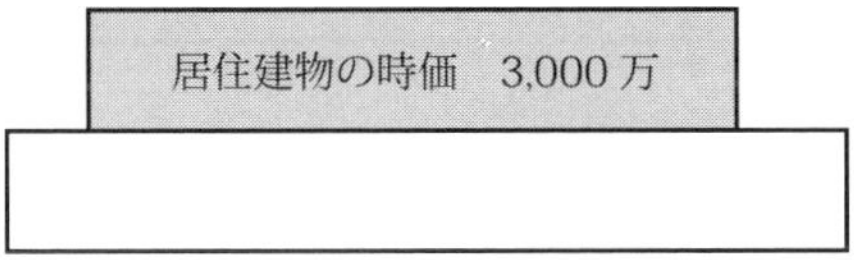

⑵居住建物の一部が賃貸用である場合

居住建物の一部が賃貸用である場合、配偶者居住権の評価額の計算の基礎となる金額は、「政令で定めるところにより計算した金額」となります（相法23の2①一かっこ書・相令5の8①一）。

これを算式で表すと次のとおりです。

評価明細書の⑨欄【賃貸の用に供されておらず、かつ、共有でないものとした場合。一番シンプルな状態。以下同じです。】の相続税評価額×賃貸の用に供されている部分以外の部分の床面積（評価明細書の⑤欄）／居住建物の床面積（評価明細書の⑥欄）

上記の算式のとおり、居住建物の一部が賃貸用である場合には、配偶者居住権の評価額の計算の基礎となる金額から賃貸の用に供されている部分を除くこととされています。

配偶者は相続開始前からその居住建物を賃借している賃借人に権利を主張することができない（対抗できない）ため、実質的に配偶者居住権に基づく使用・収益をすることができない部分を除いて評価する必要があるためです。

※「居住建物の時価」は、その居住建物の一部が賃貸用である場合、その貸家部分を貸家として評価（評基通 93）することとなり、それ以外の部分は自用家屋評価（評基通 89）としますから評価の対象から除くわけではありません。

なお、居住建物の一部が賃貸用である場合の配偶者居住権の評価額の計算の基礎となる金額は、配偶者居住権等の評価明細書の⑮欄に当たります。

〔計算例2（配偶者居住権の評価額の計算の基礎となる金額）〕

※　居住建物が賃貸の用に供されておらず、かつ、共有でないものとした場合の居住建物の時価が 3,000 万円であるものとします。

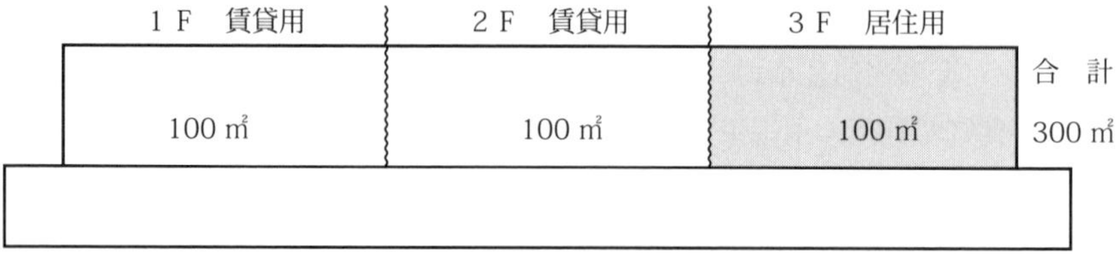

30,000,000 円　×　100 ㎡　／　300 ㎡　＝　10,000,000 円

⑶居住建物を配偶者と共有していた場合

被相続人が居住建物を配偶者と共有していた場合※、配偶者居住権の評価額の計算の基礎となる金額は、「政令で定めるところにより計算した金額」となります（相法23の２①一かっこ書・相令５の７①二）。

これを算式で表すと次のとおりです。

評価明細書の⑨欄の相続税評価額×被相続人が有していた持分割合（評価明細書の①欄）

※　「居住建物の時価」は、被相続人がその居住建物を配偶者と共有していた場合、被相続人の共有持分に応じて按分した価額により評価することとなります（評基通２）。

　なお、被相続人が居住建物を配偶者と共有していた場合の配偶者居住権の評価額の計算の基礎となる金額は、配偶者居住権等の評価明細書の⑮欄に当たります。

〔計算例３（配偶者居住権の評価額の計算の基礎となる金額）〕

※　居住建物が賃貸の用に供されておらず、かつ、共有でないものとした場合の居住建物の時価が 3,000 万円であるものとします。

30,000,000 円　×　2/3　＝　20,000,000 円

⑷居住建物の一部が賃貸用であり、かつ、居住建物を配偶者と共有していた場合

居住建物の一部が賃貸用であり、かつ、居住建物を配偶者と共有していた場合、配偶者居住権の評価額の計算の基礎となる金額は、上記⑵と⑶の複合計算となります（相法23の２①一かっこ書）。

これを算式で表すと次のとおりです。

評価明細書の⑨欄の相続税評価額×賃貸の用に供されている部分以外の部分の床面積（評価明細書の⑤欄）÷居住建物の床面積（評価明細書の⑥欄）×被相続

人が有していた持分割合（評価明細書の①欄）

なお、居住建物の一部が賃貸用であり、かつ、居住建物を配偶者と共有していた場合の配偶者居住権の評価額の計算の基礎となる金額は、配偶者居住権等の評価明細書の⑮欄に当たります。

〔計算例4（配偶者居住権の評価額の計算の基礎となる金額）〕

※ 居住建物が賃貸の用に供されておらず、かつ、共有でないものとした場合の居住建物の時価が3,000万円であるものとします。

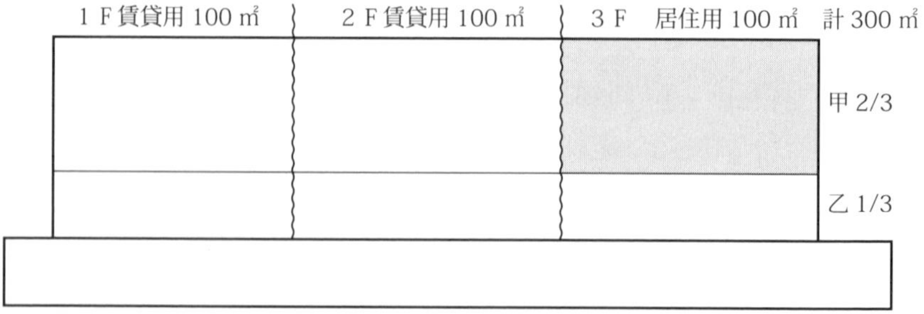

30,000,000円 × 100㎡ ／ 300㎡ × 2/3 ＝ 6,666,666円

（参考）本問中の計算例のパターンを表にすると次のとおりです。

居住建物の所有形態＼居住建物の賃貸の有無	配偶者と共有でない	配偶者と共有
なし	計算例1	計算例3
あり	計算例2	計算例4

Q6 「耐用年数」・「経過年数」・「存続年数」

配偶者居住権を評価する場合の「耐用年数」・「経過年数」・「存続年数」について教えてください。

A 配偶者居住権を評価する場合の「耐用年数」・「経過年数」・「存続年数」については、次のとおりです。

〔耐用年数〕

耐用年数とは、耐用年数省令に定める住宅用の耐用年数を1.5倍したものをいい、具体的にはQ31の《参考資料１》『配偶者居住権等の評価で用いる建物の構造別の耐用年数』とおりです。

なお、店舗併用住宅などの非居住用部分が存する居住建物についても、居住建物の全部が「住宅用」であるものとして、耐用年数省令に定める耐用年数を1.5倍したものを用います（相令５の７②、相規12の２）。したがって、非居住用部分については、事業所得、不動産所得又は雑所得の計算上の耐用年数を用いないことに留意してください。

〔経過年数〕

経過年数とは、居住建物が建築された日（新築時）から配偶者居住権が設定された時までの年数をいいます※。

なお、居住建物が相続開始前に増改築された場合であっても、増改築部分を区分することなく、新築時から配偶者居住権が設定された時までの年数をいいます（相法23の２①二イ、相基通23の２－３）。

※「配偶者居住権が設定された時」については、Ｑ７を参照してください。

〔存続年数〕

存続年数とは、「配偶者居住権が存続する年数として政令で定める年数」をいうものとされています（相法23の２①二イ）。

具体的には、次の⑴又は⑵の場合の区分に応じ、それぞれ⑴又は⑵に定める年数をいいます。

⑴配偶者居住権の存続期間が配偶者の終身の間とされている場合

配偶者居住権が設定された時における当該配偶者の平均余命※１、２

※１「配偶者居住権が設定された時」については、Ｑ７を参照してください。

※２　配偶者の平均余命は、配偶者居住権が設定された時の属する年の１月１日現在において公表されている最新の完全生命表によります（相基通 23 の２－５）。

なお、完全生命表に当てはめる配偶者の年齢は、配偶者居住権が設定された時における配偶者の満年齢によります。

（参考）完全生命表は、国勢調査による日本人人口の各定数、人口動態統計の各定数を基に５年ごとに厚生労働省が公表しており、第 22 回生命表（完全生命表）は平成 29 年３月に公表されています。具体的には、Ｑ 31 の《参考２》第 22 回生命表（完全生命表）に基づく平均余命（「配偶者居住権の存続年数等」のⒷ）のとおりです。

2015（平成27）年分は2017（平成29）年３月１日公表されていますから、2020（令和２）年分は2022（令和４）年３月頃に公表されるのではないでしょうか。

使用時期の推測	配偶者居住権設定時期　予想	
（完全生命表）	遺贈➡相続開始時	遺産分割等➡遺産分割時
第22回生命表2015年分	相続開始2022年まで	遺産分割等2022年まで
第23回生命表2020年分	相続開始2023年から	遺産分割等2023年から

⑵上記⑴以外の場合

配偶者居住権が設定された時から配偶者居住権の存続期間満了の日までの年数（設定された時における配偶者の平均余命を上限とします。）

平均余命が例えば３年なのに30年の存続期間を設定した場合、それを認めると配偶者居住権及びその敷地利用権が異常に高額となり３年後に相続が開始した場合に消滅し租税回避行為に利用されるからです。※

〔耐用年数、経過年数、存続年数、平均余命及び複利現価率の端数処理〕

項目	内容	端数処理
耐用年数	耐用年数省令の年数×1.5	６月以上端数切上げ ６月未満端数切捨て
経過年数	建築日から配偶者居住権が設定された時までの経過年数	
存続年数	配偶者居住権が設定された時の配偶者の平均余命（又は配偶者居住権の存続年数）	
平均余命	第23回完全生命表（５年毎改訂）R2（公表R4.3.2）	⬅相基通23の2−5
複　利 現価率	$1 \div (1 + r)^{n}$　（複利現価率は３年ごとに見直し） r：法定利率 n：配偶者居住権の存続年数	⬅相基通23の2−4 小数点以下 ３位未満四捨五入

（参考）譲渡所得の計算における非事業用資産の耐用年数の端数処理は、１年未満切捨てとされていますので、注意してください（所令85）。

【関係法令等】

相法23の2①

相令5の7②③

所令85

相規12の2〜12の4

相基通 23 の２－３、５
民法 404【法定利率】

Ｑ７　経過年数等を求める場合の「配偶者居住権が設定された時」

Ｑ６の経過年数や存続年数を求める場合の「配偶者居住権が設定された時」は、具体的にどのように判断するのか教えてください。

Ａ　配偶者居住権が設定された時とは、次に掲げる場合の区分に応じ、それぞれ次に掲げる時をいいます（相基通23の２－２）。

なお、配偶者居住権の設定の登記を備えた日（登記日）ではありませんので注意してください。

⑴遺産の分割によって配偶者居住権を取得するものとされた場合（民法1028①一）

遺産の分割が行われた時※

※「遺産の分割が行われた時」とは、それぞれ次の日をいいます。

❶　遺産分割の協議の場合は、その協議の成立した日
❷　遺産分割の調停の場合は、その調停の成立した日（家事法 268）
❸　遺産分割の審判の場合は、その審判の確定した日（家事法 74、86）

⑵配偶者居住権が遺贈の目的とされた場合（民法1028①二）

相続開始の時※

※　配偶者居住権が停止条件付遺贈の目的とされた場合には、当該遺贈の効力が生じた日となります。

【関係法令等】

相法23の２①③　相令５の７③　相基通23の２－２　民法1028①
家事法74、86、268
民法及び家事事件手続法の一部を改正する法律の施行に伴う不動産登記事務の取扱いについて（配偶者居住権関係）（通達）（令和２年３月30日付法務省民二第324号）

Q8 居住建物の価額を求める場合の「居住建物の時価」

居住建物の価額を求める場合の「居住建物の時価」について、配偶者居住権の評価額の計算の基礎となる金額との違い等を教えてください。

A 次のように考えます。

居住建物の価額（所有権部分の価額）は、「居住建物の時価」から配偶者居住権の価額を控除した残額により評価します（相法23の2②）。

この場合における「時価」とは、相続税法第22条の時価をいいますので、評価通達の定めるところにより評価した価額が「居住建物の時価」となります。

また、配偶者居住権の評価額の計算の基礎となる金額は、一定の場合を除き、相続税法第22条の時価をいいます。したがって、基本的には居住建物の価額を求める場合の「居住建物の時価」と配偶者居住権の評価額の計算の基礎となる金額は、いずれも評価通達の定めるところにより評価した価額となります。

ただし、配偶者居住権の評価額の計算の基礎となる金額については、居住建物の一部が賃貸用又は居住建物を配偶者と共有していた場合には、当該賃貸部分や配偶者の共有持分に対応する部分を除いて計算する必要があり、この点が居住建物の価額（所有権部分の価額）を求める場合の「居住建物の時価」と異なります※。

※ 配偶者居住権の評価額の計算の基礎となる金額については、Q5を参照してください。

〔イメージ〕

※ 居住建物が賃貸の用に供されておらず、かつ、共有でないものとした場合の居住建物の時価を200（単位省略）であると仮定します。

❶ ❷かつ❸以外の場合

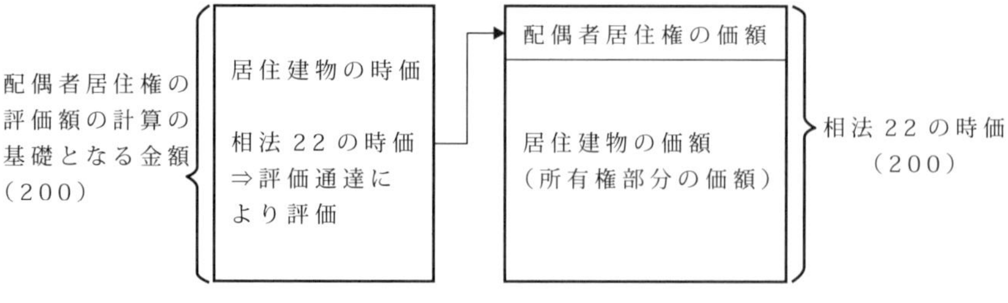

❷　居住建物の一部が賃貸用の場合

※　賃貸併用住宅（200㎡）のうち、100㎡を賃貸の用に供しているものとします。

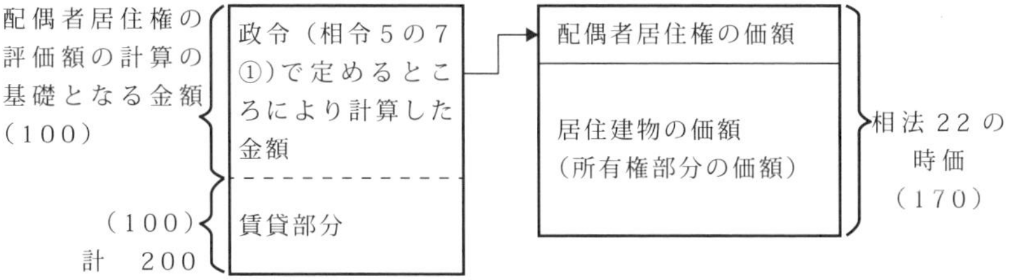

相法22の時価：100＋100×（1－0．3）＝170

❸　居住建物を配偶者と共有していた場合

※　居住建物に係る被相続人の持分が2分の1であるものとします。

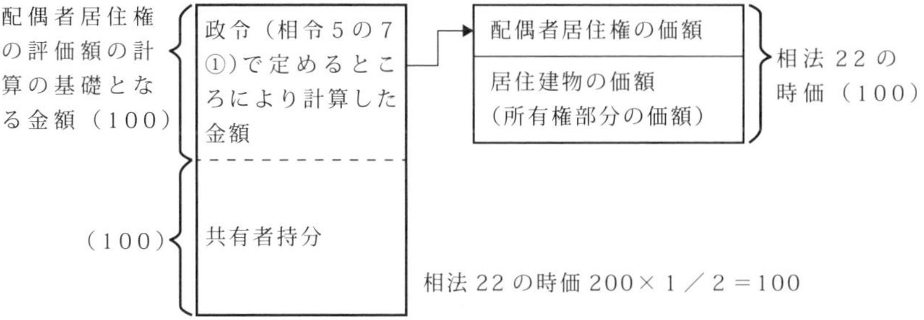

【関係法令等】相法22、23の2①②　相令5の7①

Q9　敷地利用権の評価額の計算の基礎となる金額

敷地利用権の評価額の計算の基礎となる金額の考え方について教えてください。

A　次のように考えます。

敷地利用権の評価額は、居住建物の敷地の相続税評価額を基礎として、配偶者居住権の存続期間により定まる割引率を乗じて計算します。

この場合の居住建物の敷地の相続税評価額は、「居住建物の敷地の時価」であり、基本的に財産評価通達の定めるところにより計算します。

ただし、その居住建物の一部が賃貸用若しくはその居住建物が配偶者と共有又はその居住建物の敷地が共有の場合には、敷地利用権の評価額の計算の基礎となる金額は､「政令(相令５の７④)で定めるところにより計算した金額」となります。
具体的には、以下の態様に応じてそれぞれ次の金額となります。

⑴居住建物の一部が賃貸用又は居住建物が配偶者と共有でなく、かつ、居住建物の敷地が共有でない場合（一番シンプルな事例です。）

敷地利用権の評価額の計算の基礎となる金額は､「居住建物の敷地の時価」です。
この場合の「時価」とは、相続税法第22条の時価をいいますので、財産評価通達の定めるところにより計算した相続税評価額が、敷地利用権の評価額の計算の基礎となります。

配偶者居住権等の評価明細書の⑫欄【建物が賃貸の用に供されておらず､かつ、土地が共有でないものとした場合の相続税評価額。以下同じ】がこれに当たります。

〔計算例１（敷地利用権の評価額の計算の基礎となる金額)〕

※　居住建物が賃貸の用に供されておらず、土地等が共有でないものとした場合の居住建物の敷地の時価が 3,000 万円であるものとします。

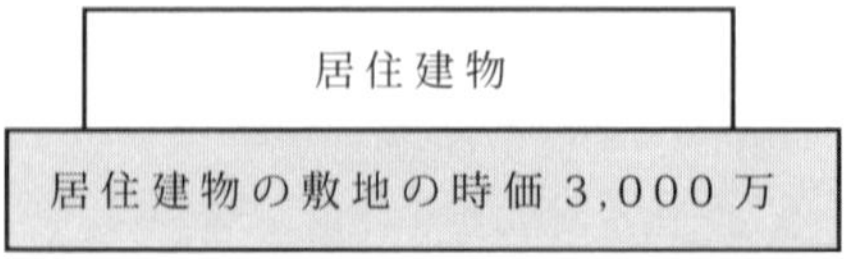

※敷地利用権と敷地所有権等に区分される。以下同じです。

⑵居住建物の一部が賃貸用である場合

居住建物の一部が賃貸用である場合、敷地利用権の評価額の計算の基礎となる金額は、「政令（相令５の７④一）で定めるところにより計算した金額」となります（相法23の２③一かっこ書)。

これを算式で表すと次のとおりです。

評価明細書の⑫欄の相続税評価額×居住建物の賃貸の用に供されている部分以外の部分の床面積（評価明細書の⑤欄）÷居住建物の床面積（評価明細書の⑥欄）

上記算式のとおり、居住建物の一部が賃貸用である場合には、敷地利用権の評価額の計算の基礎となる金額から賃貸の用に供されている部分を除くこととされています。

※　「居住建物の敷地の時価」は、その居住建物の一部が賃貸用である場合、その貸家建付部分を評価通達 26（(貸家建付地の評価)）等に定める貸家建付地

等として評価することとなり、それ以外の部分は自用地評価（評基通 11 ～ 24）としますから評価の対象から除くわけではありません。

なお、居住建物の一部が賃貸用である場合の敷地利用権の評価額の計算の基礎となる金額は、配偶者居住権等の評価明細書の⑱欄（敷地利用権の価額。以下同じ）に当たります。

〔計算例２（敷地利用権の評価額の計算の基礎となる金額）〕

※ 居住建物が賃貸の用に供されておらず、土地等が共有でないものとした場合の居住建物の敷地の時価が 3,000 万円であるものとします。

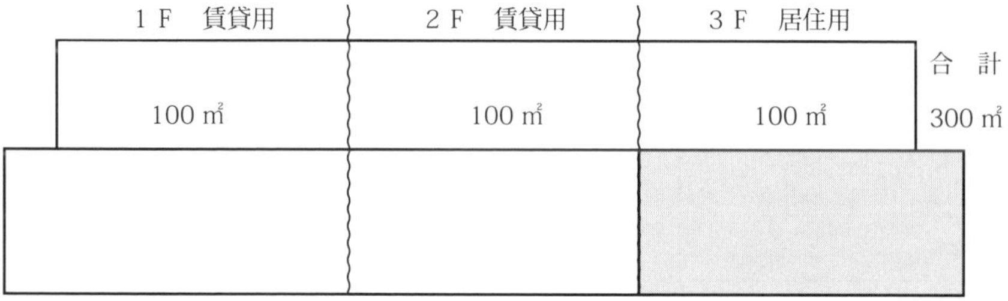

30,000,000 円 × 100 ㎡ ／ 300 ㎡ ＝ 10,000,000 円

⑶居住建物の敷地又は当該建物を共有していた場合

敷地利用権の評価額の計算の基礎となる金額は、「政令（相令５の７④二）で定めるところにより計算した金額」となります（相法23の２③一かっこ書）。これを算式で表すと次のとおりです。

評価明細書の⑫欄の相続税評価額×被相続人が有していた居住建物の敷地の持分割合又は当該建物の持分割合（評価明細書の①欄と②欄のいずれか低い割合）

上記の算式のうち、「評価明細書の⑫欄の相続税評価額」に乗じる割合は、次の場合に応じてそれぞれ次のイからハまでのとおりです。

なお、被相続人が居住建物の敷地又は当該建物を共有していた場合の敷地利用権の評価額の計算の基礎となる金額は、配偶者居住権等の評価明細書の⑱欄に当たります。

イ 居住建物の敷地のみを共有していた場合（居住建物は甲単独所有）

被相続人が居住建物の全部を所有しており、居住建物の敷地のみを共有していた場合、「評価明細書の⑫欄の相続税評価額」に乗じる割合は、被相続人の居住建物の敷地の持分割合です。

したがって、敷地利用権の評価額の計算の基礎となる金額が、結果として、「居住建物の敷地の時価」と一致します※。

※　「居住建物の敷地の時価」は、被相続人が居住建物の全部を所有しており、その居住建物の敷地のみを共有していた場合、被相続人の共有持分に応じて按分した価額により評価することとなります（評基通２）。

〔計算例３－イ（敷地利用権の評価額の計算の基礎となる金額）〕

※　居住建物が賃貸の用に供されておらず、土地等が共有でないものとした場合の居住建物の敷地の時価が3,000万円であるものとします。

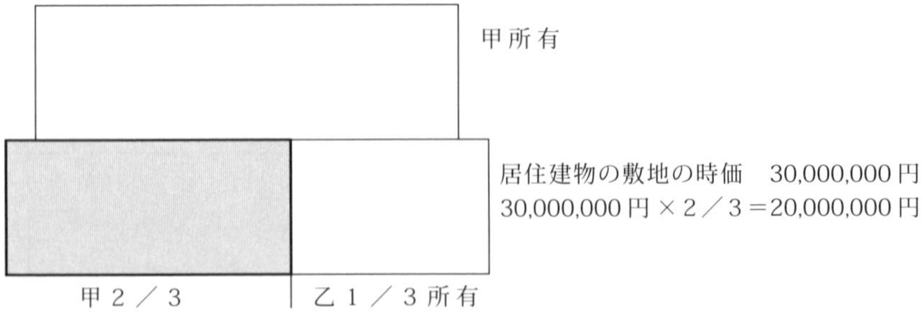

ロ　居住建物のみを配偶者と共有していた場合（敷地は甲100％所有）

「評価明細書の⑫欄の相続税評価額」に乗じる割合は、被相続人の居住建物の持分割合です。

※　「居住建物の敷地の時価」について、被相続人が居住建物の敷地の全部を所有しており、その居住建物のみを配偶者と共有していた場合には、配偶者が相続開始前から使用借権に基づいて敷地を利用する権利が零として取り扱われることとなり（使用貸借通達３）、あくまで被相続人の敷地の持分（１分の１）に対応する部分が評価の対象となりますので、当該使用借権に基づいて敷地を利用する権利に相当する部分を評価の対象から除くわけではありません。

〔計算例３－ロ（敷地利用権の評価額の計算の基礎となる金額）〕

※　居住建物が賃貸の用に供されておらず、土地等が共有でないものとした場合の居住建物の敷地の時価が3,000万円であるものとします。

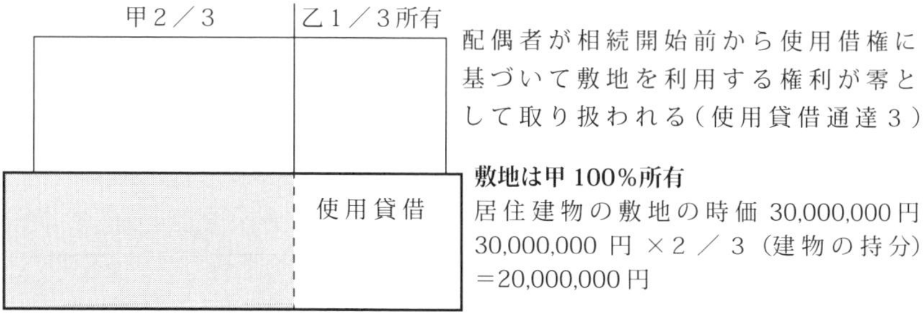

ハ　居住建物の敷地及び当該建物を共有していた場合

「評価明細書の⑫欄の相続税評価額」に乗じる割合は、被相続人が有していた居住建物の敷地の持分割合と当該建物の持分割合のうちいずれか低い割合となります（相令5の7④二ロ）。

(イ) 居住建物の敷地の持分割合と当該建物の持分割合が同じ場合

「評価明細書の⑫欄の相続税評価額」に乗じる割合は、被相続人の居住建物の敷地の持分割合（被相続人の居住建物の持分割合）となります。

したがって、敷地利用権の評価額の計算の基礎となる金額イコール「居住建物の敷地の時価」となります※。

〔計算例3－ハ－（イ）（敷地利用権の評価額の計算の基礎となる金額）〕

※　居住建物が賃貸の用に供されておらず、土地等が共有でないものとした場合の居住建物の敷地の時価が3,000万円であるものとします。

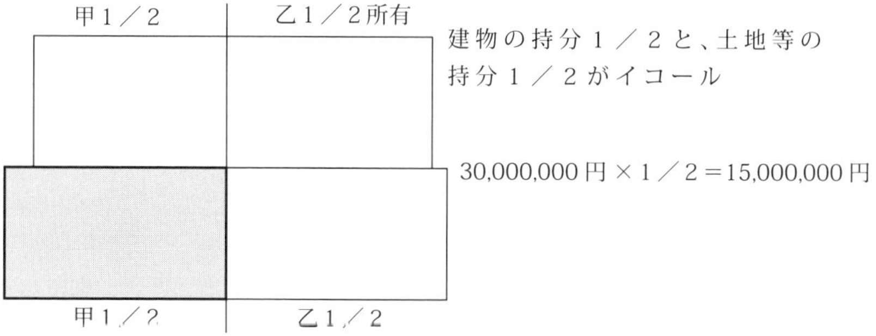

(ロ) 居住建物の敷地の持分割合が当該建物の持分割合より小さい場合

「評価明細書の⑫欄の相続税評価額」に乗じる割合は、被相続人の居住建物の敷地の持分割合となります。

したがって、上記イと同様、敷地利用権の評価額の計算の基礎となる金額が、結果として、「居住建物の敷地の時価」と一致します※。

〔計算例3－ハー(ロ)(敷地利用権の評価額の計算の基礎となる金額)〕

※　居住建物が賃貸の用に供されておらず、土地等が共有でないものとした場合の居住建物の敷地の時価が3,000万円であるものとします。

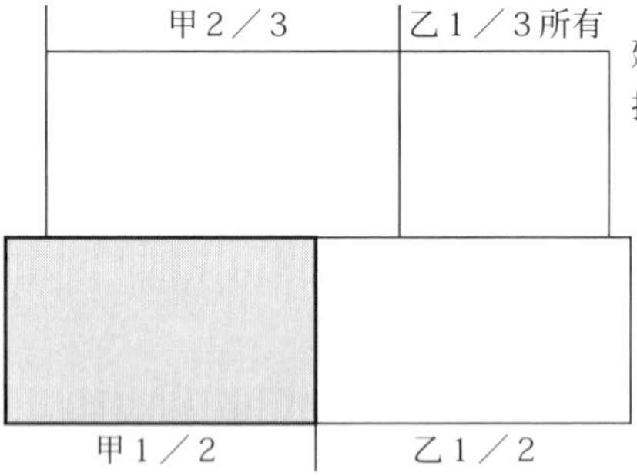

建物の持分2／3と、土地等の持分1／2が異なる

∴2／3・1／2どちらか低い方
30,000,000円×1／2＝15,000,000円

(ハ) 居住建物の敷地の持分割合が当該建物の持分割合より大きい場合

「評価明細書の⑫欄の相続税評価額」に乗じる割合は、被相続人の居住建物の持分割合となります。

※「居住建物の敷地の時価」について、居住建物の敷地の持分割合が当該建物の持分割合より大きい場合には、配偶者が相続開始前から使用借権に基づいて敷地を利用する権利が零として取り扱われることとなり（使用貸借通達3）、あくまで被相続人の敷地の共有持分に対応する部分が評価の対象となりますので、当該使用借権に基づいて敷地を利用する権利に相当する部分を評価の対象から除くわけではありません。

〔計算例3－ハー(ハ)(敷地利用権の評価額の計算の基礎となる金額)〕

※　居住建物が賃貸の用に供されておらず、土地等が共有でないものとした場合の居住建物の敷地の時価が3,000万円であるものとします。

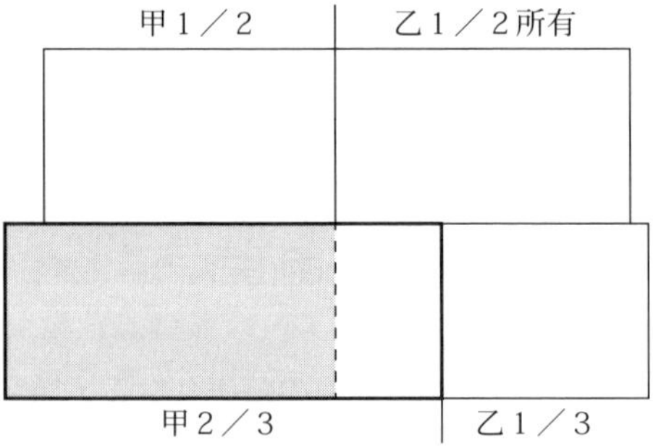

建物の持分1／2と、土地等の持分2／3が異なる

∴1／2・2／3どちらか低い方
30,000,000円×1／2＝15,000,000円

⑷居住建物の一部が賃貸用であり、かつ、当該建物又はその敷地を共有していた場合

敷地利用権の評価額の計算の基礎となる金額は、「政令（相令５の７④三）で定めるところにより計算した金額」となります（相法23の２③一かっこ書）。

これを算式で表すと次のとおりです。

評価明細書の⑫欄の相続税評価額×賃貸の用に供されている部分以外の部分の床面積（評価明細書の⑤欄）÷居住建物の床面積（評価明細書の⑥欄）×被相続人が有していた居住建物の敷地の持分割合又は当該建物の持分割合（評価明細書の①欄と②欄のいずれか低い割合）

上記の算式のとおり、居住建物の一部が賃貸用であり、かつ、当該建物又はその敷地を共有していた場合には、敷地利用権の評価額の計算の基礎となる金額から、賃貸の用に供されている部分を除くこととされています。また、この場合の「評価明細書の⑫欄の相続税評価額」に乗じる割合については、上記⑶イからハまでと同様となります。

なお、居住建物の一部が賃貸用であり、かつ、当該建物又はその敷地を共有していた場合の敷地利用権の評価額の計算の基礎となる金額は、配偶者居住権等の評価明細書の⑱欄に当たります。

〔計算例４－イ～４－ハ（敷地利用権の評価額の計算の基礎となる金額）〕

※　居住建物が賃貸の用に供されておらず、土地等が共有でないものとした場合の居住建物の敷地の時価が3,000万円であるものとします。

４－イ　居住建物の一部が賃貸用で、その敷地のみ共有の場合

居住用 100㎡	賃貸用 100㎡	賃貸用 100㎡
6,666,666円		

⬅居住建物　甲
計300㎡
⬅土地　甲　２／３持分
30,000,000円×100㎡／300㎡×（土地の持分）２／３＝6,666,666円
⬅土地　乙　１／３持分

４－ロ　居住建物の一部が賃貸用で、建物のみ配偶者と共有の場合

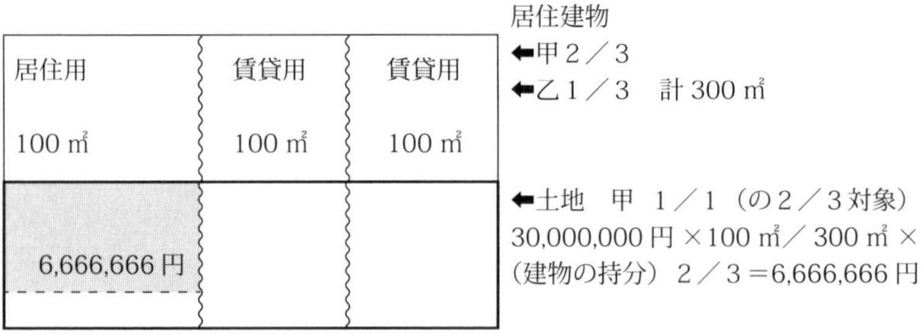

４－ハ　居住建物の一部が賃貸用で、建物と敷地ともに共有の場合

(ｲ) 居住建物の敷地の持分割合と当該建物の持分割合が同じ場合

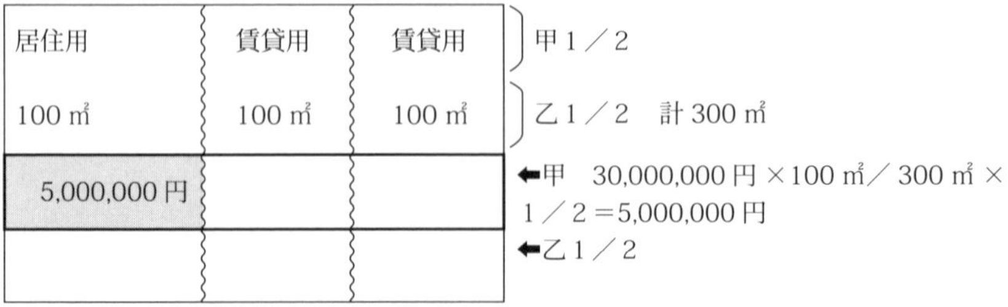

(ﾛ) 居住建物の敷地の持分割合が当該建物の持分割合より小さい場合

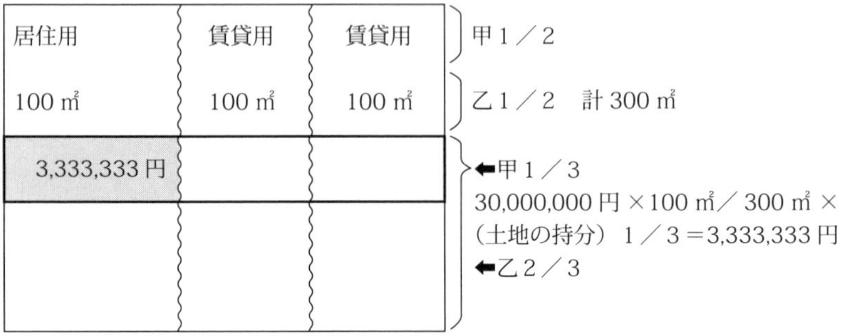

(ハ) 居住建物の敷地の持分割合が当該建物の持分割合より大きい場合

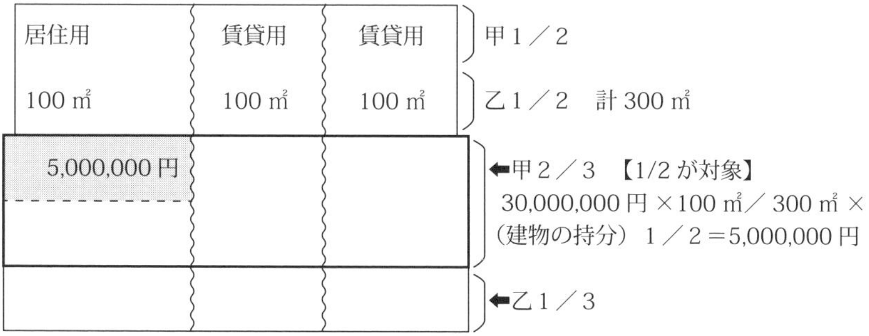

（参考）本問中の計算例のパターンを表にまとめると次のとおりです。

居住建物の敷地と当該建物の所有形態／居住建物の賃貸の有無	敷地が単独所有		敷地が共有の場合【例　甲50%・乙又はA50%】			
	居住建物		居住建物			
	配偶者と共有でない	配偶者と共有	配偶者と共有でない	配偶者と共有【例　甲50%60%40%】		
				敷地の持分割合50%＝建物の持分割合50%	敷地の持分割合50%＜建物の持分割合60%	敷地の持分割合50%＞建物の持分割合40%
なし	1	3－ロ	3－イ	3－ハ－(イ)	3－ハ－(ロ)	3－ハ－(ハ)
あり	2	4－ロ	4－イ	4－ハ－(イ)	4－ハ－(ロ)	4－ハ－(ハ)

Q10　敷地利用権の評価単位

２以上の筆からなる１画地の宅地を２以上の者が取得した場合、敷地利用権の評価単位の判定はどのように行うのか教えてください。

Ａ　次のように考えます。

土地の価額は、原則として、宅地、田、畑、山林等の地目の別に評価することとされています（評基通７）。

【❶取得者別➡❷地目別➡❸利用単位別の順】

そして、宅地の評価単位は、原則として、取得者が取得した宅地ごとに判定しますが、1筆単位で評価するのではなく、1画地の宅地（利用の単位となっている1区画の宅地をいいます。）ごとに評価することとされています（評基通7－2）。

したがって、例えば、2以上の者から隣接している土地を借りて、これを一体として利用している場合、その借地権の評価に当たっては、全体を1画地として評価します。

これに対し、貸主側の貸宅地の評価に当たっては、各貸主の所有する部分ごとに区分して、それぞれを1画地の宅地として評価します。

ところで、敷地利用権とは、配偶者が配偶者居住権に基づいて居住建物の敷地を利用することができる権利をいいますから、その取得者は配偶者に限られています。

そうすると、敷地利用権の評価単位は、必ず1になるようにも考えられます。

しかしながら、宅地の評価単位は、原則として、取得者が取得した宅地ごとに判定し、居住建物の敷地（所有権部分）の価額は、居住建物の敷地の時価から敷地利用権の価額を控除した残額により評価することとされており、当該所有権部分と敷地利用権の合計が100％となるような評価方法が採用されています。

そうすると、仮に、所有権部分とは異なる評価単位により敷地利用権を評価してしまうと、所有権部分と敷地利用権の合計が100％にならない場合が生じうるため、合理的であるとは言えません。そのため、敷地利用権については、当該敷地利用権の評価額の計算の基礎となる居住建物の敷地の評価単位と同様に判定するのが相当であると考えられます。

この場合の居住建物の敷地（宅地）の評価単位は、上記のとおり、取得した者ごとに1画地の宅地として評価することとなりますから、敷地利用権の評価単位についても、その取得者が配偶者に限られているからといって、必ずしも一であるとは限りません※。

※　具体的計算例については、Q 19を参照してください。

【関係法令等】相法23の2③・④、評基通7・7－2

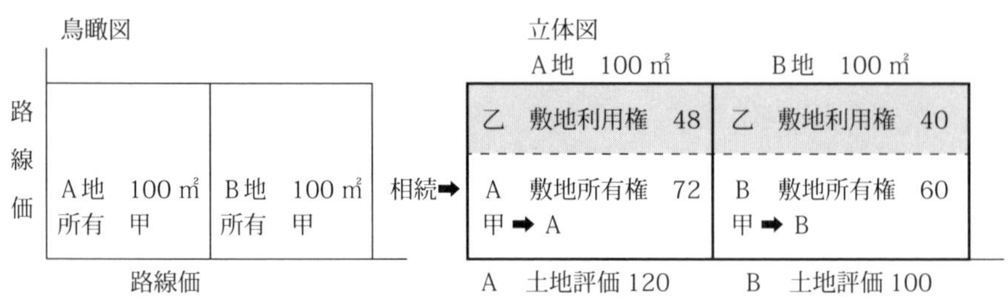

評価単位は、取得者別のため上記の結果となります。

Q11 敷地所有権等の価額を求める場合の「居住建物の敷地の時価」

居住建物の敷地の価額を求める場合の「居住建物の敷地の時価」について、敷地利用権の評価額の計算の基礎となる金額との違い等を教えてください。

A 次のように考えます。

居住建物の敷地の価額（敷地所有権等の価額）は、「居住建物の敷地の時価」から敷地利用権の価額を控除した残額により評価します（相法23の２④)。

この場合における「時価」とは、相続税法第22条の時価をいいますので評価通達の定めるところにより評価した価額が「居住建物の敷地の時価」となります。

また、敷地利用権の評価額の計算の基礎となる金額は、一定の場合を除き、相続税法第22条の時価をいいます。

したがって、基本的には居住建物の敷地の価額を求める場合の「居住建物の敷地の時価」と敷地利用権の評価額の計算の基礎となる金額は、いずれも評価通達の定めるところにより評価した価額となります。

ただし、敷地利用権の評価額の計算の基礎となる金額については、居住建物の一部が賃貸用若しくは居住建物を配偶者と共有していた場合又は居住建物の敷地を共有していた場合には、当該賃貸部分や配偶者等の共有持分に対応する部分等を除いて計算する必要があり、この点が居住建物の敷地の価額（所有権部分の価額）を求める場合の「居住建物の敷地の時価」と異なります※。

※　敷地利用権の評価額の計算の基礎となる金額については、Ｑ９を参照してください。

【関係法令等】

相法 22、23 の２③・④、相令５の７④

Q12　配偶者以外の相続人が居住建物及びその敷地を取得した場合

　次のような事例の場合の配偶者居住権等の評価額を教えてください。

【設例】

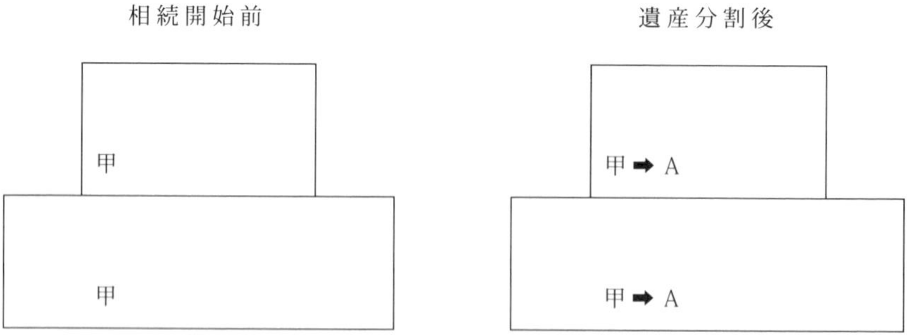

相続税評価額：建物 2,000 万円
　　　　　　　土地 5,000 万円
建物建築日：2010 年 12 月 1 日
建物構造：木造
相続開始日：2020 年 10 月 1 日
賃貸の有無：無
建物所有者：被相続人甲
土地所有者：被相続人甲

遺産分割日：2021 年 3 月 20 日
配偶者の年齢：80 歳 10 か月（分割時）
平均余命：11.71 年
配偶者居住権存続期間：終身
法定利率：３％

建物相続人：長男 A
土地相続人：長男 A

A　配偶者居住権等の評価額は次のとおりです。

〔配偶者居住権の価額〕

　居住建物の時価2,000万円－居住建物の時価2,000万円×（耐用年数33年－経過年数10年－存続年数12年）÷（耐用年数33年－経過年数10年）
　×複利現価率0.701＝13,294,783円（配偶者居住権の価額）

（参考）耐用年数：33 年（22 年× 1.5）
　経過年数：10年（2010年12月１日～ 2021年３月20日：10年３か月）
　存続年数：12年（第22回生命表に基づく平均余命11.71年）
　複利現価率：0.701（端数処理前0.7014）

〔居住建物の価額〕

（居住建物の時価）（配偶者居住権の価額）（居住建物の価額）

20,000,000円　－　13,294,783円　＝　6,705,217円

〔敷地利用権の価額〕

50,000,000円　－　50,000,000円　×　0.701　＝　14,950,000円

〔居住建物の敷地の価額〕

（居住建物の敷地の時価）（敷地利用権の価額）（居住建物の敷地の価額）

50,000,000円　－　14,950,000円　＝　35,050,000円

Q13　配偶者が居住建物の共有持分及び配偶者居住権を取得した場合

次のような事例の場合の配偶者居住権等の評価額を教えてください。

【設例】

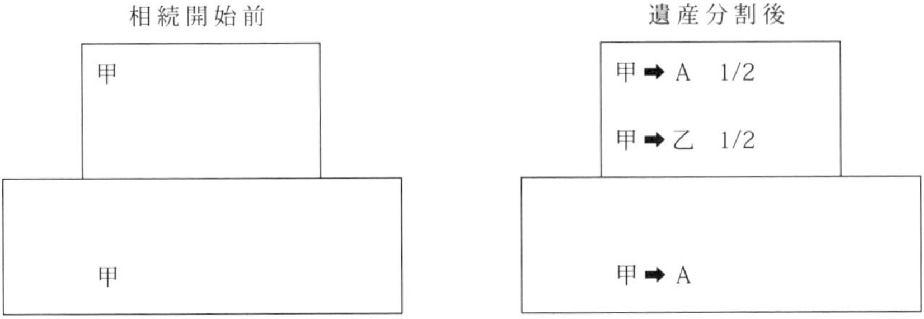

相続税評価額：建物 2,000 万円
土地 5,000 万円
建物建築日：2010 年 12 月 1 日
建物構造：木造
相続開始日：2020 年 10 月 1 日
賃貸の有無：無
建物所有者：被相続人甲
土地所有者：被相続人甲

遺産分割日：2021 年 3 月 20 日
配偶者の年齢：80 歳 10 か月（分割時）
平均余命：11.71 年
配偶者居住権存続期間：終身
法定利率：３％

建物相続人：A　1/2　・　乙　1/2
土地相続人：A

A 次のように考えます。

居住建物が（今回の相続で初めて）配偶者の財産に属することとなった場合であっても、他の者がその共有持分を有するときは、配偶者居住権は消滅しません（民法1028②）。

したがって、配偶者居住権等の評価額は次のとおりです。

〔配偶者居住権の価額〕

居住建物の時価2,000万円－居住建物の時価2,000万円×（耐用年数33年－経過年数10年－存続年数12年）÷（耐用年数33年－経過年数10年）×複利現価率0.701＝13,294,783円（配偶者居住権の価額）

（参考）Q 12 と同じです。

〔居住建物の価額〕

⑴Aが取得する居住建物の価額

（居住建物の時価）20,000,000 円－（配偶者居住権の価額）13,294,783 円

＝（居住建物の価額）6,705,217円

6,705,217円×（Aが取得する持分）1／2＝3,352,608円（居住建物の価額）

⑵配偶者が取得する居住建物の価額

（居住建物の時価）20,000,000 円－（配偶者居住権の価額）13,294,783 円

＝（居住建物の価額）6,705,217円

6,705,217円×（乙が取得する持分）1／2＝3,352,608円（居住建物の価額）

〔敷地利用権の価額〕

敷地利用権の評価の基礎となる金額

（居住建物の敷地の時価）50,000,000 円－（居住建物の敷地の時価）50,000,000 円　×（複利現価率）0.701 ＝ 14,950,000 円（敷地利用権の価額）

〔居住建物の敷地の価額〕

（居住建物の敷地の時価）50,000,000 円－（敷地利用権の価額）14,950,000 円

＝35,050,000円（居住建物の敷地の価額）

【※乙が相続開始前から居住建物の共有持分を有していた場合はその持分に配偶者居住権は及びません（Q 22 との違いを留意して下さい。）】

Q14　配偶者が居住建物の敷地の所有権及び配偶者居住権を取得した場合

次のような事例の場合の配偶者居住権等の評価額を教えてください。

【設例】

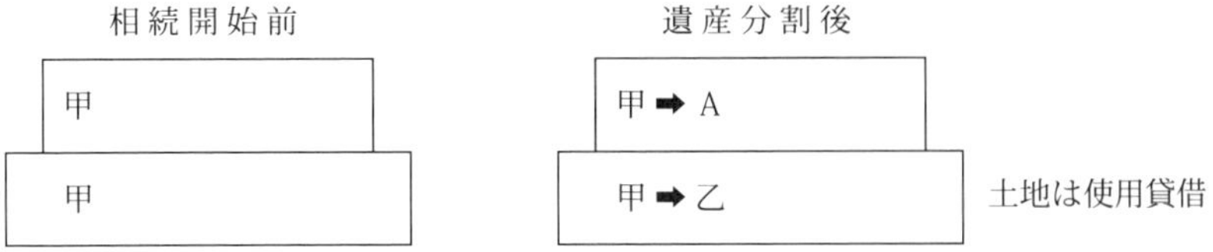

相続税評価額：建物 2,000 万円
　　　　　　　土地 5,000 万円
建物建築日：2010 年 12 月 1 日
建物構造：木造
相続開始日：2020 年 10 月 1 日
賃貸の有無：無
建物所有者：被相続人甲
土地所有者：被相続人甲

遺産分割日：2021 年 3 月 20 日
配偶者の年齢：80 歳 10 か月（分割時）
平均余命：11.71 年
配偶者居住権存続期間：終身
法定利率：３％
建物相続人：長男　A
土地相続人：配偶者乙

A　次のように考えます。

敷地利用権は、配偶者居住権に基づく居住建物の使用及び収益に必要な範囲で居住建物の敷地を利用することができる権利であると考えられます。

そうすると、配偶者が配偶者居住権と居住建物の敷地の所有権を取得した場合、当該敷地について、敷地利用権の取扱いが問題となります。

敷地の所有権は、敷地を使用・収益・処分する権利であり、敷地利用権は、その権利のうち、配偶者居住権の存在を前提に敷地を使用・収益するものであると考えられることから、配偶者が取得した敷地の所有権と敷地利用権を区分して評価する必要性に乏しく、敷地利用権を所有権に含めて評価するのが合理的であると考えられます。

民法的には自己が取得した分にも敷地利用権はあるという意味と思われます。

したがって、配偶者居住権等の評価額は次のとおりです。

〔配偶者居住権の価額〕

20,000,000円－20,000,000円×（33年－10年－12年）÷（33年－10年）×0.701＝13,294,783円

（参考）Q 12 と同じです。

〔居住建物の価額〕

20,000,000円　－　13,294,783円＝6,705,217円

〔居住建物の敷地の価額〕　50,000,000 円

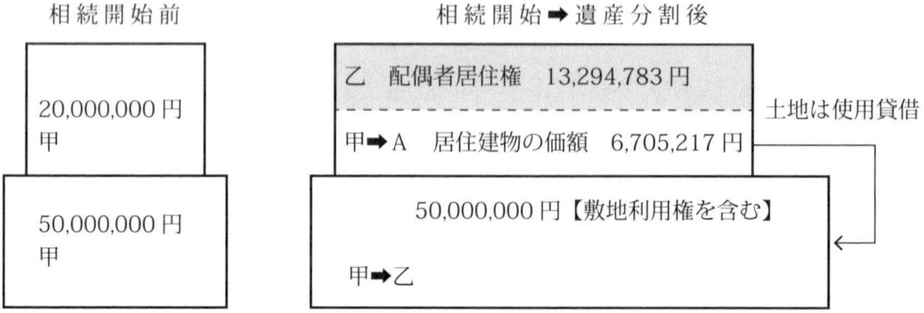

Q15　居住建物が店舗併用住宅である場合

次のような事例の場合の配偶者居住権等の評価額を教えてください。

１Ｆ事業用・２Ｆ居住用

相続開始前

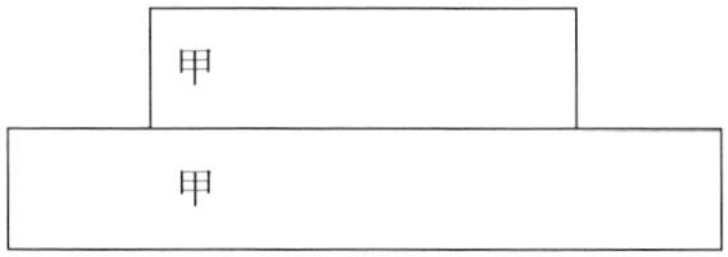

遺産分割後

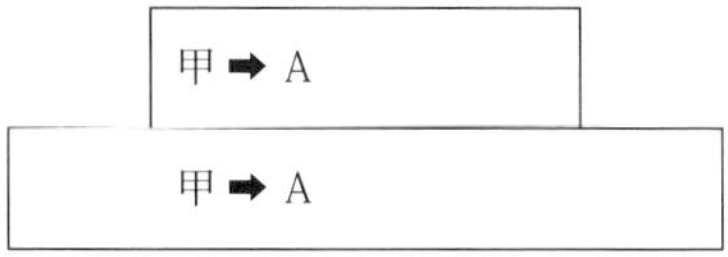

相続税評価額：建物 2,000 万円
　　　　　　　土地 5,000 万円
建物建築日：2010 年 12 月 1 日
建物構造：木造（床面積 200 ㎡）
相続開始日：2020 年 10 月 1 日
賃貸の有無：無
建物所有者：被相続人甲
土地所有者：被相続人甲

遺産分割日：2021 年 3 月 20 日
配偶者の年齢：80 歳 10 か月（分割時）
平均余命：11.71 年
配偶者居住権存続期間：終身
法定利率：３％

建物相続人：長男A
土地相続人：長男A

建物の利用状況：　１階（100 ㎡）　事業用※　２階（100 ㎡）　居住用

※　相続開始前、被相続人が自己の事業（貸付事業を除く。）の用に供していたところ、遺産分割後は、配偶者が引き続き当該事業の用に供しています。

A　次のように考えます。

居住建物の一部が賃貸用の場合には、当該賃貸部分を除いた居住建物の時価又はその敷地の時価が、配偶者居住権又は敷地利用権の評価額の計算の基礎となる金額となります。

居住建物の一部が事業用である場合、当該事業用部分については、前述の賃貸部分とは異なり、配偶者が配偶者居住権に基づく使用・収益をすることが可能です。こうしたことから、相続税法上も、居住建物の事業用部分を配偶者居住権や敷地利用権の評価額の計算の基礎となる金額から除くこととはされていません。

そのため、居住建物の時価又はその敷地の時価が、配偶者居住権又は敷地利用権の評価額の計算の基礎となる金額となります。

したがって、配偶者居住権等の評価額は次のとおりです。

20,000,000 円－ 20,000,000 円×（33 年－ 10 年－ 12 年）÷（33 年－ 10 年）

× 0.701 ＝ 13,294,783円

（参考）Q 12と同じです。

〔居住建物の価額〕

20,000,000円　－　13,294,783円＝ 6,705,217円

〔敷地利用権の価額〕

50,000,000円　－　50,000,000円　× 0.701 ＝ 14,950,000円

〔居住建物の敷地の価額〕

50,000,000円　－　14,950,000円＝ 35,050,000円

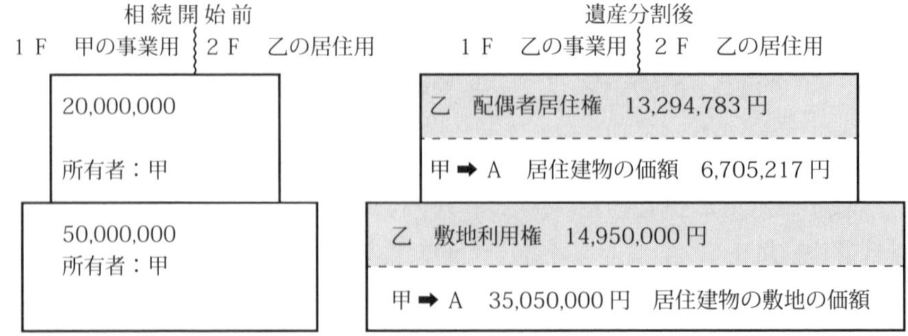

Q16　居住建物の敷地が借地権である場合

次のような事例の場合の配偶者居住権等の評価額を教えてください。

相続開始前　　　　遺産分割後

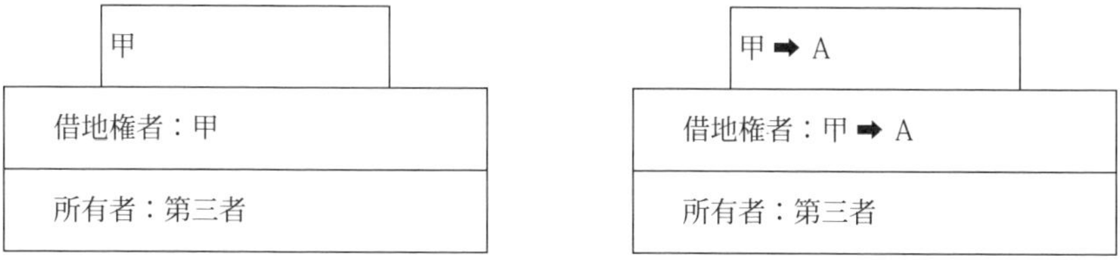

相続税評価額：建物 2,000 万円（自用家屋）
　　　　　　　土地 5,000 万円（自用地）
建物建築日：2010 年 12 月 1 日
建物構造：木造
相続開始日：2020 年 10 月 1 日
賃貸の有無：無
建物所有者：被相続人甲
借地権者：被相続人甲
土地所有者：第三者

遺産分割日：2021 年 3 月 20 日
配偶者の年齢：80 歳 10 か月（分割時）
平均余命：11.71 年
配偶者居住権存続期間：終身
法定利率：３％
建物相続人：長男Ａ

借地権者：長男Ａ
土地所有者：第三者

A　敷地利用権の評価額の計算の基礎となる金額は、被相続人が借地権を有していたことから、当該借地権の時価となります。

したがって、配偶者居住権等の評価額は次のとおりです。

〔配偶者居住権の価額〕
20,000,000 円－ 20,000,000 円×（33 年－ 10 年－ 12 年）÷（33 年－ 10 年）× 0.701 ＝ 13,294,783 円
（参考）Q 12 と同じです。

〔居住建物の価額〕
20,000,000 円－ 13,294,783 円＝ 6,705,217 円

〔敷地利用権の価額〕
20,000,000 円－ 20,000,000 円× 0.701 ＝ 5,980,000 円

（注）敷地利用権の評価額の計算の基礎となる居住建物の敷地が借地権（土地の上に存する権利）であることから、敷地利用権の評価額の計算の基礎となる居住建物の敷地の時価は、評価通達27（(借地権の評価)）の定めるところにより評価します。

50,000,000円×0.4＝20,000,000円

〔居住建物の敷地の価額〕

20,000,000円－5,980,000円＝14,020,000円

（注）居住建物の敷地の時価は、相続税法第22条に規定する時価をいいますから、評価通達27の定めるところにより評価します。

50,000,000円×0.4【借地権割合】＝20,000,000円

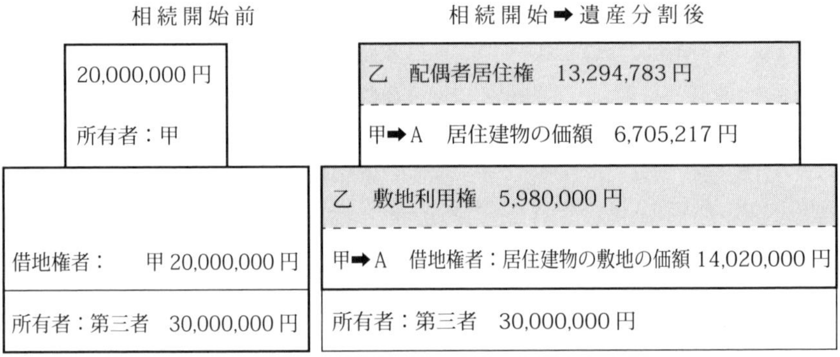

Q17　存続年数が残存耐用年数を超える場合

次のような事例の場合の配偶者居住権等の評価額を教えてください。

相続開始前　　　　　　　　　　　　遺産分割後

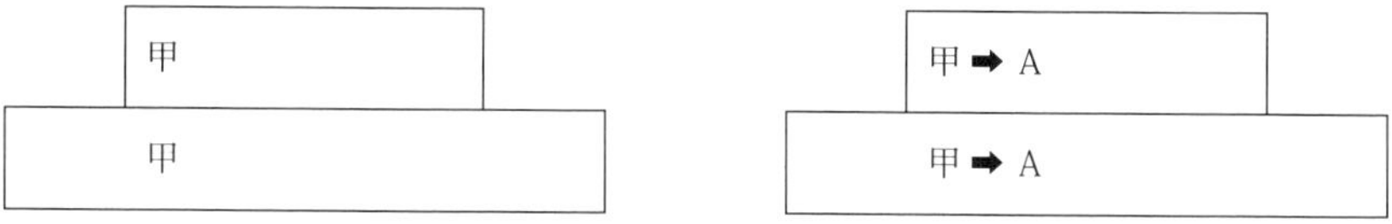

相続税評価額：建物 2,000 万円 土地 5,000 万円	遺産分割日：2021 年３月 20 日
建物建築日：2000 年 12 月１日	配偶者の年齢：70 歳 10 か月（分割時）
建物構造：木造	平均余命：19.85 年
相続開始日：2020 年 10 月１日	配偶者居住権存続期間：終身
賃貸の有無：無	法定利率：３％
建物所有者：被相続人甲	建物相続人：長男Ａ
土地所有者：被相続人甲	土地相続人：長男Ａ

A　次のように考えます。

配偶者居住権の価額は、基本的に次の算式により算出しますが、算式中、分数の項の分母又は分子が零以下となる場合には、分数の項を零とすることとされています（相法23の２①二）。

居住建物の時価－居住建物の時価×
（耐用年数－経過年数－存続年数）／（耐用年数－経過年数）
×存続年数に応じた法定利率による複利現価率

すなわち、配偶者居住権の存続年数（例20年）が居住建物の残存耐用年数（耐用年数－経過年数）（例13年）を超える場合には、結果的に居住建物の時価と配偶者居住権の評価額が　致することとなります。

そのため、居住建物の時価が配偶者居住権の価額となり、所有権部分の価額は零となります。

したがって、配偶者居住権等の評価額は次のとおりです。

〔配偶者居住権の価額〕2,000 万円－ 2,000 万円×（33 年－ 20 年－ 20 年＝０）／（33 年－ 20 年＝ 13 年）× 0.554 ＝ 2,000 万円

（参考）

耐用年数：33年（22年×1.5）

経過年数：20年（2000年12月１日～2021年３月20日：20年３か月）

存続年数：20年（第22回生命表に基づく平均余命19.85年）

複利現価率：0.554（端数処理前0.5537）

〔居住建物の価額〕

（居住建物の時価）（配偶者居住権の価額）（居住建物の価額）

2,000万円 － 2,000万円 ＝ 0万円

〔敷地利用権の価額〕

50,000,000円－50,000,000円×0.554＝22,300,000円

〔居住建物の敷地の価額〕

50,000,000円－22,300,000円＝27,700,000円

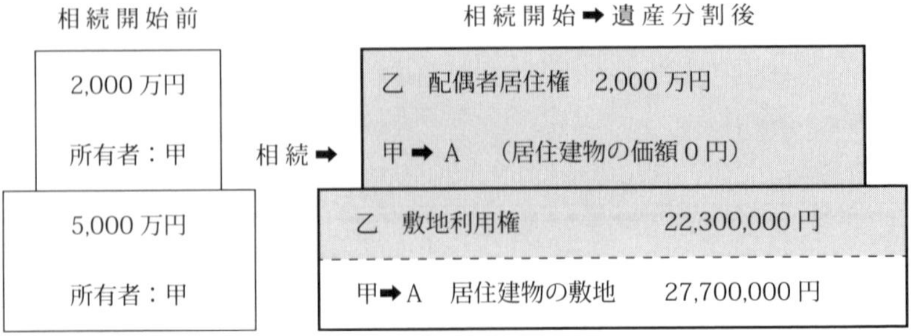

❶ 建物の残存耐用年数（法定耐用年数×1.5－経過年数）が13年で、乙の存続年数（平均余命19.85）が20年なら、長男Aにとって建物価値は０円という意味（分子がゼロ以下）

❷ また、建物の残存耐用年数がマイナス（例　22年×1.5－35年＝▲２年）なら長男Aにとって建物価値は０円という意味（分母がゼロ以下）

Q18　相続開始前に居住建物の増改築がされた場合

次のような事例の場合の配偶者居住権等の評価額を教えてください。

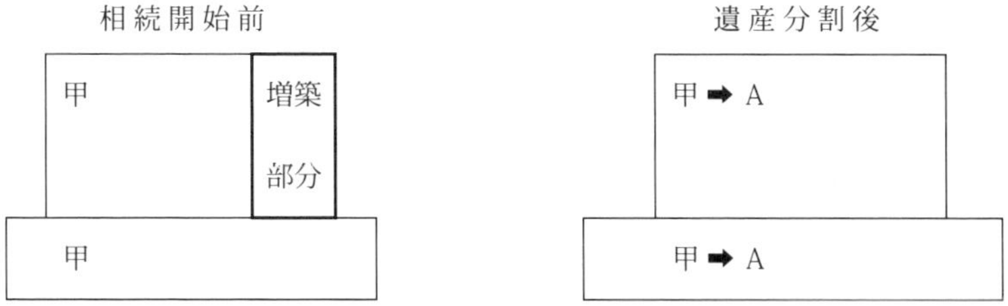

相続税評価額：建物 2,000 万円
　　　　　　　土地 5,000 万円
建物建築日：2010 年 12 月 1 日
増改築年月日：2018 年 10 月 1 日
建物構造：木造
相続開始日：2020 年 10 月 1 日
賃貸の有無：無
建物所有者：被相続人甲
土地所有者：被相続人甲

遺産分割日：2021 年３月 20 日
配偶者の年齢：80 歳 10 か月（分割時）
平均余命：11.71 年
配偶者居住権存続期間：終身
法定利率：３％
建物相続人：長男Ａ
土地相続人：長男Ａ

A　次のように考えます。

相続開始前に居住建物の増改築がされた場合であっても、増改築部分を区分することなく、新築時からの経過年数により配偶者居住権等を評価します（相基通23の２－３）。

したがって、配偶者居住権等の評価額はＱ15と同じになります。

〔配偶者居住権の価額〕　13,294,783 円
〔居住建物の価額〕　6,705,217 円
〔敷地利用権の価額〕　14,950,000 円
〔居住建物の敷地の価額〕35,050,000 円

Q19 ２以上の筆からなる１画地の宅地を２以上の者が取得した場合

次のような事例の場合の配偶者居住権等の評価額を教えてください。

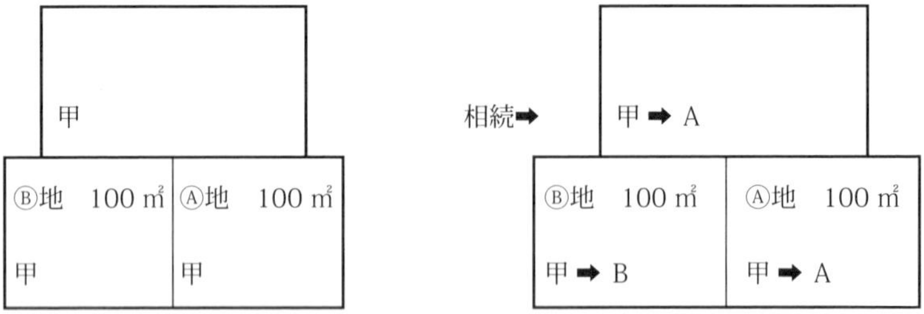

相続税評価額：建物 2,000 万円
　　　　　　　Ⓐ地 2,500 万円
　　　　　　　Ⓑ地 2,600 万円
建物建築日：2010 年 12 月 1 日
建物構造：木造
相続開始日：2020 年 10 月 1 日
賃貸の有無：無
建物　所有者：被相続人甲
Ⓐ地　所有者：被相続人甲
Ⓑ地　所有者：被相続人甲

遺産分割日：2021 年 3 月 20 日
配偶者の年齢：80 歳 10 か月（分割時）
平均余命：11.71 年
配偶者居住権存続期間：終身
法定利率：３％

建物　相続人：長男A
Ⓐ地　相続人：長男A
Ⓑ地　相続人：二男B

A 次のように考えます。

敷地利用権の及ぶ範囲は、居住建物の敷地の用に供されている部分となりますので、設例の場合、敷地利用権はⒶ地・Ⓑ地の全体に及んでいます。ここで、敷地利用権の取得者が配偶者であることから、敷地利用権は、Ⓐ地・Ⓑ地を一体として評価するようにも考えられます。

しかしながら、宅地の評価単位は、原則として、取得者が取得した宅地ごとに判定【相法22】し、居住建物の敷地（所有権部分）の価額は、居住建物の敷地の時価から敷地利用権の価額を控除した残額により評価することとされており、当該所有権部分と敷地利用権の合計が100％となるような評価方法が採用されています。

そうすると、設例のような場合において、所有権部分の評価単位はⒶ地・Ⓑ地ごとであるにもかかわらず、仮に、敷地利用権をⒶ地・Ⓑ地を一体で評価してしまうと、所有権部分と敷地利用権の合計が100％にならない場合が生じうるため、合理的であるとは言えません。そのため、敷地利用権の評価単位は、当該敷地利用権の評価額の計算の基礎となる居住建物の敷地の評価単位と同様に判定することとなります※。

※　詳細については、Q 10 を参照してください。

〔配偶者居住権の価額〕

20,000,000円－20,000,000円×（33年－10年－12年）÷（33年－10年）×0.701＝13,294,783円

（参考）Q 12 と同じです。

〔居住建物の価額〕

20,000,000円－13,294,783円＝6,705,217円

〔敷地利用権の価額〕

⑴Ⓐ地に係る敷地利用権の価額

25,000,000円－25,000,000円×0.701＝7,475,000円

⑵Ⓑ地に係る敷地利用権の価額

26,000,000円－26,000,000円×0.701＝7,774,000円

⑶敷地利用権の価額

7,475,000円＋7,774,000円＝15,249,000円

〔居住建物の敷地の価額〕

⑴長男が取得する居住建物の敷地の価額

25,000,000円－7,475,000円＝17,525,000円

⑵二男が取得する居住建物の敷地の価額

26,000,000円－7,774,000円＝18,226,000円

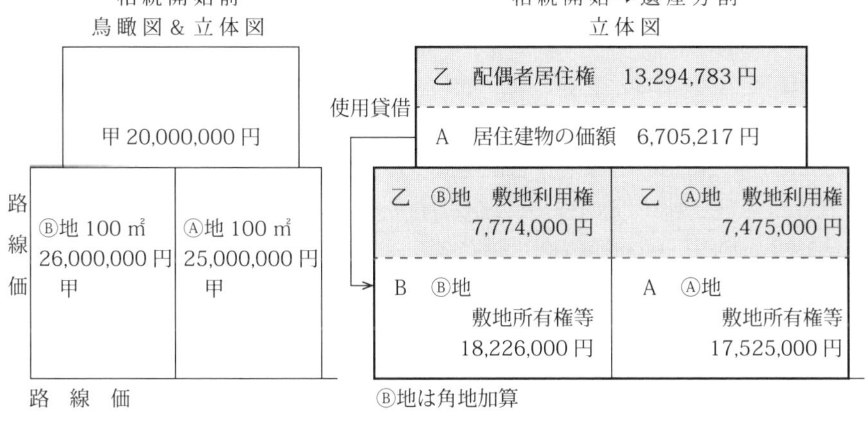

Q20 賃貸あり（居住建物及びその敷地の共有なし）の場合

次のような事例の場合の配偶者居住権等の評価額を教えてください。

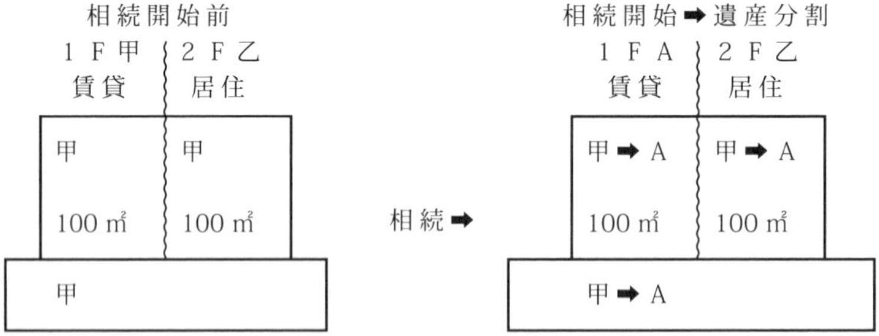

相続税評価額：建物 2,000 万円（自用家屋）
　　　　　　　土地 5,000 万円（自用地）
建物建築日：2010 年 12 月 1 日
建物構造：木造（床面積 200 ㎡）
相続開始日：2020 年 10 月 1 日
賃貸の有無：第三者へ賃貸
（床面積 200 ㎡の内 100 ㎡）
建物　所有者：被相続人甲
土地　所有者：被相続人甲

遺産分割日：2021 年３月 20 日
配偶者の年齢：80 歳 10 か月（分割時）
平均余命：11.71 年
配偶者居住権存続期間：終身
法定利率：３％
建物　相続人：長男Ａ
土地　相続人：長男Ａ

Ａ 次のように考えます。

居住建物の一部が賃貸用の場合、配偶者居住権と敷地利用権の評価額の計算の基礎となるのは「賃貸以外の部分」です。そのため、その賃貸されている部分を除いて、配偶者居住権と敷地利用権を評価することとなります。したがって、配偶者居住権等の評価額は次のとおりです。

〔配偶者居住権の価額〕

2,000万円（自用・単独所有居住建物の時価）×100㎡（賃貸以外の床面積）／ 200㎡（居住建物の床面積）＝1,000万円

10,000,000円－10,000,000円×（33年－10年－12年）÷（33年－10年）×0.701＝6,647,391円

（参考）Ｑ 12 と同じです。

〔居住建物の価額〕

17,000,000円－6,647,391円＝10,352,609円

（注）居住建物の時価は、相続税法第22条に規定する時価をいいます。

自用家屋部分：2,000万円×100㎡／200㎡＝1,000万円

貸家部分：2,000万円×100㎡／200㎡＝1,000万円

1,000万円－1,000万円×0.3×100％＝700万円

居住建物の時価：1,000万円＋700万円＝1,700万円

〔敷地利用権の価額〕

5,000万円×100㎡／200㎡＝2,500万円

2,500万円－2,500万円×0.701＝7,475,000円

〔居住建物の敷地の価額〕

47,000,000円－7,475,000円＝39,525,000円

（注）居住建物の敷地の時価は、相続税法第22条に規定する時価をいいます。

自用地部分：5,000万円×100㎡／200㎡＝2,500万円

貸家建付地部分：5,000万円×100㎡／200㎡＝2,500万円

2,500万円－2,500万円×0.4×0.3×100％＝2,200万円

居住建物の敷地の時価：2,500万円＋2,200万円＝4,700万円

Q21 使用貸借による貸付けがされている場合

次のような事例の場合の配偶者居住権等の評価額を教えてください。

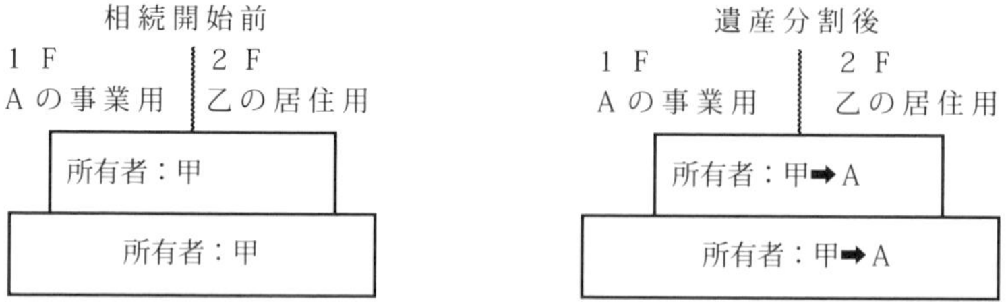

相続税評価額：建物 2,000 万円
　　　　　　　土地 5,000 万円
建物建築日：2010 年 12 月１日
建物構造：木造（床面積 200 ㎡）
相続開始日：2020 年 10 月１日
賃貸の有無：無
建物所有者：被相続人甲
土地所有者：被相続人甲

遺産分割日：2021 年３月 20 日
配偶者の年齢：80 歳 10 か月（分割時）
平均余命：11.71 年
配偶者居住権存続期間：終身
法定利率：３％

建物相続人：長男Ａ
土地相続人：長男Ａ

建物の利用状況：１階（100 ㎡）事業用※　２階（100 ㎡）居住用

※　相続開始前、甲の長男Ａ（甲と別居）が使用貸借により事業（貸付事業を除く。）の用に供していたところ、遺産分割後もＡが引き続き当該事業の用に供しています。

A 次のように考えます。

配偶者が建物の全部を居住の用に供していたことは、配偶者居住権の成立要件とされていません。そのため、被相続人と別居の親族が被相続人所有の建物の一部を使用貸借により借り受け、自己の事業の用に供していた場合であっても、配偶者が建物の一部を居住の用に供していたのであれば、配偶者居住権の成立要件を満たしていることとなります。

また、配偶者居住権等の評価額の計算の基礎となる金額から除かれる「賃貸の用に供されている部分」には、使用貸借により貸し付けられていた部分が含まれません。そのため、当該使用貸借により貸し付けられていた部分を配偶者居住権や敷地利用権の評価額の計算の基礎となる金額に含めることとなるので、居住建物の時価又はその敷地の時価が、配偶者居住権又は敷地利用権の評価の基礎となります。

したがって、配偶者居住権等の評価額は次のとおりです。

〔配偶者居住権の価額〕

2,000万円－2,000万円×（33年－10年－12年）÷（33年－10年）×0.701
＝13,294,783円

（参考）Ｑ 12 と同じです。

〔居住建物の価額〕20,000,000 円－ 13,294,783 円＝ 6,705,217 円

〔敷地利用権の価額〕50,000,000 円－ 50,000,000 円× 0.701 ＝ 14,950,000 円

〔居住建物の敷地の価額〕50,000,000 円－ 14,950,000 円＝ 35,050,000 円

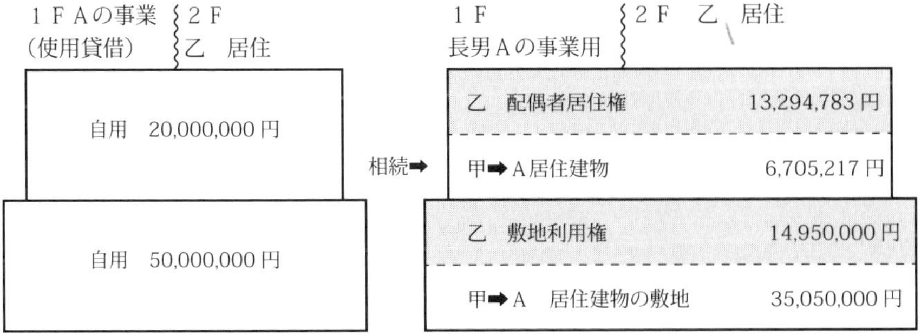

Q22 居住建物のみ共有（賃貸なし）の場合

次のような事例の場合の配偶者居住権等の評価額を教えてください。

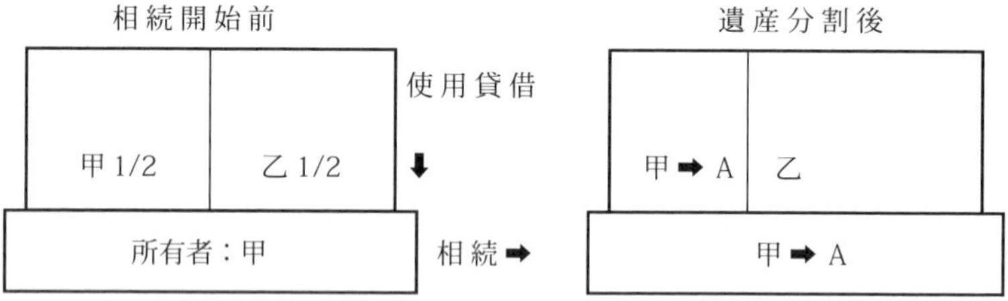

相続税評価額：建物 2,000 万円（自用家屋）※
　　　　　　　土地 6,000 万円（自用地）
建物建築日：2010 年 12 月 1 日
建物構造：木造（床面積 200 ㎡）
相続開始日：2020 年 10 月 1 日
賃貸の有無：無
建物所有者：被相続人甲 1/2・乙 1/2
土地所有者：被相続人甲

遺産分割日：2021 年 3 月 20 日
配偶者の年齢：80 歳 10 か月（分割時）
平均余命：11.71 年
配偶者居住権存続期間：終身
法定利率：３％
建物相続人：長男 A
土地相続人：長男 A

※　被相続人甲の持分を乗ずる前の評価額です。

A 次のように考えます。

居住建物が甲と乙の共有の場合、配偶者居住権の評価額の計算の基礎は、甲の共有持分割合に対応する部分となります。

その場合は、甲の居住建物の共有持分割合に対応する部分が、敷地利用権の評価額の計算の基礎となります。

したがって、配偶者居住権等の評価額は次のとおりです。

（参考）居住建物とその敷地のいずれもが、甲と乙又はその他の者の共有の場合（建物賃貸無）については、Q 26 を参照してください。

〔配偶者居住権の価額〕

2,000万円　×１／２（被相続人の持分）＝1,000万円

10,000,000円－10,000,000円×（33年－10年－12年）÷（33年－10年）×0.701＝6,647,391円

（参考）Q 12 と同じです。

〔居住建物の価額〕

10,000,000円－6,647,391円＝3,352,609円

〔敷地利用権の価額〕

60,000,000円×１／２＝30,000,000円

30,000,000円－30,000,000円×0.701＝8,970,000円

〔居住建物の敷地の価額〕

60,000,000円－8,970,000円＝51,030,000円

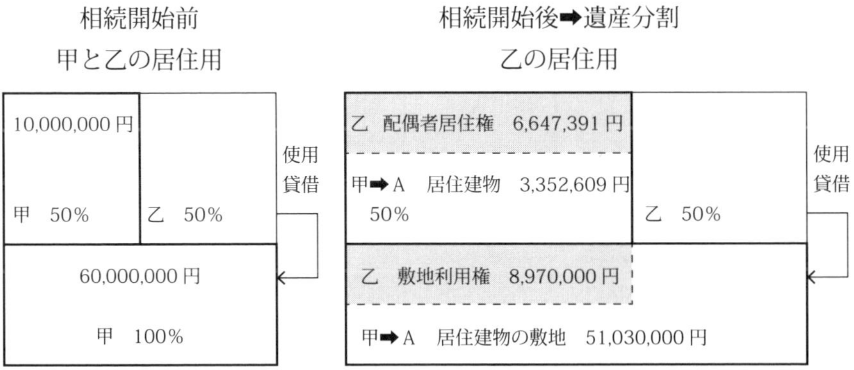

※乙が遺産分割等により 50％建物を取得した場合は建物全体に配偶者居住権は及びます（Q 13 と比較）。

土地の所有者であるＡと使用貸借契約等の締結となります。

Q23 居住建物のみ共有（賃貸あり）の場合

次のような事例の場合の配偶者居住権等の評価額を教えてください。

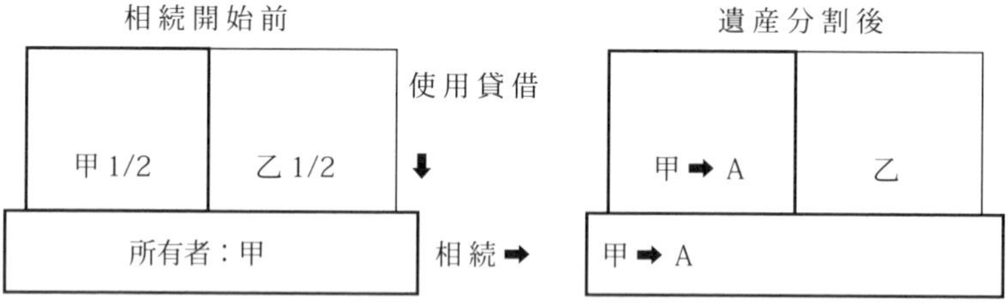

相続税評価額：建物 2,000 万円（自用家屋）※
土地 6,000 万円（自用地）
建物建築日：2010 年 12 月 1 日
建物構造：木造（床面積 200 ㎡）
相続開始日：2020 年 10 月 1 日
賃貸の有無：第三者へ賃貸
（床面積 200 ㎡の内 100 ㎡）
建物所有者：被相続人甲 1/2・乙 1/2
土地所有者：被相続人甲

遺産分割日：2021 年 3 月 20 日
配偶者の年齢：80 歳 10 か月（分割時）
平均余命：11.71 年
配偶者居住権存続期間：終身
法定利率：３％
建物相続人：長男 A
土地相続人：長男 A

※　被相続人甲の持分を乗ずる前の評価額です。

A 次のように考えます。

居住建物の一部が賃貸用の場合、配偶者居住権と敷地利用権の評価額の計算の基礎となるのは「賃貸以外の部分」です。

そのため、その賃貸されている部分を除いて、配偶者居住権と敷地利用権を評価することとなります。

また、居住建物が甲と乙の共有なので、配偶者居住権の評価額の計算の基礎は、被相続人の共有持分割合に対応する部分となります。

更に、居住建物のみが甲と乙の共有であることから、Q22と同様、敷地利用権の評価額の計算の基礎は、当該被相続人の居住建物の共有持分割合に対応する部分となります。

したがって、配偶者居住権等の評価額は次のとおりです。

（参考）居住建物とその敷地のいずれもが、甲と乙又はその他の者の共有の場合（建物賃貸有）については、Ｑ 27 を参照してください。

〔配偶者居住権の価額〕

2,000万円×100㎡（賃貸以外の床面積）／ 200㎡（居住建物の床面積）×１／２（被相続人の持分）＝500万円

500万円－500万円×（33年－10年－12年）÷（33年－10年）×0.701＝3,323,696円

（参考）Ｑ 12 と同じです。

〔居住建物の価額〕

8,500,000円－3,323,696円＝5,176,304円

（注）居住建物の時価は、相続税法第22条に規定する時価をいいます。

・自用家屋部分：2,000 万円× 100㎡／ 200㎡×１／２＝ 500 万円

・貸家部分：2,000 万円× 100㎡／ 200㎡×１／２＝ 500 万円

500万円－500万円×0.3×100％＝3,500,000円（評基通93貸家の評価）

居住建物の時価：500万円＋3,500,000円＝8,500,000円

〔敷地利用権の価額〕

6,000万円×100㎡（賃貸以外の床面積）／ 200㎡（居住建物の床面積）×１／２（被相続人の持分）＝1,500万円

1,500万円－1,500万円×0.701＝4,485,000円

〔居住建物の敷地の価額〕

58,200,000円（居住建物の敷地の時価）－4,485,000円（敷地利用権の価額）＝53,715,000円

（注）居住建物の敷地の時価は、相続税法第22条に規定する時価をいいます。

・自用地部分：6,000 万円× 100㎡／ 200㎡＝ 3,000 万円

6,000万円×100㎡／ 200㎡×１／２＝1,500万円※

※　使用貸借により配偶者に貸し付けている部分の評価額です。

3,000万円＋1,500万円＝4,500万円

・貸家建付地部分：6,000 万円× 100㎡／ 200㎡×１／２＝ 1,500 万円

1,500万円－1,500万円×0.4×0.3×100％＝13,200,000円

居住建物の敷地の時価：4,500万円＋13,200,000円＝58,200,000円

	相続開始前 甲の貸付事業	相続開始前 乙の居住用	相続開始➡遺産分割後 Aの貸付事業	相続開始➡遺産分割後 乙の居住用
乙	参考 5,000,000	参考 5,000,000	参考 5,000,000	参考 5,000,000
甲建物	5,000,000×70% ＝3,500,000	5,000,000	5,000,000×70%＝ ■1 3,500,000	乙 配偶者居住権 3,323,696 ■2 1,676,304 A ■1＋■2＝5,176,304
甲土地	15,000,000× 88%＝13,200,000	15,000,000	15,000,000×88% ＝❶13,200,000 A	乙 敷地利用権 4,485,000 A敷地所有権 ❷10,515,000
	乙に使用貸借 15,000,000	乙に使用貸借 15,000,000	A➡乙に使用貸借 ❸15,000,000	A➡乙に使用貸借 ❹15,000,000

居住建物の敷地の価額❶＋❷＋❸＋❹＝53,715,000円

Q24 居住建物の敷地のみ共有（賃貸なし）の場合

次のような事例の場合の配偶者居住権等の評価額を教えてください。

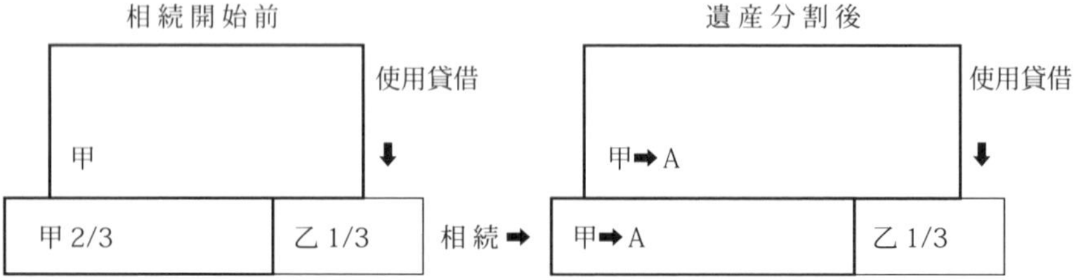

相続税評価額：建物 2,000 万円（自用家屋）※
　　　　　　　土地 6,000 万円（自用地）
建物建築日：2010 年 12 月 1 日
建物構造：木造（床面積 200 ㎡）
相続開始日：2020 年 10 月 1 日
賃貸の有無：無
建物所有者：被相続人甲
土地所有者：被相続人甲 2/3・乙 1/3

遺産分割日：2021 年 3 月 20 日
配偶者の年齢：80 歳 10 か月（分割時）
平均余命：11.71 年
配偶者居住権存続期間：終身
法定利率：３％

建物相続人：長男 A
土地相続人：長男 A

※　被相続人甲の持分を乗ずる前の評価額です。

A　次のように考えます。

居住建物の敷地のみが甲と乙の共有の場合、敷地利用権の評価額の計算の基礎は、被相続人の共有持分割合に対応する部分となります。

したがって、配偶者居住権等の評価額は次のとおりです。

(参考)居住建物とその敷地のいずれもが、甲と乙又はその他の者の共有の場合(建物賃貸無）については、Q 26 を参照してください。

〔配偶者居住権の価額〕

2,000万円－2,000万円×（33年－10年－12年）÷（33年－10年）×0.701＝13,294,783円

(参考) Q 12 と同じです。

〔居住建物の価額〕　2,000 万円　－　13,294,783 円＝ 6,705,217 円

〔敷地利用権の価額〕

6,000万円×２／３（被相続人の持分）＝4,000万円

4,000万円－4,000万円×0.701（複利現価率）＝11,960,000円

〔居住建物の敷地の価額〕

4,000万円（居住建物の敷地の時価）－11,960,000円（敷地利用権の価額）＝28,040,000円

相続開始前　　　　相続開始➡遺産分割後　甲➡A

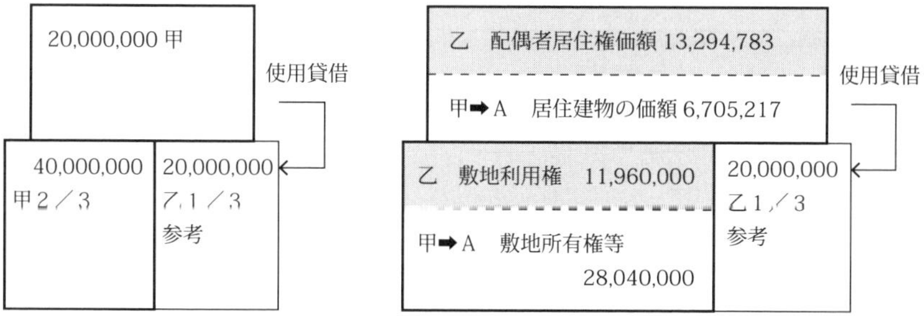

Q25 居住建物の敷地のみ共有（賃貸あり）の場合

次のような事例の場合の配偶者居住権等の評価額を教えてください。

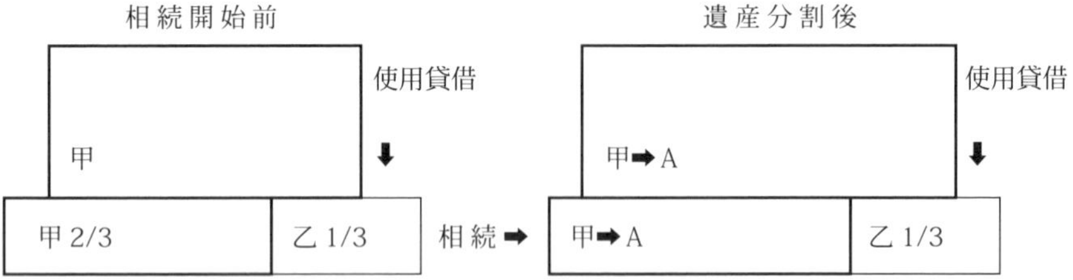

相続税評価額：建物 2,000 万円（自用家屋）※
土地 6,000 万円（自用地）
建物建築日：2010 年 12 月 1 日
建物構造：木造（床面積 200 ㎡）
相続開始日：2020 年 10 月 1 日
賃貸の有無：第三者へ賃貸
（床面積 200 ㎡の内 100 ㎡）
建物所有者：被相続人甲
土地所有者：被相続人甲 2/3・乙 1/3

遺産分割日：2021 年 3 月 20 日
配偶者の年齢：80 歳 10 か月（分割時）
平均余命：11.71 年
配偶者居住権存続期間：終身
法定利率：３％
賃貸の有無：第三者へ賃貸
（床面積 200 ㎡の内 100 ㎡）
建物相続人：長男 A
土地相続人：長男 A

※　被相続人甲の持分を乗ずる前の評価額です。

A 次のように考えます。

居住建物の一部が賃貸用の場合、配偶者居住権と敷地利用権の評価額の計算の基礎となるのは「賃貸以外の部分」です。

そのため、その賃貸されている部分を除いて、配偶者居住権と敷地利用権を評価することとなります。

また、居住建物の敷地のみが甲と乙の共有の場合であることから、Q24と同様、被相続人の共有持分割合に対応する部分が、敷地利用権の評価額の計算の基礎となります。

したがって、配偶者居住権等の評価額は次のとおりです。

（参考）居住建物とその敷地のいずれもが甲と乙の共有の場合、又はその他の者の共有の場合（建物賃貸有）については、Q 27 を参照してください。

〔配偶者居住権の価額〕

2,000万円×100㎡（賃貸以外の床面積）／200㎡（居住建物の床面積）

＝1,000万円

1,000万円－1,000万円×（33年－10年－12年）÷（33年－10年）×0.701

＝6,647,391円

（参考）Q 12 と同じです。

〔居住建物の価額〕　1,700 万円　－　6,647,391 円＝ 10,352,609 円

（注）居住建物の時価は、相続税法第22条に規定する時価をいいます。

・自用家屋部分：2,000 万円× 100㎡／ 200㎡＝ 1,000 万円

・貸家部分：2,000 万円× 100㎡／ 200㎡＝ 1,000 万円

1,000万円－1,000万円×0.3×100％＝700万円

居住建物の時価：1,000万円＋700万円＝1,700万円

〔敷地利用権の価額〕

6,000万円×100㎡（賃貸以外の床面積）／ 200㎡（居住建物の床面積）× 2／３（被相続人の持分）＝2,000万円

2,000万円－2,000万円×0.701（複利現価率）＝5,980,000円（敷地利用権の価額）

〔居住建物の敷地の価額〕

37,600,000円（居住建物の敷地の時価）－5,980,000円（敷地利用権の価額）

＝31,620,000円

（注）居住建物の敷地の時価は、相続税法第22条に規定する時価をいいます。

・自用地部分：6,000 万円× 100㎡／ 200㎡× 2 ／ 3 ＝ 2,000 万円

・貸家建付地部分：

6,000万円×100㎡／ 200㎡× 2 ／ 3 ＝2,000万円

2,000万円－2,000万円×0.4×0.3×100％＝17,600,000円

・居住建物の敷地の時価：2,000 万円＋ 17,600,000 円＝ 37,600,000 円

相続開始前

	貸付事業	居住用
甲	10,000,000×70%＝7,000,000	10,000,000
甲 2/3	20,000,000×88%＝17,600,000	20,000,000
乙 1/3	乙から使用貸借 0 参考乙 10,000,000	同左0 参考 乙 10,000,000

相続開始➡遺産分割後 甲➡A

	貸付事業	居住用
甲➡A	10,000,000×70%＝ ❶7,000,000	配偶者居住権 6,647,391 ❷3,352,609
	A ❶＋❷＝10,352,609	
甲➡A 2/3	25,000,000×88% ＝❶17,600,000	敷地利用権 5,980,000
	A ❶＋❷＝31,620,000	敷地所有権等❷14,020,000
乙 1/3	乙から使用貸借 0 参考乙 10,000,000	乙から使用貸借 0 参考乙 10,000,000

Q26 居住建物及びその敷地が共有（賃貸なし）の場合

次のような事例の場合の配偶者居住権等の評価額を教えてください。

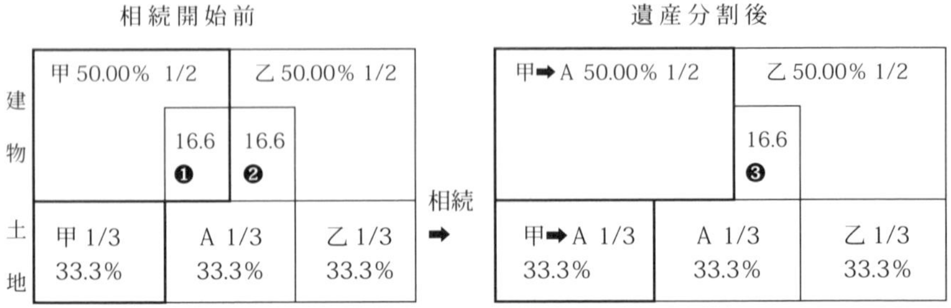

Q27の寄せ寄せ理論のイメージ図
※❶ 16.6%は甲がA及び乙から使用貸借
※❷ 16.6%は乙がA及び甲から使用貸借
※❸ 16.6%は乙がAから使用貸借

相続税評価額：建物 2,000 万円（自用家屋）※
土地 6,000 万円（自用地）
建物建築日：2010 年 12 月 1 日
建物構造：木造
相続開始日：2020 年 10 月 1 日
賃貸の有無：無
建物所有者：被相続人甲 1/2・乙 1/2
土地所有者：被相続人甲 1/3・A 1/3・乙 1/3

遺産分割日：2021 年 3 月 20 日
配偶者の年齢：80 歳 10 か月（分割時）
平均余命：11.71 年
配偶者居住権存続期間：終身
法定利率：３％

建物相続人：長男A
土地相続人：長男A

※　相続開始前、甲は乙及びＡから、乙は甲及びＡから使用貸借により土地を借り受けていました。
※　被相続人甲の持分を乗ずる前の評価額です。

Ａ　次のように考えます。

居住建物が甲と乙の共有の場合、配偶者居住権の評価額の計算の基礎は、被相続人の共有持分割合に対応する部分となります。

また、居住建物とその敷地のいずれもが、甲と乙又はその他の者の共有の場合には、当該被相続人の居住建物の共有持分割合と敷地の共有持分割合のうち、低い方の共有持分割合に対応する部分が、敷地利用権の評価額の計算の基礎となります。

したがって、配偶者居住権等の評価額は次のとおりです。

〔配偶者居住権の価額〕

2,000万円×１／２（被相続人の持分）＝1,000万円

1,000万円－1,000万円×（33年－10年－12年）÷（33年－10年）×0.701＝6,647,391円

（参考）Ｑ 12と同じです。

〔居住建物の価額〕

1,000万円－6,647,391円＝3,352,609円

〔敷地利用権の価額〕

6,000万円×１／３（被相続人の持分）＝2,000万円

（注）「被相続人の持分」は、被相続人が有していた居住建物の敷地の持分割合と当該建物の持分割合のうちいずれか低い割合となります。

2,000万円－2,000万円×0.701（複利現価率）＝5,980,000円（敷地利用権の価額）

〔居住建物の敷地の価額〕

2,000万円（居住建物の敷地の時価）－5,980,000円（敷地利用権の価額）＝14,020,000円（居住建物の敷地の価額）

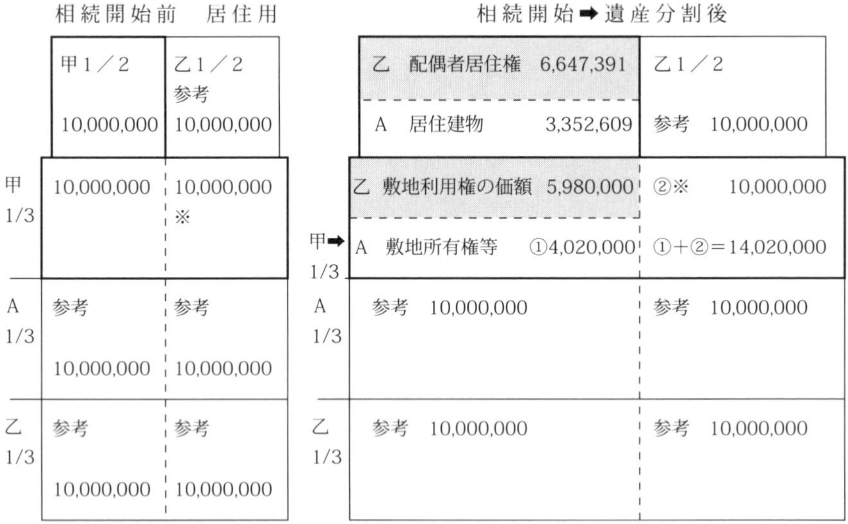

Q27 居住建物及びその敷地が共有（賃貸あり）の場合

次のような事例の場合の配偶者居住権等の評価額を教えてください。

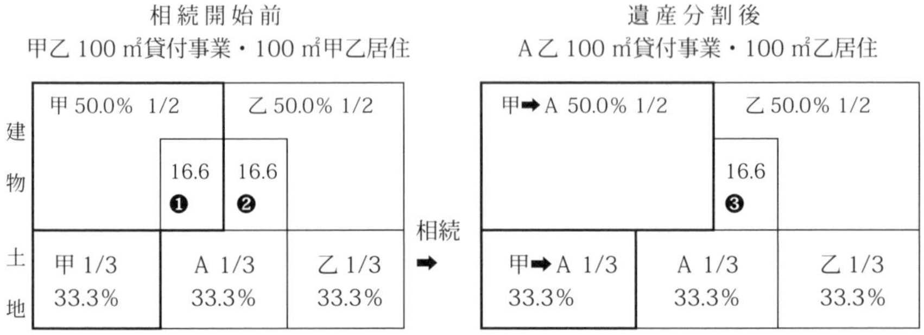

寄せ寄せ理論のイメージ図

※❶ 16.6%は甲がA及び乙から使用貸借

※❷ 16.6%は乙がA及び甲から使用貸借

※❸ 16.6%は乙がAから使用貸借

相続税評価額：建物2,000万円（自用家屋）※

土地6,000万円（自用地）

建物建築日：2010年12月1日

建物構造：木造

相続開始日：2020年10月1日

遺産分割日：2021年3月20日

配偶者の年齢：80歳10か月（分割時）

平均余命：11.71年

配偶者居住権存続期間：終身

法定利率：３％

賃貸の有無：第三者に賃貸	
（床面積 200 ㎡の内 100 ㎡）	
建物所有者：被相続人甲 1/2・乙 1/2	建物相続人：長男Ａ
土地所有者：被相続人甲 1/3・Ａ 1/3・乙 1/3	土地相続人：長男Ａ

※　相続開始前、甲は乙及びＡから、乙は甲及びＡから使用貸借により土地を借り受けていました。

※　被相続人甲の持分を乗ずる前の評価額です。

A　次のように考えます。

居住建物の一部が賃貸用の場合、配偶者居住権と敷地利用権の評価額の計算の基礎となるのは、「賃貸以外の部分」です。そのため、その賃貸されている部分を除いて、配偶者居住権と敷地利用権を評価することとなります。

また、配偶者居住権の評価額の計算の基礎は、居住建物が甲と乙の共有の場合であることから、被相続人の共有持分割合に対応する部分となります。

更に、敷地利用権の評価額の計算の基礎は、居住建物とその敷地のいずれもが、甲と乙又はその他の者の共有であることから、当該被相続人の居住建物の共有持分割合（２分の１）と敷地の共有持分割合（３分の１）のうち、低い方の共有持分割合に対応する部分となります。

したがって、配偶者居住権等の評価額は次のとおりです。

〔配偶者居住権の価額〕

2,000万円×100㎡（賃貸以外の床面積）／200㎡（居住建物の床面積）

×１／２（被相続人の持分）＝500万円

500万円－500万円×（33年（耐用年数）－10年（経過年数）－12年（存続年数））÷（33年－10年）×0.701＝3,323,696円

（参考）Ｑ 12 と同じです。

〔居住建物の価額〕

8,500,000円（居住建物の時価）－3,323,696円（配偶者居住権の価額）

＝5,176,304円（居住建物の価額）

（注）居住建物の時価は、相続税法第22条に規定する時価をいいます。

・自用家屋部分：2,000 万円× 100㎡／ 200㎡× 1 ／ 2 ＝ 500 万円

・貸家部分：2,000 万円× 100㎡／ 200㎡× 1 ／ 2 ＝ 500 万円

500万円－500万円×0.3×100％＝3,500,000円

・居住建物の時価：5,000,000 円＋ 3,500,000 円＝ 8,500,000 円

〔敷地利用権の価額〕

6,000万円×100㎡（賃貸以外の床面積）／ 200㎡× 1 ／ 3 （被相続人の持分）＝1,000万円

（注）「被相続人の持分」は、被相続人が有していた居住建物の敷地の持分割合と当該建物の持分割合のうちいずれか低い割合となります。

〔敷地利用権の価額〕

1,000万円－1,000万円×0.701（複利現価率）＝2,990,000円（敷地利用権の価額）

〔居住建物の敷地の価額〕

18,800,000円（居住建物の敷地の時価）－2,990,000円（敷地利用権の価額）＝15,810,000円（居住建物の敷地の価額）

（注）居住建物の敷地の時価は、相続税法第22条に規定する時価です。

・自用地部分：6,000 万円× 100㎡／ 200㎡× 1 ／ 3 ＝ 1,000 万円

・貸家建付地部分：6,000 万円× 100㎡／ 200㎡× 1 ／ 3 ＝ 1,000 万円

1,000万円－1,000万円×0.4×0.3×100％＝8,800,000円

・居住建物の敷地の時価：1,000 万円＋ 8,800,000 円＝ 18,800,000 円

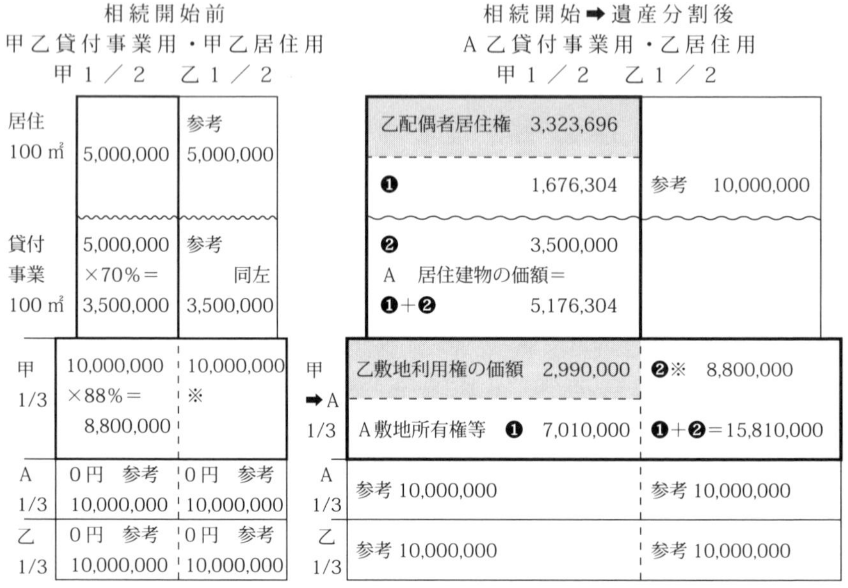

※　A＆乙から使用貸借分評価０円　建物の持分 1/2　土地の持分 1/3 ∴ 1/3

【純理論説】　全体 60,000,000 円 ×1/3＝20,000,000 円➡下記合計 19,400,000 円

甲　50%	乙　50%	⬅建物
25%　5,000,000	25%　乙に（居住）使用貸借 5,000,000	⬅居住 50%
25%5,000,000×88%　＝4,400,000	25%　乙に（貸付）使用貸借 5,000,000	⬅貸付 50%

【寄せ寄せ理論説】　今回、国税庁はこの方法を採用している。大変貴重な情報
土地の持分 33.33% が、建物の持分 50 ％ より少ないので、寄せている。

全体 60,000,000 円 ×1/3＝20,000,000 円➡下記合計 18,800,000 円

甲　50%	乙　50%	⬅建物
50%　10,000,000	⬅居住 50%	
50%　10,000,000×88%＝8,800,000	⬅貸付 50%	

1／3≒33.33%

Q28　相続開始時と配偶者居住権が設定された時の「賃貸の用に供されている部分以外の部分の割合」が異なる場合

相続開始時における居住建物の賃借人が、相続開始後、配偶者居住権が設定される前に退去したことにより、相続開始時と配偶者居住権が設定された時の「賃貸の用に供されている部分以外の部分の割合」が異なっています。この場合、「賃貸の用に供されている部分以外の部分の割合」はどのように判断すべきか教えてください。

Ⓐ　次のように考えます。

相続開始時において居住建物の一部が賃貸の用に供されている場合には、配偶者居住権の評価額の計算の基礎となる居住建物又は敷地利用権の評価額の計算の基礎となる居住建物の敷地の価額は、「相続開始の時における当該配偶者居住権が設定されておらず、かつ、当該賃貸の用に供されていないものとした場合の時価」を基に計算することとされています（相令５の７①一イ、④一イ）。

したがって、相続開始時と配偶者居住権が設定された時の「賃貸の用に供され

ている部分以外の部分の割合」が異なる場合であっても、当該割合は、相続開始時の居住建物の現況により判断することとなります。

❶相続開始時	❷配偶者居住権が設定された時（遺産分割時）	判定
３室中 ２室賃貸中	３室とも満室	いずれも相続開始時賃貸中の２室で判定
	１室のみ賃貸中	

Q29 一時的な空室を「賃貸部分」として取り扱うこととした場合

次のような事例の場合の配偶者居住権等の評価額を教えてください。

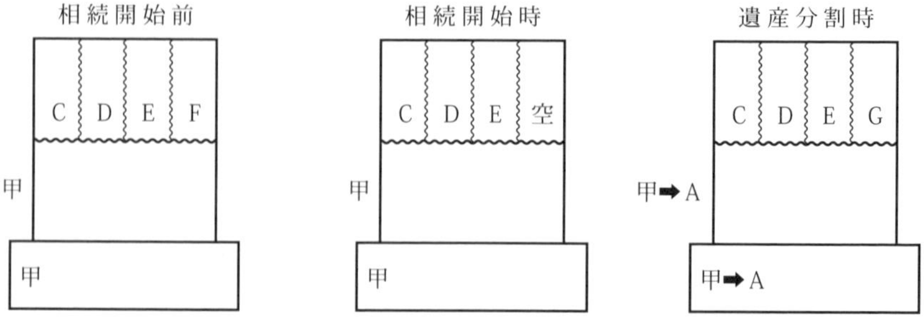

建物建築日：2010年 12月1日 建物構造：木造 （床面積200㎡） 建物の利用状況： １Ｆ乙居住用100㎡ ２Ｆ甲賃貸用100㎡ （４室・同一面積） ＣＤＥＦへ賃貸 賃貸割合：100％ 建物所有者：甲 土地所有者：甲	相続税評価額： 建物2,000万円（自用家屋） 土地5,000万円（自用地） 同左 同左 同左 ２Ｆ１室空・賃貸75㎡ ＣＤＥへ賃貸 賃貸割合：100％※	遺産分割日：2021年3月20日 配偶者の年齢 ：80歳10か月（分割時） 平均余命：11.71年 配偶者居住権存続期間：終身 法定利率：３％ ＣＤＥＧへ賃貸 賃貸割合：100％ 建物所有者：Ａ 土地所有者：Ａ

※ 貸家及び貸家建付地の評価をする場合において、いわゆる『一時的な空室』の部分を評価通達26⑵の「賃貸されている各独立部分」に含めて評価しています。

A　次のように考えます。

貸家及び貸家建付地の評価をする場合において、いわゆる「一時的な空室」の部分を評価通達26⑵の「賃貸されている各独立部分」に含むこととしたときは、当該各独立部分を配偶者居住権等の評価をする場合の「賃貸の用に供されている部分」に含める必要があります（相基通23の２－１）。

居住建物の２階４室のうち、相続開始時において、いわゆる「一時的な空室」と認められる部分（25㎡）を「賃貸されている各独立部分」に含めて貸家及び貸家建付地の評価をすることとしています。そのため、配偶者居住権等の評価をする場合の「賃貸の用に供されている部分」についても、いわゆる「一時的な空室」と認められる部分を含めて（「賃貸の用に供されている部分以外の部分」に含めないで）計算する必要があります。

したがって、配偶者居住権等の評価額は次のとおりです。

〔配偶者居住権の価額〕

2,000万円×100㎡（賃貸以外の床面積）※／200㎡（居住建物の床面積）

＝1,000万円

※　いわゆる「一時的な空室」の部分を「賃貸の用に供されている部分」に含めるので、「賃貸以外の床面積」は、１階の居住用部分（100㎡）のみとなります。

1,000万円－1,000万円×｛33年（耐用年数）－10年（経過年数）－12年（存続年数)｝／｛33年－10年｝×0.701（複利現価率）

＝6,647,391円（配偶者居住権の価額）

（参考）Q 12と同じです。

〔居住建物の価額〕

1,700万円（居住建物の時価）－6,647,391円（配偶者居住権の価額）

＝10,352,609円（居住建物の価額）

（注）居住建物の時価は、相続税法第22条に規定する時価をいいます。

・自用家屋部分：2,000万円×100㎡／200㎡＝1,000万円

・貸家部分：2,000万円×100㎡／200㎡＝1,000万円

1,000万円－1,000万円×0.3×100％＝700万円

・居住建物の時価：1,000万円＋700万円＝1,700万円

〔敷地利用権の価額〕

5,000万円×100㎡（賃貸以外の床面積）／200㎡＝2,500万円

2,500万円－2,500万円×0.701（複利現価率）

＝7,475,000円（敷地利用権の価額）

〔居住建物の敷地の価額〕

4,700万円（居住建物の敷地の時価）－7,475,000円（敷地利用権の価額）

＝39,525,000円（居住建物の敷地の価額）

（注）居住建物の敷地の時価は、相続税法第22条に規定する時価をいいます。

・自用地部分：5,000 万円× 100㎡／ 200㎡＝ 2,500 万円

・貸家建付地部分：5,000 万円× 100㎡／ 200㎡＝ 2,500 万円

2,500万円－2,500万円×0.4×0.3×100％＝2,200万円

・居住建物の敷地の時価：2,500 万円＋ 2,200 万円＝ 4,700 万円

１Ｆ居住用　２Ｆ貸付事業用（４室）相続開始前（原則評価の場合）

	25㎡　空室　自用家屋評価	25㎡×３＝75㎡　賃貸中
建物	乙配偶者居住権　①　1,661,847	▲30%　10,000,000×3/4×30＝2,250,000
２Ｆ	A居住建物の価額❶　838,153	A貸家の評価 10,000,000×3/4×70%＝5,250,000
１Ｆ	乙　配偶者居住権　②　6,647,391　①＋②＝8,309,238	
	A　居住建物の価額　❷　3,352,609　❶＋❷＝4,190,762	
土地	乙　敷地利用権　①　1,868,750	▲12%　18,750,000×12%＝2,250,000
２Ｆ	A　敷地所有権等　❶　4,381,250	A　貸家建付地の評価 18,750,000×88%＝16,500,000
	乙　敷地利用権　②　7,475,000　①＋②＝9,343,750	
１Ｆ	A　敷地所有権等　❷17,525,000　❶＋❷＝21,906,250	

相続開始前（相基通23の2－1適用）
25㎡　空室　賃貸中に含める｜25㎡×3＝75㎡　賃貸中　100㎡全部賃貸用

建物	▲30%　10,000,000×4/4×30%＝3,000,000
2F	A　貸家の評価　10,000,000×4/4×70%＝7,000,000
	乙　配偶者居住権　6,647,391
1F	A　居住建物の価額　3,352,609
土地	▲12%　25,000,000×12%＝3,000,000
2F	A　貸家建付地の評価 25,000,000×88%＝22,000,000
	乙　敷地利用権　7,475,000
1F	A　敷地所有権等　17,525,000

Q30　配偶者居住権が設定されている建物等を相続により取得した場合【子供の2次相続】

次のような事例の場合の配偶者居住権等の評価額を教えてください。

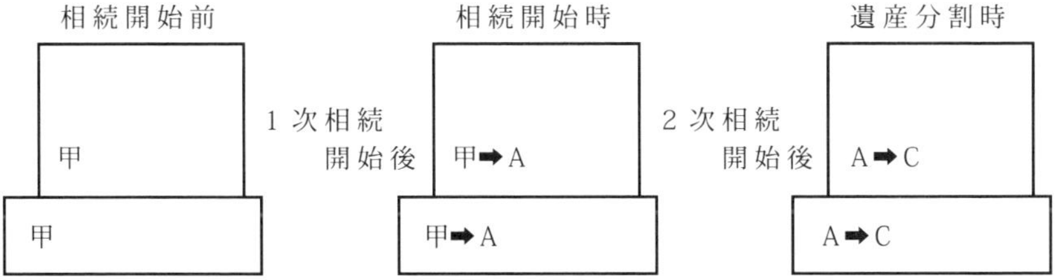

相続税評価額：建物2,000万円（自用家屋）
　　　　　　　土地6,000万円（自用地）
建物建築日：2010年12月1日
建物構造：木造（床面積200㎡）
2次相続開始日：2025年3月20日
賃貸の有無：無
建物所有者：A（2次相続の被相続人）
土地所有者：A（2次相続の被相続人）

配偶者の年齢：80歳10か月（2次相続開始時）
平均余命：8.30年
配偶者居住権存続期間：終身
法定利率：3％

建物相続人：C（長男Aの子）
土地相続人：C（長男Aの子）

1次相続にて配偶者居住権の設定　　：あり
配偶者居住権存続期間　　：終身

A 次のように考えます。

配偶者居住権が設定されている建物等を相続により取得した場合の当該建物等の評価は、相続税法第23条の２の規定に準じて行います（この場合の相続を以下「２次相続」といいます。）。

この場合、居住建物の時価から控除する配偶者居住権の価額や居住建物の敷地の時価から控除する敷地利用権の価額は、２次相続により居住建物等を取得した時に配偶者居住権の設定があったものとして計算します（相基通23の２－６）。

すなわち、居住建物の経過年数は、配偶者居住権が設定された時までの年数ではなく、２次相続により居住建物等を取得した時までの年数により計算し、配偶者居住権の存続年数についても、配偶者居住権が設定された時からの年数ではなく、２次相続により居住建物等を取得した時からの年数により計算することとなります。

したがって、配偶者居住権等の評価額は次のとおりです。

〔配偶者居住権の価額〕

2,000万円－2,000万円×｛33年（耐用年数）－14年（経過年数）－８年（存続年数)｝÷（33年－14年）×0.789＝10,864,211円❶

（参考）耐用年数：33 年（22 年× 1.5）

経過年数：14年（2010年12月１日～ 2025年３月20日：14年３か月）

存続年数：８年（第22回生命表に基づく平均余命８.30年）

複利現価率：0.789（端数処理前0.7894）

〔居住建物の価額〕

2,000万円（居住建物の時価）－10,864,211円（配偶者居住権の価額）

＝9,135,789円❷（居住建物の価額）

〔敷地利用権の価額〕

6,000万円－6,000万円×0.789（複利現価率）＝12,660,000円❸（敷地利用権の価額）

〔居住建物の敷地の価額〕

6,000万円（居住建物の敷地の時価）－12,660,000円（敷地利用権の価額）

＝47,340,000円❹（居住建物の敷地の価額）

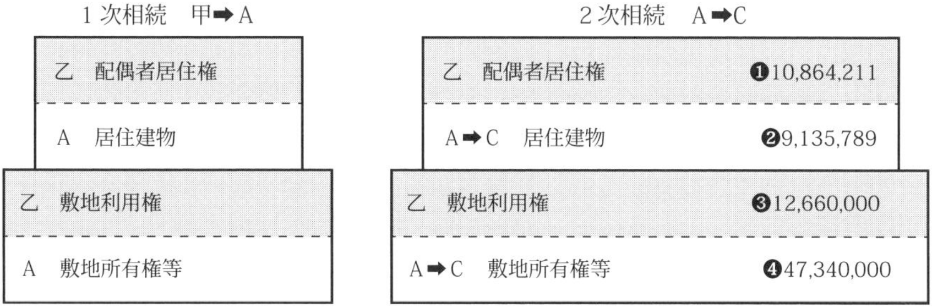

Q31　配偶者居住権が設定されている建物等を贈与により取得した場合

次のような事例の場合の配偶者居住権等の評価額を教えてください。

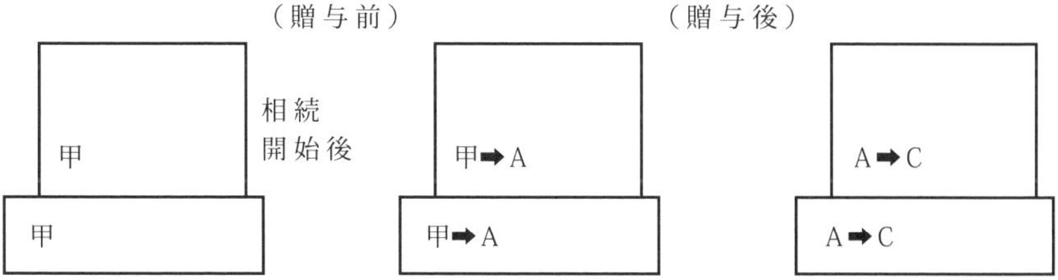

相続税評価額：建物2,000万円（自用家屋）
（贈与時）　土地6,000万円（自用地）
建物建築日：2010年12月1日
建物構造：木造（床面積200㎡）
贈与の日：2025年3月20日
賃貸の状況：第三者へ賃貸※
（床面積200㎡の内100㎡）
建物所有者：A
土地所有者：A

配偶者の年齢：85歳10か月（贈与時）
平均余命：8.30年
法定利率：３％
建物受贈者：C（長男Aの子）
土地受贈者：C（長男Aの子）

配偶者居住権の設定：あり
配偶者居住権存続期間：終身

※Aは甲の相続開始時に甲の貸付事業を引き継ぎ、引き続き貸付事業の用に供していたが、Cに贈与したためCが貸付事業を引き継いだ。

A　次のように考えます。

配偶者居住権が設定されている建物等を贈与により取得した場合の当該建物等

の評価は、相続税法第23条の２の規定に準じて行います。

この場合、居住建物の時価から控除する配偶者居住権の価額や居住建物の敷地の時価から控除する敷地利用権の価額は、贈与により居住建物等を取得した時に配偶者居住権の設定があったものとして計算します（相基通23の２－６）。

すなわち、居住建物の経過年数は、配偶者居住権が設定された時までの年数ではなく、贈与により居住建物等を取得した時までの年数により計算し、配偶者居住権の存続年数についても、配偶者居住権が設定された時からの年数ではなく、贈与により居住建物等を取得した時からの年数により計算することとなります。

また、配偶者居住権の設定に係る被相続人の相続開始前から贈与時まで引き続き賃貸の用に供されている部分について、配偶者はその居住建物を賃借している賃借人に権利を主張することができない（対抗できない）ため、配偶者居住権及び敷地利用権の評価の対象から当該賃貸部分を除く必要があります。

したがって、配偶者居住権等の評価額は次のとおりです。

〔配偶者居住権の価額〕

2,000万円×100㎡（賃貸以外の床面積）／200㎡＝1,000万円

1,000万円－1,000万円×（33年（耐用年数）－14年（経過年数）－８年（存続年数））÷（33年－14年）×0.789＝5,432,105円

（参考）耐用年数：33 年（22 年× 1.5）

経過年数：14年（2010年12月１日～ 2025年３月20日：14年３か月）

存続年数：８年（第22回生命表に基づく平均余命８.30年）

複利現価率：0.789（端数処理前0.7894）

〔居住建物の価額〕

1,700万円（居住建物の時価）－5,432,105円（配偶者居住権の価額）

＝11,567,895円（居住建物の価額）

（注）居住建物の時価は、相続税法第22条に規定する時価をいいます。

・自用家屋部分：2,000 万円× 100㎡／ 200㎡＝ 1,000 万円

・貸家部分：2,000 万円× 100㎡／ 200㎡＝ 1,000 万円

1,000万円－1,000万円×0.3×100％＝700万円

・居住建物の時価：1,000 万円＋ 700 万円＝ 1,700 万円

〔敷地利用権の価額〕

6,000万円×100㎡（賃貸以外の床面積）／ 200㎡（居住建物の床面積）＝3,000

万円

3,000万円－3,000万円×0.789（複利現価率）＝6,330,000円

〔居住建物の敷地の価額〕

56,400,000円（居住建物の敷地の時価）－6,330,000円

＝50,070,000円

（注）居住建物の敷地の時価は、相続税法第22条に規定する時価をいいます。

・自用地部分：6,000 万円× 100㎡／ 200㎡＝ 3,000 万円

・貸家建付地部分：6,000 万円× 100㎡／ 200㎡＝ 3,000 万円

3,000 万円－ 3,000 万円× 0.4 × 0.3 × 100%＝ 26,400,000 円

・居住建物の敷地の時価：3,000 万円＋ 26,400,000 円＝ 56,400,000 円

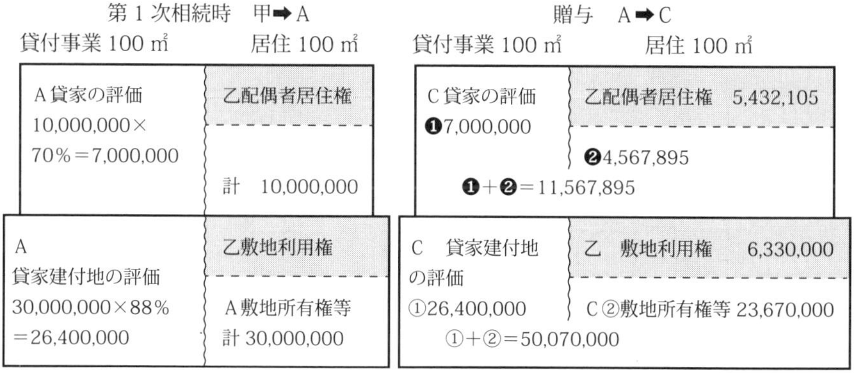

《参考資料１》配偶者居住権等の評価で用いる建物の構造別の耐用年数

（構造）	耐用年数省令	1.5 倍配偶者居住権の耐用年数
鉄骨鉄筋コンクリート造又は鉄筋コンクリート造	47	71
れんが造、石造又はブロック造	38	57
金属造（骨格材の肉厚４㎜超）	34	51
金属造（骨格材の肉厚３㎜超～４㎜以下）	27	41
金属造（骨格材の肉厚３㎜以下）	19	29
木造又は合成樹脂造	22	33
木骨モルタル造	20	30

《参考２》第23回生命表（完全生命表）に基づく平均余命（「配偶者居住権の存続年数等」のⒷ） ※令和４年３月２日公表（厚生労働省）（令和２年分）

満年齢	平均余命	
	男	女
18	64	70
19	63	69
20	62	68
21	61	67
22	60	66
23	59	65
24	58	64
25	57	63
26	56	62
27	55	61
28	54	60
29	53	59
30	52	58
31	51	57
32	50	56
33	49	55
34	48	54
35	47	53
36	46	52
37	45	51

満年齢	平均余命	
	男	女
38	44	50
39	43	49
40	43	48
41	42	47
42	41	46
43	40	45
44	39	44
45	38	44
46	37	43
47	36	42
48	35	41
49	34	40
50	33	39
51	32	38
52	31	37
53	30	36
54	29	35
55	29	34
56	28	33
57	27	32

満年齢	平均余命	
	男	女
58	26	31
59	25	30
60	24	29
61	23	29
62	22	28
63	22	27
64	21	26
65	20	25
66	19	24
67	18	23
68	18	22
69	17	21
70	16	20
71	15	20
72	15	19
73	14	18
74	13	17
75	13	16
76	12	15
77	11	15

満年齢	平均余命	
	男	女
78	11	14
79	11	13
80	9	12
81	9	12
82	8	11
83	8	10
84	7	9
85	7	9
86	6	8
87	6	7
88	5	7
89	5	6
90	4	6
91	4	5
92	4	5
93	4	5
94	3	4
95	3	4
96	3	3
97	3	3

満年齢	平均余命	
	男	女
98	3	3
99	2	3
100	2	3
101	2	2
102	2	2
103	2	2
104	2	2
105	2	2
106	2	2
107	1	2
108	1	1
109	1	1
110	1	1
111	1	1
112	1	1
113	1	1
114	—	1

《参考３》　複利現価表（法定利率３％）（「配偶者居住権の存続年数等」の⑧）

存続年数	複利現価率	存続年数	複利現価率	存続年数	複利現価率	存続年数	複利現価率	存続年数	複利現価率	存続年数	複利現価率	存続年数	複利現価率
1	0.971	11	0.722	21	0.538	31	0.400	41	0.298	51	0.221	61	0.165
2	0.943	12	0.701	22	0.522	32	0.388	42	0.289	52	0.215	62	0.160
3	0.915	13	0.681	23	0.507	33	0.377	43	0.281	53	0.209	63	0.155
4	0.888	14	0.661	24	0.492	34	0.366	44	0.272	54	0.203	64	0.151
5	0.863	15	0.642	25	0.478	35	0.355	45	0.264	55	0.197	65	0.146
6	0.837	16	0.623	26	0.464	36	0.345	46	0.257	56	0.191	66	0.142
7	0.813	17	0.605	27	0.450	37	0.335	47	0.249	57	0.185	67	0.138
8	0.789	18	0.587	28	0.437	38	0.325	48	0.242	58	0.180	68	0.134
9	0.766	19	0.570	29	0.424	39	0.316	49	0.235	59	0.175	69	0.130
10	0.744	20	0.554	30	0.412	40	0.307	50	0.228	60	0.170	70	0.126

第4章

取得後の消滅等に関する法務と税務

Q１ 取得後の消滅等に関する一覧表

配偶者居住権等を設定した後の法務と税務の概要を教えて下さい。

A 次のように考えます。

『法務』と『税務』の概要を示せば下記の表になります。

配偶者居住権の消滅事由等と消滅に伴う課税関係一覧表

（図表－１） ①～⑥は（相基通９－13の２）でみなす贈与規定しています。

<table>
<tr><th></th><th>事由</th><th>民法条文</th><th>対価なし</th><th colspan="2">対価あり・又は備考</th></tr>
<tr><td>①</td><td>合意解除</td><td>私的自治の原則</td><td>贈与税</td><td colspan="2" rowspan="2">①の場合で対価あり
乙がＡから対価を取得
➡乙の総合譲渡所得
※所有期間は満で計算</td></tr>
<tr><td>②</td><td>放棄</td><td>255など</td><td>贈与税</td></tr>
<tr><td>③</td><td>建物所有者による消滅請求</td><td>1032④</td><td>贈与税</td><td>・用法遵守＆善管注意 1032①
・改築、増築 1032③
・第三者に使用・収益 1032③</td><td>所有者の承諾がない</td></tr>
<tr><td>④</td><td>居住用建物全部滅失等</td><td>1036・616の２</td><td rowspan="2">贈与税
課税なし</td><td colspan="2" rowspan="4">⑦の場合で対価あり
Ａが乙に建物・土地等を譲渡
➡Ａの分離譲渡所得
※所有期間は譲渡年の１月１日における所有期間で判定

⬅所有権をＡが乙に贈与した場合</td></tr>
<tr><td>⑤</td><td>存続期間満了
（使用貸借）準用➡</td><td>1036・597①</td></tr>
<tr><td>⑥</td><td>乙の死亡
（使用貸借）準用➡</td><td>1036・597③</td><td>相続税
課税なし</td></tr>
<tr><td>⑦</td><td>乙が所有権を取得</td><td>混同 520
1028②</td><td>贈与税
Ａ➡乙</td></tr>
</table>

上記のとおり、配偶者居住権はその対価を得て合意解除することにより消滅させることが可能とされており、合意解除が行われた場合には、事実上、配偶者居住権を有する者から対価の支払者（配偶者居住権付き建物の所有者）に対する資産の譲渡と同じ効果が生じることになると考えられます。

この点を踏まえ、配偶者居住権の消滅につき対価の支払を受けた場合には、その対価は、譲渡所得として所得税の課税対象となるべきものとされました。

なお、配偶者居住権が賃借権類似の法定債権の性質を有する点を踏まえれば、現行の賃借権の課税関係と同様に、分離課税の譲渡所得ではなく、総合課税の譲渡所得として課税すべきものと考えられます。

下記（図表－２）のⒸを参照して下さい。

また、配偶者敷地利用権が、あくまで建物に対する【借家権的】権利である配偶者居住権に基づく敷地の使用権に過ぎない点を踏まえれば、配偶者敷地利用権の消滅に伴う譲渡所得の金額の計算についても、配偶者居住権と同様の内容（総合課税の譲渡所得）で課税すべきものと考えられます。

「土地の上に存する権利」は下記（図表－２）を参照下さい。

広義の意味の場合と、狭義の意味の場合とに２分類されます。

Ⓐ ＝Ⓑ＋Ⓒ＝広義の意味で措置法 69 の 4「小規模宅地等についての相続税の課税価格の計算の特例」の適用対象になります。

敷地を直接利用する権利と、間接利用する権利の双方があります。

Ⓑ ＝狭義の意味で、敷地を直接利用する権利で措置法の分離課税対象になります（Ⓒは分離課税対象になりません。）。

（図表－２）土地の上に存する権利

<table>
<tr><td colspan="2">Ⓐ＝Ⓑ＋Ⓒ＝【広義の】土地の上に存する権利（措置法 69 の４の対象）
2019 年改正税法のすべて 539 頁で『配偶者居住権は、借家権類似の建物についての権利とされていることから、配偶者居住権自体が小規模宅地特例の対象となることはありません。　他方、配偶者居住権に付随するその目的となっている建物の敷地を利用する権利（敷地利用権）については、【直接利用・間接利用に関係なく】「土地の上に存する権利」に該当するので、小規模宅地特例の対象となります。』と解説しています。</td></tr>
<tr><td>Ⓑ【狭義の】土地の上に存する権利
（措法 31、32）の対象【分離譲渡課税】となる「土地の上に存する権利」とは、「地上権、土地賃借権のような土地を直接利用することを内容とする権利及び地役権のような一定の土地の利用価値を増すための他の土地の上に支配を及ぼす権利をいうこととされる。
（昭和 52 年２月７日東京地裁判決）
土地の上に存する権利を譲渡➡分離課税</td><td>Ⓒ左記以外
（2020 年改正税法のすべて 118 頁）
【借家権・配偶者居住権・引湯権など、土地を間接利用することを内容とする権利】
措通 31・32 共－１
※借家権に伴う土地の上に存する権利は通常取引の対象にはならない（譲渡発生しない）
（昭和 52 年２月７日東京地裁判決）
土地の上に存する権利を譲渡➡総合課税</td></tr>
<tr><td colspan="2">イメージ図</td></tr>
</table>

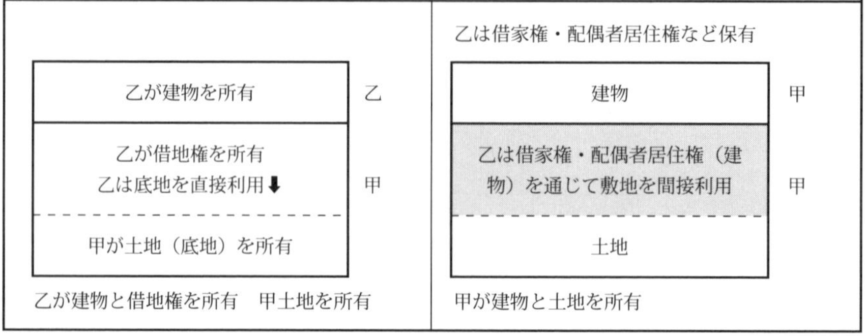

Q２ 修繕費の負担は誰がするか

居住建物の修繕が必要な場合には、配偶者と居住建物の所有者のどちらが修繕をすることになるのか教えて下さい。

Ⓐ 次のように考えます。

『法務』

居住建物の修繕が必要な場合には、まずは配偶者において修繕することができ

(民法1033①)、居住建物の所有者は、配偶者が相当の期間内に必要な修繕をしないときに修繕をすることができることとしている（民法1033②)。

居住建物の修繕について最も利害関係を有しているのは実際に居住建物を使用している配偶者であり、居住建物の所有者は配偶者に対して修繕義務を負わず、居住建物の通常の必要費となる修繕費用も配偶者の負担となることから（民法1034①)、配偶者に修繕の一次的な権限を付与することとし、居住建物の所有者には、配偶者が修繕をしない場合に限り、修繕権を付与することとしたものである。

また、配偶者が居住建物について必要な修繕をしない場合には、建物の保存のために居住建物の所有者において修繕をしたいという場合も多いと考えられるが、居住建物の所有者は、実際に居住建物を使用しておらず、修繕を要する状態になっていることに気付かないこともある。

そこで、居住建物の所有者に修繕の機会を与えるために、賃貸借に関する第615条【賃借人の通知義務】と同様に、居住建物が修繕を要し、又は居住建物について権利を主張する者があるときは、配偶者は、居住建物の所有者に対し、遅滞なくその旨の通知をしなければならないこととしています(民法1033③本文)。もっとも、居住建物の所有者が既に知っている場合や配偶者が自ら修繕をする場合には通知をする必要性に欠けることから、これらの場合には通知を要しないこととしています（民法1033③ただし書き)。修繕費の具体的な事例は巻末参照。

『税務』

(所得税法)

❶　配偶者の居住用部分の修繕費は家事費又は家事関連費であり各種所得の計算上必要経費に算入されることはありません。

❷　しかし１Ｆで店舗（八百屋を経営)、２Ｆに居住していた配偶者が１Ｆの店舗部分のみ修繕した場合は、事業所得の金額の計算上全額必要経費に算入できますし、建物全体を修繕した場合は床面積の比などの合理的な配分により事業所得の金額の計算上必要経費に算入できます。

(参考法令)

所得税法（必要経費) 第 37 条①

その年分の不動産所得の金額、事業所得の金額又は雑所得の金額（事業所得の金額及び雑所得の金額のうち山林の伐採又は譲渡に係るもの並びに雑所得の金額のうち第三十五条第三項（公的年金等の定義）に規定する公的年金等に係るものを除く。）の計算上必要経費に算入すべき金額は、別段の定めがあるものを除き、これらの所得の総収入金額に係る売上原価その他当該総収入金額を得るため直接に要した費用の額及びその年における販売費、一般管理費その他これらの所得を生ずべき業務について生じた費用（償却費以外の費用でその年において債務の確定しないものを除く。）の額とする。

所得税法（家事関連費等の必要経費不算入等）第 45 条①

居住者が支出し又は納付する次に掲げるものの額は、その者の不動産所得の金額、事業所得の金額、山林所得の金額又は雑所得の金額の計算上、必要経費に算入しない。

一　家事上の経費及びこれに関連する経費【家事関連費】で政令【所令 96】で定めるもの

所得税法施行令（家事関連費）第 96 条①

法第四十五条第一項第一号（必要経費とされない家事関連費）に規定する政令で定める経費は、次に掲げる経費以外の経費とする。

一　家事上の経費に関連する経費の主たる部分が不動産所得、事業所得、山林所得又は雑所得を生ずべき業務の遂行上必要であり、かつ、その必要である部分を明らかに区分することができる場合における当該部分に相当する経費【合理的に区分できる分は必要経費】

Q３　建物等の固定資産税等の負担は誰がするか

配偶者居住権が設定された場合には、居住建物の固定資産税は、誰が負担することになるのか教えて下さい。

A　次のように考えます。

『法務』

A　配偶者居住権が設定されている場合には、居住建物の通常の必要費は、配偶者が負担することとしています（民法 1034 ①）。

同項に規定する「通常の必要費」は、使用貸借に関する第595条第１項に規定する「通常の必要費」と同一の概念であり、これには、居住建物の保存に必要な通常の修繕費のほか、居住建物やその敷地の固定資産税等が含まれるものと考えられる（最二判昭和36年１月27日）（注）。

したがって、配偶者居住権が設定されている居住建物の固定資産税は配偶者が負担することになります。

この点に関し、固定資産税の納税義務者は固定資産の所有者とされているため、配偶者居住権が設定されている場合でも、居住建物の所有者が納税義務者になります。

このため、居住建物の所有者は、固定資産税を納付した場合には、配偶者に対して求償することができることになります。

なお、配偶者が、居住建物の所有者の請求にもかかわらず固定資産税等の必要費を償還しない場合でも、居住建物の所有者は、配偶者居住権の消滅請求をすることはできません。

これは、必要費の償還請求という付随的な義務の不履行によって配偶者居住権を消滅させる権限まで居住建物の所有者に認める必要性に乏しいと考えられること等を考慮したものです。

もっとも、配偶者の不履行の程度が著しく、居住建物の所有者の負担において配偶者居住権を存続させることが相当でないと認められる場合には、居住建物の所有者の明渡請求等に対して、配偶者が配偶者居住権を抗弁として主張することが権利の濫用に当たる場合もあり得るものと考えられます。【民法１③　権利の濫用は、これを許さない。】

相続は年の途中（１月１日以外）で通常発生するものであり、多くの相続（遺産分割）の例ではその建物及び土地を取得した者が相続開始年分を全額負担するのが通例ですが、配偶者居住権等の場合、不動産の売買のように日割清算をするのであろうかどうかは分かりません。

（注）最二判昭和36年１月27日集民48号179頁

「建物の占有者が建物の敷地の地代及び建物の固定資産税を支払ったとしても、右の如き地代及び固定資産税はいずれも建物の維持保存のために当然に支出ぜらる[原文ママ]べき費用ではあるが、右は民法五九五条一項の『通常の必要費』に属するものというべきであるから、上告人は右支出につき償還請求権を有しないことになり、従って、原審が留置権を否定したのは結局相当であつて、論旨は採用できない。」

【参考】

❶　**通常の必要費**とは、目的物についての公租公課、現状維持的な保存に必要な補修費・修繕費（改良費は含まれぬ）や保管費（借りた動物の飼養費、借りた自動車の駐車費用のごとし）などである。

貸してもらった家の庭の植木に貸主が植木屋を入れて整樹させても、それは家についての通常の必要費ではない。けだしそれは家の使用貸借であって、その庭の植木の使用貸借ではないからである。また植木の使用貸借と認められる場合にも、それは通常の必要費と認むべきではない。また物を第三者の侵害にたいして守るための必要の費用は通常の必要費ではない。

したがってそれは借主の負担ではない。借主が支出したときは事務管理としての償還請求をなしうる。

しかしその侵害が借主の善管注意義務違反によって生じた場合には、その費用は借主の債務不履行により賃主の蒙った損害として借主の負担であり、なお損害があればその賠償義務を認むべきである。

❷ 通常でない必要費を借主が支出したときは、事務管理の法理により、借主は貸主にたいし求償しうる（民法 702)。(「新版注釈民法⒂」有斐閣 P110 ～ 111)

『税務』

（所得税法） Ｑ２と同様に考えます。

（相続税法）

２次相続（配偶者が死亡）時に『通常の必要費』の清算が済んでいない場合、その金額は債務控除（相法13）の可能性があります。

ただし、固定資産税等は配偶者の死亡時までの日割り計算になると思われます。

Q 4 建物所有者による消滅請求（用法遵守義務＆善管注意義務）

配偶者には用法遵守義務・善管注意義務があるそうですがどういう内容なのか教えて下さい。

A 次のように考えます。

『法務』

❶ 用法遵守義務・善管注意義務

配偶者は、従前の用法に従って、善良な管理者の注意【一般的・客観的に要求される程度の注意義務】をもって、居住建物の使用及び収益をしなければなりません（民法1032①本文）。

もっとも、配偶者の居住権を保護するという制度趣旨に照らし、相続開始前には配偶者が使用していなかった部分や居住の用に供していなかった部分についても、居住の用に供することは妨げられないこととしており（同項ただし書）、その限度では従前の用法を変更することを認めることとしている（逆の用法変更は認められず、例えば居住の用に供していた部分を営業の用に供することは用法遵守義務違反となります。)。

用途変更／従前の用途	左記以外への（承諾なしの）用途変更			
	自己居住	営業の用	使用貸借	賃貸借
自己居住（使用）		×1032①	×1032③	×1032③
営業の用（使用）	○1032①		×1032③	×1032③
使用貸借（使用）	○1032①	×1032①		×1032③
賃貸借　（収益）	○1032①	×1032①	×（？）1032③	

❷　居住建物の所有者による消滅請求

配偶者が民法第1032条第１項（用法遵守義務や善管注意義務）に違反した場合において、居住建物の所有者が相当の期間を定めてその是正の催告をしたにもかかわらず、配偶者がこれに応じない場合には、居住建物の所有者は、配偶者に対する意思表示によって、配偶者居住権を消滅させることができます（民法1032④）。

『税務』

（相続税法）

上記の規定（民法1032④）に基づいてＱ１の（図表－１）③に該当した場合、下記の相続税法基本通達（配偶者居住権が合意等により消滅した場合）９―13の２の規定に抵触します。

『配偶者居住権が、…民法第1032条第４項（(建物所有者による消滅の意思表示)）の規定により消滅した場合において、当該建物の所有者又は当該建物の敷地の用に供される土地の所有者が、対価を支払わなかったとき、又は著しく低い価額の対価を支払ったときは、原則として、当該建物等所有者が、その消滅直前に、当該配偶者が有していた当該配偶者居住権の価額に相当する利益又は当該土地を当該配偶者居住権に基づき使用する権利の価額に相当する利益に相当する金額（対価の支払があった場合には、その価額を控除した金額）を、当該配偶者から贈与によって取得したものとして取り扱うものとする。』と規定し、みなし贈与に該当し贈与税が課税されます。

Q５ 増築・改築費用について

乙（配偶者）がＡ（居住建物の所有者）の承諾を得ずに、増改築をした場合にはどうなるのか教えて下さい。

Ａ 次のように考えます。

『法務』

❶ 承諾なしの改築・増築

配偶者は、居住建物の所有者の承諾を得なければ、居住建物の改築若しくは増築をすることができません（民法1032③）。

❷ 居住建物の所有者による消滅請求

配偶者が民法第1032条第３項（承諾なしの改築・増築禁止）に違反した場合において、居住建物の所有者が相当の期間を定めてその是正の催告をしたにもかかわらず、配偶者がこれに応じない場合には、居住建物の所有者は、配偶者に対する意思表示によって、配偶者居住権を消滅させることができます（民法1032④）。

『税務』

（相続税法）

上記の規定（民法1032④）に基づいてＱ１の（図表－１）③に該当した場合、下記の相続税法基本通達（配偶者居住権が合意等により消滅した場合）９―13の２の規定に抵触します。

『配偶者居住権が、…民法第1032条第４項（(建物所有者による消滅の意思表示)）の規定により消滅した場合において、当該建物の所有者又は当該建物の敷地の用に供される土地の所有者が、対価を支払わなかったとき、又は著しく低い価額の対価を支払ったときは、原則として、当該建物等所有者が、その消滅直前に、当該配偶者が有していた当該配偶者居住権の価額に相当する利益又は当該土地を当該配偶者居住権に基づき使用する権利の価額に相当する利益に相当する金額（対価の支払があった場合には、その価額を控除した金額）を、当該配偶者から贈与によって取得したものとして取り扱うものとする。』と規定しみなし贈与に該当し贈与税が課税されます。

Q 6　原状回復費用について

配偶者居住権が消滅した場合には、配偶者と居住建物の所有者との間には、どのような法律関係が生ずるのか教えて下さい。

A　次のように考えます。

『法務』

❶　配偶者居住権が消滅した場合には、配偶者は、居住建物の所有者に対し居住建物を返還する義務を負います（民法 1035 ①本文）。

❷　配偶者が居住建物の共有持分を有する場合には、共有持分に基づき居住建物を占有することができることから、配偶者居住権が消滅したことを理由とする返還義務は負いません（民法 1035 ①ただし書）。

❸　また、配偶者が相続開始後に居住建物に附属させた物がある場合には、配偶者は、これを収去する権利を有し、義務を負います（民法 1035 ②において準用する 599 ①・②）。

❹　居住建物について、相続開始後に生じた損傷がある場合には、配偶者は、通常の使用によって生じた居住建物の損耗及び居住建物の経年劣化を除き、原状回復義務を負います（民法 1035 ②において準用する 621）。

原状回復費用の具体的な事例は巻末参照。

原状回復費用の発生時区分・負担者の法務と税務一覧

存続期間満了	費用の負担者	『税務』
❶前に放棄	乙	Q 2 参照
❷前に譲渡	乙	（所得税）譲渡費用の検討
❸前にAから消滅請求	乙	Q 2 参照
❹一定期間満了	乙	Q 2 参照
❺乙の死亡	乙の相続人等	（相続税）債務控除（相法 13）

『税務』

❶ 相続税の債務控除となる確実な債務について

相続税の課税価格の計算上において控除すべき債務は、被相続人の債務で相続の開始時に現に存するもので、かつ、確実と認められるものに限られると解されています（相法13、14)。

❷ この「相続開始の際現に存する」ものにおける相続開始の際とは、相続の開始、すなわち被相続人の死亡及び被相続人の死亡に近接し、かつ、社会通念上これから起因して生じる事態の経過を含めた時間の範囲を示すものと解されています。

❸ そして、「被相続人の債務」で「現に存する」とは、その債務の性質及び発生原因に照らして、被相続人に属すべき債務がその発生要件（その主な原因）を充足していることにあると解されています（東京地裁平8．2．28判決)。

❹ また、「確実と認められる」債務とは、債務が存在するとともに、債権者による請求その他により、被相続人の負担に帰することが確実な債務であると解されています（大阪高裁平15．7．1判決)。

❺ この点、相続税法基本通達においては、債務の金額が確定していなくても当該債務の存在が確実と認められるものについては、相続開始当時の現況によって確実と認められる範囲の金額だけを控除することができる旨定めています（相基通14－1)。

❻ したがって、配偶者が死亡したとき、その居住建物の原状回復に要する金額（経済合理性を有する金額)は、相続税の債務控除の対象になるものと考えます。

❼ 原状回復義務の費用負担承継者が、居住建物の所有者（乙の相続人）である場合でも債務控除はできます。

❽ 原状回復義務の費用負担承継者が、居住建物の所有者でない場合でも債務控除はできます。

※ 乙が後妻でAが先妻の子の場合、乙の実子が負担することになり当然に債務控除はできます。

Q 7　配偶者が対価を取得した時の譲渡所得関係

配偶者居住権等を合意解除し、配偶者が対価を取得した場合はどうなるのか教えて下さい。

A　次のように考えます。

『法務』

配偶者居住権は、配偶者が相続開始後も従前の居住環境での生活を継続することを可能とするため、その選択肢となる手段を増やすことを目的として創設したものです。

配偶者が第三者に対して配偶者居住権を譲渡することを認めることは、このような制度趣旨と整合的でないことから、配偶者居住権については譲渡をすることができないこととしています（民法1032②）。

なお、配偶者居住権の合意解除や放棄は可能と解されており、例えば、配偶者居住権付き建物の所有者がその対価を配偶者に支払い、配偶者居住権を消滅させることが可能と考えられます。

『税務』

（所得税法）

配偶者居住権の消滅につき対価の支払を受けた場合には、その対価は、譲渡所得として所得税の課税対象となるべきものとされました。

なお、配偶者居住権が賃借権類似の法定債権の性質を有する点を踏まえれば、現行の賃借権の課税関係と同様に、総合課税の譲渡所得として課税すべきものと考えられます。

また、配偶者敷地利用権があくまで（建物に対する権利である）配偶者居住権に基づく敷地の使用権に過ぎない点を踏まえれば、配偶者敷地利用権の消滅に伴う譲渡所得の金額の計算についても、配偶者居住権と同様の内容で総合課税の譲渡所得とすべきものと考えられます。

（注）　土地等又は建物等に係る譲渡所得の分離課税（措法31、32）の対象となる「土地の上に存する権利」とは、「地上権、土地賃借権のような土地を直接利用することを内容とする権利及び地役権のような一定の土地の利用価値を増すための他の土地の上に支配を及ぼす権利をいうこととされる（昭和52年２月７日東京地裁判決）」ことから、配偶者敷地利用権は土地の上に存する権利には該当せず、総合課

税の譲渡所得として課税すべきものと考えられます（図表－２）。

このほか、譲渡所得の金額の計算についての基本的な考え方は次のとおりです。

❶ 配偶者居住権の消滅に伴う譲渡所得の金額の計算の基本的な考え方

配偶者居住権の消滅を譲渡所得として課税する場合において、配偶者居住権を取得した日及びその消滅時の取得費の計算をどうすべきかが問題となります。この点、配偶者居住権が相続に伴う遺産分割や遺贈によって設定され、具体的相続分を構成することとされていることや、相続税法における配偶者居住権等の評価方法の考え方も踏まえれば、

イ 相続又は遺贈によって配偶者居住権が設定された時において配偶者居住権を取得したものとし、

ロ その取得費の計算は、配偶者居住権を有する者と配偶者居住権付き建物の所有者との間で被相続人から引き継いだ本来の居住建物の取得費を一定の割合により配偶者居住権と配偶者居住権付き建物に按分した金額を基礎として配偶者居住権の消滅時の取得費を計算することが適切であると考えられます。

上記イの「配偶者居住権が設定された時」は、遺産分割による取得である場合にはその遺産分割の時となり、遺贈による取得である場合には相続開始の時となります。

上記ロの「一定の割合」は、申告納税制度の下で、納税者が一律に、かつ、簡便に計算できるようにする必要があることから、相続税法における財産評価により算出される配偶者居住権及び居住建物の評価額を基にすることとされました。

また、配偶者居住権は、その存続期間において建物に居住できる権利であることから、期間の経過によりその価値が減少するためその消滅時の取得費は、上記ロにより一定の割合で按分した金額からその存続期間を基礎として一定の方法により計算した額を控除した額とされました。

なお、上記ロのとおり、配偶者居住権の消滅時の取得費は「本来の居住建物の取得費を一定の割合により配偶者居住権と配偶者居住権付き建物に按分した金額を基礎として」計算しますので、配偶者居住権付き建物を譲渡した場合（配偶者居住権が設定されたまま建物を譲渡した場合）のその建物の取得費は、「その建物の譲渡時点で計算した場合の本来の居住建物の取得費」から「その建物の譲渡時点で配偶者居住権が消滅したものと仮定して計算した場合の配偶者居住権の取得費」を控除した残額とされました。

つまり、配偶者居住権が設定された場合において、本来の居住建物の取得費は、

・「配偶者居住権を有する者に帰属する部分」と

・「配偶者居住権付き建物の所有者に帰属する部分」

の２つの要素で構成されます。

（注）　配偶者居住権付き建物の敷地の用に供される土地を譲渡した場合のその土地の取得費についても、上記と同様の方法で計算しますので、本来の居住建物の敷地の用に供される土地の取得費についても、

・「配偶者敷地利用権を有する者に帰属する部分」と

・「配偶者居住権付き建物の敷地の用に供される土地の所有者に帰属する部分」

の２つの要素で構成されることとなります。

❷　配偶者居住権及び配偶者敷地利用権の消滅に伴う長期譲渡所得又は短期譲渡所得の判定

配偶者居住権は相続に伴う遺産分割や遺贈によって設定されますが、その設定から５年以内に配偶者居住権が消滅した場合には、その消滅に伴う譲渡所得は、原則的な考え方に当てはめると、短期譲渡所得に該当することとなります。

他方、上記❶で述べたとおり、配偶者居住権の消滅時の取得費は、被相続人等から引き継いだ本来の居住建物の取得費をその建物所有権者である相続人と按分した額を基礎として計算する点を踏まえ、配偶者居住権の消滅に係る長期譲渡所得に該当するか短期譲渡所得に該当するかどうかの判定についても、被相続人等の取得時期を引き継ぐこととされました。

具体的には、次に掲げる所得が短期譲渡所得の範囲から除かれ、長期譲渡所得に該当することとされました（所令82二・三）。

イ　相続（限定承認に係るものを除きます。以下同じです。）又は遺贈（包括遺贈のうち限定承認に係るものを除きます。以下同じです。）により取得した配偶者居住権の消滅による所得

ただし、その配偶者居住権の消滅の時にその配偶者居住権付き建物を譲渡したものと仮定した場合に長期譲渡所得となる場合の配偶者居住権の消滅による所得に限られていますので、例えば、被相続人の死亡により取得した配偶者居住権が、その被相続人が居住建物を取得した日以後５年を経過する日以前に消滅した場合の所得は短期譲渡所得となります。

ロ　相続又は遺贈により取得した配偶者敷地利用権の消滅による所得

ただし、上記イと同様、その配偶者敷地利用権の消滅の時にその配偶者居住権付き建物の敷地の用に供される土地（土地の上に存する権利を含みます。以下同じです。）を譲渡したものと仮定した場合に長期譲渡所得となる場合の配偶者敷地利用権の消滅による所得に限られていますので、例えば、被相続人の死亡によ

り取得した配偶者敷地利用権が、その被相続人が配偶者居住権付き建物の敷地の用に供される土地を取得した日以後５年を経過する日以前に消滅した場合の所得は短期譲渡所得となります。

❸ 配偶者居住権及び配偶者敷地利用権が消滅した場合のこれらの権利の取得費

相続又は遺贈により取得した次に掲げる権利が消滅した場合における譲渡所得の金額の計算については、それぞれ次のとおりとされました。

この場合において、配偶者居住権及び配偶者敷地利用権は、その存続期間において建物に居住できる権利及びそれに基づく敷地を使用できる権利であることから、期間の経過によりその価値が減少するものですが、下記イ及びロのとおり、「配偶者居住権の存続期間を基礎として一定の計算をした金額」をそれぞれ控除することとされましたので、資産の取得費からの減価相当額の控除は行わないこととされました（所法 60 ③）。

イ 配偶者居住権の消滅時の取得費

（イ） その相続又は遺贈により配偶者居住権を取得した時において、その時に配偶者居住権付き建物を譲渡したものと仮定した場合にその建物の取得費の額として計算される金額のうちその時における配偶者居住権の価額に相当する金額に対応する部分の金額として一定の計算をした金額により配偶者居住権を取得したものとし、その金額から、配偶者居住権の存続期間を基礎として一定の計算をした金額を控除した金額をもって配偶者居住権の消滅時の取得費とされました（所法 60 ③一）。

（ロ） 上記（イ）の「その時における配偶者居住権の価額に相当する金額に対応する部分の金額として一定の計算をした金額」は、上記イの「その建物の取得費の額として計算される金額」に、「次の i に掲げる金額」が「次の i 及び ii に掲げる価額の合計額（「本来の居住建物の時価」）」のうちに占める割合を乗じて計算した金額とされています（所令 169 の２①）。

i その相続開始の時において配偶者居住権につき相続税法の配偶者居住権等の評価の規定（相法 23 の２）を適用した場合に計算される配偶者居住権の価額（「配偶者居住権の評価額」）

ii その相続開始の時において配偶者居住権付き建物につき相続税法の配偶者居住権等の評価の規定（相法 23 の２ ）を適用した場合に計算されるその建物の価額（「配偶者居住権付き建物の時価」）

（ハ） また、上記イの「配偶者居住権の存続期間を基礎として一定の計算をした金額」は、「上記ロにより計算した金額」に、「配偶者居住権を取得した時から配偶者居住権が消滅した時までの期間の年数（６月以上の端数は１年とし、６月に満たない端数は切り捨てます。）」が「配偶者居住権の存続年数」のうちに占める割合（その割合が１を超える場合には、１とします。）を乗じて計算した金額とされています（所令169の２②）。

（注）上記の「配偶者居住権の存続年数」は、具体的には、次に掲げる場合の区分に応じそれぞれ次に定める年数（６月以上の端数は1年とし、６月に満たない端数は切り捨てます。）とされています（相法23の２①二イ、相令５の８③）。以下同じです。

1　配偶者居住権の存続期間が配偶者の終身の間とされている場合
……配偶者居住権が設定されたときにおける配偶者の平均余命（厚生労働省が男女別、年齢別に作成する完全生命表に掲載されている平均余命をいいます（相規12の３）。以下同じです。）

2　上記１に掲げる場合以外の場合
……遺産分割の協議・審判又は遺言により定められた配偶者居住権の存続年数（その年数が、配偶者居住権が設定されたときにおける配偶者の平均余命を超える場合には、その平均余命とします。）

したがって、例えば平均余命が10年である配偶者について遺産分割等によりその存続期間が50年の配偶者居住権が設定された場合でも、上記の「配偶者居住権の存続年数」は、平均余命である10年となります。

ロ　配偶者敷地利用権の消滅時の取得費

（イ）　その相続又は遺贈により配偶者敷地利用権を取得した時において、その時に配偶者居住権付き建物の敷地の用に供される土地を譲渡したものと仮定した場合にその土地の取得費の額として計算される金額のうちその時における配偶者敷地利用権の価額に相当する金額に対応する部分の金額として一定の計算をした金額により配偶者敷地利用権を取得したものとし、その金額から、配偶者居住権の存続期間を基礎として一定の計算をした金額を控除した金額をもって配偶者敷地利用権の消滅時の取得費とされました（所法60③二）。

（ロ）　上記（イ）の「その時における配偶者敷地利用権の価額に相当する金額に対応する部分の金額として一定の計算をした金額」は、上記（イ）の「その土地の取得費の額として計算される金額」に、「次のⅰに掲げる金額」が「次のⅰ及びⅱに掲げる価額の合計額（「本来の居住建物の土地等の時価」）」のうちに占める割合を乗じて計算した金額とされています（所令169の２③）。

ⅰ その相続開始の時において配偶者敷地利用権につき相続税法の配偶者居住権等の評価の規定（相法23の２）を適用した場合に計算される配偶者敷地利用権の価額（「配偶者敷地利用権の評価額」）

ⅱ その相続開始の時において配偶者居住権付き建物の敷地の用に供される土地につき相続税法の配偶者居住権等の評価の規定（相法23の２）を適用した場合にその規定により計算されるその土地の価額（「配偶者居住権付き建物の土地等の時価」）

（ハ） また、上記（イ）の「配偶者居住権の存続期間を基礎として一定の計算をした金額」は、「上記（ロ）により計算した金額」に、「配偶者敷地利用権を取得した時から配偶者敷地利用権が消滅した時までの期間の年数（６月以上の端数は１年とし、６月に満たない端数は切り捨てます。）」が「配偶者居住権の存続年数」のうちに占める割合（その割合が１を超える場合には、１とします。）を乗じて計算した金額とされています（所令169の２④）。

具体的な事例をあげて計算式で解説します。

（配偶者の総合譲渡所得）

配偶者居住権及び敷地利用権の消滅（合意解除）につき乙（配偶者）が建物の所有者Ａから対価を取得した場合

具体的な事例をあげて計算式で解説します。

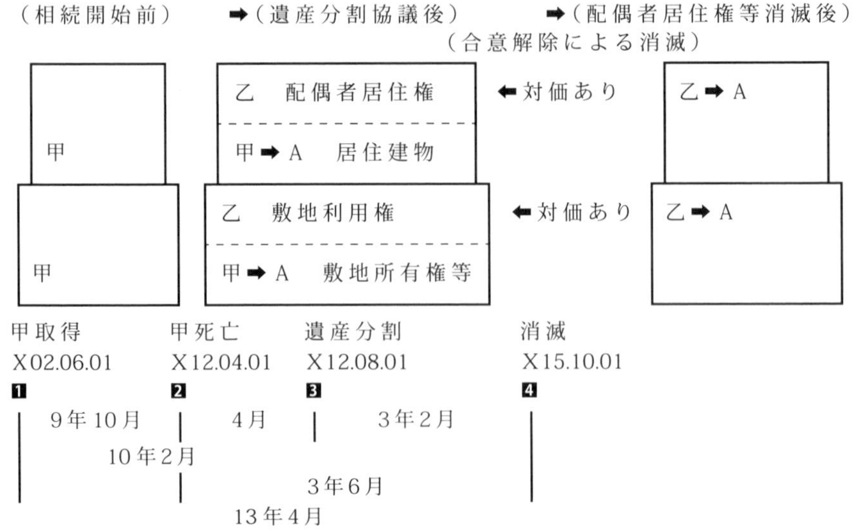

（事実関係）

❶　X 02年6月1日

甲が建物及び土地を購入し、乙とともに居住の用に供した。

❷　X 12年4月1日

甲が死亡し、相続が開始した。相続人は、乙とAの２名である。

❸　X 12年8月1日

乙とAの間で遺産分割協議が成立し、Aが建物及び土地の所有権を取得するとともに乙は配偶者居住権を取得した。

❹　X 15年10月1日

乙とAの間で配偶者居住権を消滅させる旨の合意が成立し、乙はAからその消滅の対価を取得した。

	事実関係の詳細
❶	取得した建物及び土地（甲が取得） ：木造住宅（新築）とその敷地の用に供される土地 取得に要した金額 ：建物…25,000,000円　　土地…45,000,000円
❷	相続税評価額（❸遺産分割時の按分割合による評価額） 乙：配偶者居住権…7,976,870円　　敷地利用権…11,960,000円 A：居住建物　…4,023,130円　　敷地所有権等…28,040,000円 合計　（12,000,000円）　　（40,000,000円）
❸	乙の満年齢　：80歳（平均余命12年） 配偶者居住権の存続期間：終身
❹	消滅の対価の額（❸～❹経過年数3年2月➡3年） ：配偶者居住権…9,000,000円　　敷地利用権…12,000,000円

『乙の申告』

⑴譲渡収入金額（総合譲渡所得）

❶　配偶者居住権…　9,000,000円（❹の金額）

❷　敷地利用権　…12,000,000円（❹の金額）

❸　❶＋❷　＝21,000,000円

⑵配偶者居住権等を設定した時に【甲が】譲渡したとした場合の取得費

❶　建物の取得費の計算

①　取得価額…25,000,000円（A＋乙の分）

②　償却費相当額

25,000,000 円× 0.9 × 0.031（※１）× 10 年（※２）＝ 6,975,000 円

③　①－②＝18,025,000円

※１　木造の法定耐用年数 22 年× 1.5 倍＝ 33 年・定額法の償却率 0.031

※２　経過年数（■1 X 02. 6. 1～■1 X 12. 8. 1）10 年２月➡ 10 年

（６月以上端数切上げ、６月未満端数切捨て）

乙の分18,025,000円×■27,976,870円／■212,000,000円＝11,981,923円

❷　土地の取得費の計算　…45,000,000 円（A＋乙の分）

乙の分45,000,000円×■211,960,000円／■240,000,000円＝13,455,000円

⑶譲渡所得の計算上控除する取得費（消滅時の乙の分）

❶　配偶者居住権の取得費の計算

①　11,981,923 円

②　取得費の計算上控除する金額【配偶者…計算明細書⑩の金額】

11,981,923 円× 3 年（■3 ～■4 3 年２月）／ 12 年■3 ＝ 2,995,480 円

③　①－②＝8,986,443円★

❷　敷地利用権の取得費の計算

①　13,455,000円

②　取得費の計算上控除する金額【配偶者…計算明細書⑩の金額】

13,455,000 円× 3 年（■3 ～■4 3 年２月）／ 12 年■3 ＝ 3,363,750 円

③　①－②＝10,091,250円★

（参考　Aの分 31,545,000 円－※ 7,886,250 円＝ 23,658,750 円）

※ 31,545,000 円× 3 年（■3 ～■4 3 年２月）／ 12 年■3 ＝ 7,886,250 円

❸取得費合計　❶＋❷＝ 8,968,443 円＋ 10,091,250 円＝ 19,077,693 円

⑷譲渡費用　省略

⑸譲渡益

⑴21,000,000－｛⑶＋⑷＝19,077,693｝＝1,922,307円

⑹総合の長期譲渡所得金額

⑸1,922,307円－※500,000円（譲渡益を限度）＝1,422,307円

原則として、総合課税の譲渡所得は、取得した日から譲渡した日までの所有期間によって５年を超えている場合は長期譲渡所得（特別控除500,000円有ります）となり、所有期間が５年以内の場合は短期譲渡所得となります。

ただし、配偶者居住権等の消滅に係る譲渡所得で配偶者居住権を取得した時にその配偶者居住権の目的となっている建物等を譲渡したとした場合にその建物等

を取得した日（被相続人の取得年月日）とされる日以後５年を経過する日後の消滅に係るものについては、配偶者居住権等を取得した日から配偶者居住権等が消滅した日までの期間が５年以内の場合でも、長期譲渡所得となります。

この事例の場合、配偶者が配偶者居住権等を取得した日（❸X12年８月１日）から消滅した日（❹X15年10月１日）までの期間は５年以内ですが、配偶者居住権を取得した時❸にその配偶者居住権の目的となっている建物等を譲渡したとした場合にその建物等を取得した日とされる日（❶被相続人の取得年月日：X02年６月１日）以後５年を経過する日後（❶～❹＝13年超）の消滅に係るものであることから、長期譲渡所得となります。

Q８　配偶者居住権等を合意解除又は一方的に放棄した場合

配偶者居住権等を合意解除又は乙が一方的に放棄した場合、両者の課税関係はどうなるのか教えて下さい。

A　次のように考えます。

『法務』

Ｑ１と同じく配偶者居住権の合意解除や放棄は可能と解されておりますので、❶合意解除や❷一方的な放棄で、配偶者居住権を消滅させることが可能と考えられます。

『税務』

（相続税法）

❶の場合は、

❶対価の授受がある場合

❷対価の授受がない場合

に区分されます。

❷の一方的な放棄の場合はみなし贈与となります（相基通９―13の２）。

文言上は贈与として取り扱うものとするとあり、みなし贈与です。

なお乙が著しく低い価額の対価を取得した場合は乙からＡへの『配偶者居住権等の価額に相当する利益－対価』＝みなし贈与です。

※　❶の❷ もみなし贈与となります（相基通９―13の２）。

合意解除等の課税関係

<table>
<tr><td rowspan="3">❶合意解除</td><td rowspan="2">■1 対価あり</td><td>相当な対価</td><td colspan="2">乙の総合譲渡所得課税（措通31・32共－1）</td></tr>
<tr><td>著しく低い価額の対価</td><td>同上　配偶者居住権等の価額に相当する利益【相当な対価】－実際対価』</td><td rowspan="3">Aにみなし贈与課税
※相基通9－13の2</td></tr>
<tr><td colspan="2">■2 対価なし</td><td rowspan="2">配偶者居住権等の価額に相当する利益【相当な対価】</td></tr>
<tr><td colspan="3">❷一方的放棄</td></tr>
</table>

Q9 合意解除した後に譲渡した場合

対価を支払って配偶者居住権及び敷地利用権を消滅（合意解除）させた後、建物及び土地を売却した場合はどうなるのか教えて下さい。

A 次のように考えます。

『法務』 解説は不要です。

『税務』

（所得税法）

具体的な事例をあげて計算式で解説します。

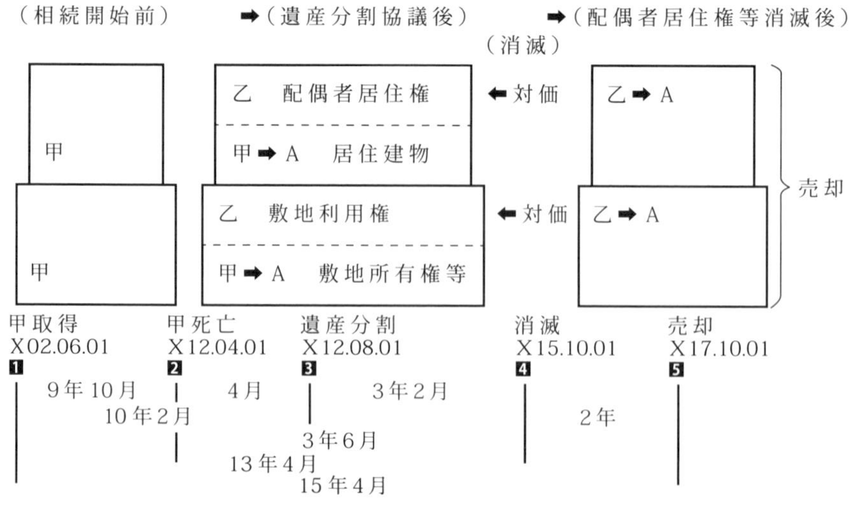

(事実関係)

■1　X 02年6月1日

甲が建物及び土地を購入し、乙とともに居住の用に供した。

■2　X 12年4月1日

甲が死亡し、相続が開始した。相続人は、乙とＡの２名である。

■3　X 12年8月1日

乙とＡの間で遺産分割協議が成立し、Ａが建物及び土地の所有権を取得するとともに乙は配偶者居住権を取得した。

■4　X 15年10月1日

乙とＡの間で配偶者居住権を消滅させる旨の合意が成立し、Ａは乙にその消滅の対価を支払った。

■5　X 17年10月1日　Ａが建物及び土地を第三者に売却した。

	事実関係の詳細
■1	取得した建物及び土地（甲が取得） ：木造住宅（新築）とその敷地の用に供される土地 取得に要した金額 ：建物…25,000,000円　　土地…45,000,000円
■2	相続税評価額　（■3遺産分割時の按分割合による評価額） 乙：配偶者居住権…7,976,870円　　敷地利用権…11,960,000円 Ａ：居住建物　　…4,023,130円　　敷地所有権等…28,040,000円 合計　（12,000,000円）　　（40,000,000円）
■3	乙の満年齢　：80歳（平均余命12年） 配偶者居住権の存続期間：終身
■4	消滅の対価の額　（■1～■4経過年数13年4月➡13年） 乙：配偶者居住権…9,000,000円　　敷地利用権　…12,000,000円
■5	売買代金の額（■1～■5経過年数15年4月➡15年） Ａ：建物　　…15,000,000円　　土地…50,000,000円

『Ａの申告』

(1)譲渡収入金額

❶　建物…15,000,000円（■5の金額）

❷　土地…50,000,000円（■5の金額）

❸　❶＋❷＝65,000,000円

⑵配偶者居住権等を設定した時に【甲が】譲渡したとした場合の取得費

Ａの取得費の計算ではこの計算はしないことに留意

（乙の取得費の計算ではします。）

⑶譲渡所得の計算上控除する取得費（消滅時のＡの分）

❶　建物の取得費の計算

①　取得価額…25,000,000円（Ａ＋乙の分）

②　償却費相当額

25,000,000 円× 0.9 × 0.031（※１）× 15 年（※２）＝ 10,462,500 円

③　①－②＝14,537,500円

④　③－8,986,443円★【乙の取得費❶】【配偶者…明細書⑪の金額】

＝ 5,551,057 円（Ａの従来の分）

⑤　9,000,000円×0.9×0.031（※１）×２年（※３）＝502,200円

※１　木造の法定耐用年数 22 年× 1.5 倍＝ 33 年➡定額法の償却率 0.031

※２　経過年数（🅁 X 02.06. 1 ～🅅 X 17.10. 1）15 年４月➡ 15 年

※３　経過年数（🅄 X 15.10. 1 ～🅅 X 17.10. 1）２年

（６月以上端数切上げ、６月未満端数切捨て）

⑥　9,000,000円（配偶者居住権の消滅の対価）－⑤＝8,497,800円

⑦　建物の（最終）取得費　④＋⑥＝14,048,857円

❷　土地の取得費の計算

①　45,000,000円（Ａ＋乙の分）

②　10,091,250円★（乙の取得費❷）【配偶者…明細書⑪の金額】

③　①－②＝34,908,750円（Ａの従来の分）

④　12,000,000円（敷地利用権の消滅の対価）

⑤　土地の（最終）取得費　③＋④＝46,908,750円

❸　取得費合計　❶＋❷＝ 60,957,607 円

⑷譲渡費用　省略

⑸譲渡益

⑴65,000,000円－ {⑶＋⑷＝60,957,607円} ＝4,042,393円

Q10　配偶者が所有権を取得した場合

Ａが配偶者居住権の目的となっている建物及びその敷地の用に供される土地を配偶者乙に売却した場合はどうなるか教えて下さい。

Ａ　次のように考えます。

『法務』

通常の売買です。配偶者居住権は混同により消滅します（民法520・1028②裏読み）。

『税務』

具体的な事例をあげて計算式で解説します。

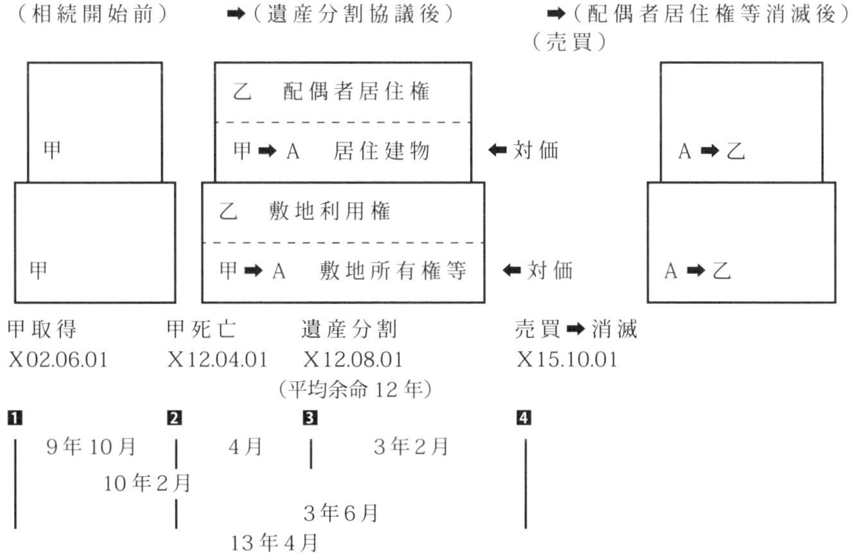

（事実関係）

❶　X 02年6月1日

甲が建物及び土地を購入し、乙とともに居住の用に供した。

❷　X 12年4月1日

甲が死亡し、相続が開始した。相続人は、乙とＡの２名である。

❸ X 12年8月1日

乙とAの間で遺産分割協議が成立し、Aが建物及び土地の所有権を取得するとともに乙は配偶者居住権を取得した。

❹ X 15年10月1日

乙とAとの間で建物及び土地の売買契約が成立し、Aは乙から建物及び土地の売買代金の支払を受けた。

	事実関係の詳細
❶	取得した建物及び土地（甲が取得） ：木造住宅（新築）とその敷地の用に供される土地 取得に要した金額 ：建物…25,000,000円　土地…45,000,000円
❷	相続税評価額　（❸遺産分割時の按分割合による評価額） 乙：配偶者居住権…7,976,870円　敷地利用権…11,960,000円 A：居住建物　…4,023,130円　敷地所有権等…28,040,000円 合計　(12,000,000円)　(40,000,000円)
❸	乙の満年齢　：80歳（平均余命12年） 配偶者居住権の存続期間：終身
❹	売買代金の額　（❶～❹経過年数13年4月➡13年） A：建物　…5,000,000円　土地…38,000,000円

『Aの申告』

⑴譲渡収入金額

❶ 建物…　5,000,000円（❹の金額）

❷ 土地…38,000,000円（❹の金額）

❸ ❶＋❷＝43,000,000円

⑵配偶者居住権等を設定した時に【甲が】譲渡したとした場合の取得費

Aの取得費の計算ではこの計算はしないことに留意

（乙の取得費の計算ではします。）

⑶譲渡所得の計算上控除する取得費（消滅時のAの分）

❶ 建物の取得費の計算

① 取得価額…25,000,000円（A＋乙の分）

② 償却費相当額

25,000,000 円× 0.9 × 0.031（※１）× 13 年（※２）＝ 9,067,500 円

③　①－②＝15,932,500円

④　③－8,986,443円【乙の取得費❶】【配偶者…明細書⑪の金額】

＝ 6,946,057 円（Ａの分）

※１　木造の法定耐用年数 22 年× 1.5 倍＝ 33 年➡定額法の償却率 0.031

※２　経過年数（🅻 X 02. 6. 1～🅾 X 15.10. 1）13 年４月➡ 13 年

（６月以上端数切上げ、６月未満端数切捨て）

❷　土地の取得費の計算

①　45,000,000円（Ａ＋乙の分）

②　10,091,250円（乙の取得費❷）【配偶者…明細書⑪の金額】

③　①－②＝34,908,750円

❸　取得費合計　❶＋❷＝ 41,854,807 円

⑷**譲渡費用**　省略

⑸**譲渡益**

⑴43,000,000円－｛⑶＋⑷＝41,854,807円｝＝1,145,193円

Q11 配偶者が所有権を取得した後に譲渡した場合

乙がAから建物及び土地の所有権を取得した後譲渡した場合はどうなるか教えて下さい。

A 次のように考えます。

『法務』

通常の売買です。

『税務』

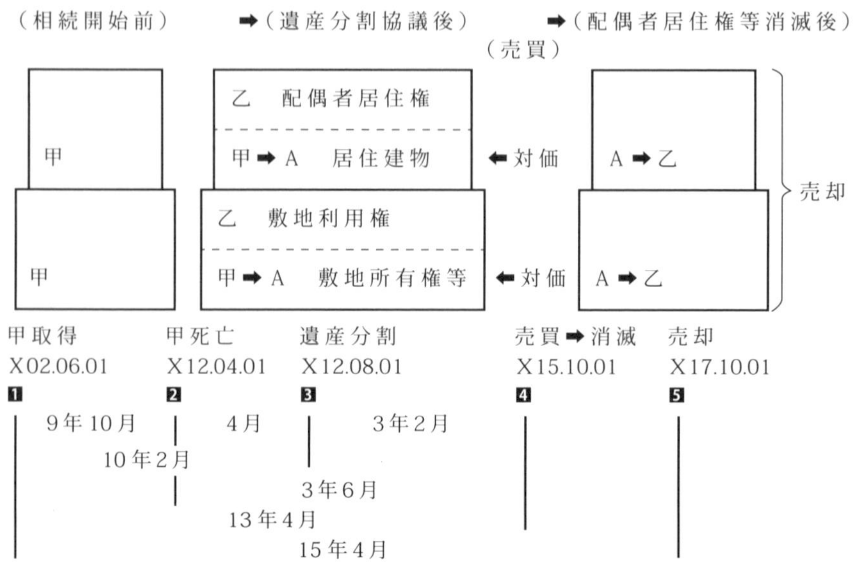

（所得税法） 具体的な事例をあげて計算式で解説します。

（事実関係）

❶ X 02年6月1日

甲が建物及び土地を購入し、乙とともに居住の用に供した。

❷ X 12年4月1日

甲が死亡し、相続が開始した。相続人は、乙とAの2名である。

❸ X 12年8月1日

乙とAの間で遺産分割協議が成立し、Aが建物及び土地の所有権を取得するとともに乙は配偶者居住権を取得した。

■4　X 15 年 10 月 1 日

乙とAとの間で建物及び土地の売買契約が成立し、乙はAに建物及び土地の売買代金を支払った。

■5　X 17 年 10 月 1 日　乙が建物及び土地を第三者に売却した。

	事実関係の詳細
■1	取得した建物及び土地（甲が取得） ：木造住宅（新築）とその敷地の用に供される土地 取得に要した金額 ：建物…25,000,000 円　　土地…45,000,000 円
■2	相続税評価額（■3遺産分割時の按分割合による評価額） 乙：配偶者居住権…7,976,870 円　　敷地利用権…11,960,000 円 A：居住建物　　…4,023,130 円　　敷地所有権等…28,040,000 円 合計　　（12,000,000 円）　　（40,000,000 円）
■3	乙の満年齢　：80 歳（平均余命 12 年） 配偶者居住権の存続期間：終身
■4	売買代金の額（■1～■4経過年数 13 年 4 月➡13 年） 乙購入：居住建物…5,000,000 円　　敷地所有権等…38,000,000 円
■5	売買代金の額（■1～■5経過年数 15 年 4 月➡15 年） 乙：建物　　…15,000,000 円　　土地…50,000,000 円

『乙の申告』

⑴譲渡収入金額

❶　建物…15,000,000 円（■5 の金額）

❷　土地…50,000,000 円（■5 の金額）

❸　❶＋❷＝ 65,000,000 円

⑵配偶者居住権等を設定した時に【甲が】譲渡したとした場合の取得費

❶　建物の取得費の計算

①　取得価額…25,000,000円（A＋乙の分）

②　償却費相当額

25,000,000 円× 0.9 × 0.031（※１）× 10 年（※２）＝ 6,975,000 円

③　①－②＝18,025,000円

乙の分 18,025,000 円×■2 7,976,870 円／■2 12,000,000 円＝ 11,981,923 円

❷ 土地の取得費の計算 45,000,000 円（Ａ＋乙の分）
乙の分 45,000,000 円×❷11,960,000 円／❷40,000,000 円＝ 13,455,000 円

⑶譲渡所得の計算上控除する取得費（消滅時の乙の分）

❶ 建物（配偶者居住権）の取得費
① 11,981,923円
② 取得費の計算上控除する金額【配偶者…計算明細書⑩の金額】
11,981,923 円× 3 年（❸ 〜❹ 3 年２月）／ 12 年❸ ＝ 2,995,480 円
③ ①－②＝8,986,443円

❷ 土地（敷地利用権）の取得費
① 13,455,000円
② 取得費の計算上控除する金額【配偶者…計算明細書⑩の金額】
13,455,000 円× 3 年（❸ 〜❹ 3 年２月）／ 12 年❸ ＝ 3,363,750 円
③ ①－②＝10,091,250円

⑷譲渡所得の計算上控除する取得費（売却時の乙の分）

❶ 建物の取得費の計算
① 建物 …5,000,000円（Ａからの居住建物の購入価額）
② ⑶❶③ …8,986,443円
③ ①＋②＝13,986,443円
④ 償却費相当額
13,986,443 円× 0.9 × 0.031（※１）×２年（※２）＝ 780,443 円
⑤ ③－④＝13,206,000円

※１ 木造の法定耐用年数 22 年× 1.5 倍＝ 33 年➡定額法の償却率 0.031
※２ 経過年数（❹ X 15.10. 1 〜❺ X 17.10. 1）２年
（６月以上端数切上げ、６月未満端数切捨て）

❷ 土地の取得費…
① 土地 …38,000,000円（Ａからの敷地所有権等の購入価額）
② ⑶❷③ …10,091,250円
③ ①＋②＝48,091,250円

❸ 取得費合計 ❶＋❷＝ 61,297,250 円

⑸譲渡費用 省略

⑹譲渡益

⑴65,000,000円－ ｛⑶＋⑷＝61,297,250円｝ ＝3,702,750円

Q12　収用等された場合

収用等された場合はどうなるか教えて下さい。

A　次のように考えます。

『法務』　解説は不要です。

『税務』

（所得税法）

収用等で配偶者居住権及び敷地利用権の消滅に係る補償金並びに配偶者居住権の目的となっている建物及びその敷地の用に供される土地に係る補償金を取得した場合

所得税法施行令（譲渡所得の収入金額とされる補償金等）第95条①では『契約（契約が成立しない場合に法令によりこれに代わる効果を認められる行政処分その他の行為を含む。）に基づき、又は資産の消滅（価値の減少を含む。以下この条において同じ。）を伴う事業でその消滅に対する補償を約して行なうものの遂行により譲渡所得の基因となるべき資産が消滅をしたこと（借地権の設定その他当該資産について物権を設定し又は債権が成立することにより価値が減少したことを除く。）に伴い、その消滅につき一時に受ける補償金その他これに類するものの額は、譲渡所得に係る収入金額とする。』と規定しています。

つまり、配偶者居住権及びその敷地利用権の収用等の補償金は譲渡所得となります。

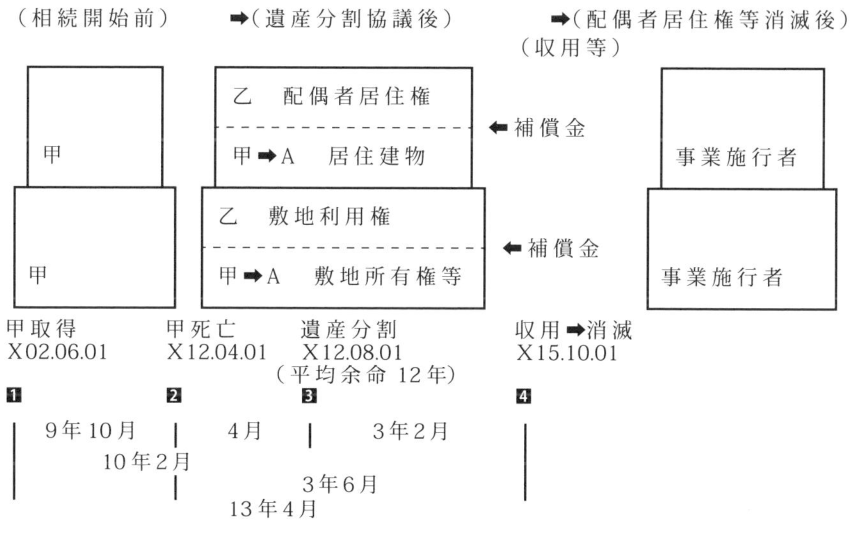

(事実関係)

❶ X 02年6月1日

甲が建物及び土地を購入し、乙とともに居住の用に供した。

❷ X 12年4月1日

甲が死亡し、相続が開始した。相続人は、乙とAの2名である。

❸ X 12年8月1日

乙とAの間で遺産分割協議が成立し、Aが建物及び土地の所有権を取得するとともに乙は配偶者居住権を取得した。

❹ X 15年10月1日

土地が収用等をされたことによりその土地の上にある建物が取り壊され、配偶者居住権及び敷地利用権が消滅したことに伴い、乙及びAに対し、事業施行者から補償金が支払われた。

	事実関係の詳細
❶	取得した建物及び土地(甲が取得) :木造住宅(新築)とその敷地の用に供される土地 取得に要した金額 :建物…25,000,000円　土地…45,000,000円
❷	相続税評価額　(❸遺産分割時の按分割合による評価額) 乙:配偶者居住権…7,976,870円　敷地利用権…11,960,000円 A:居住建物　…4,023,130円　敷地所有権等…28,040,000円 合計　(12,000,000円)　(40,000,000円)
❸	乙の満年齢　:80歳(平均余命12年) 配偶者居住権の存続期間:終身
❹	補償金の額(❶～❹経過年数13年4月➡13年) 乙:配偶者居住権…9,000,000円　敷地利用権…12,000,000円 A:居住建物　…5,000,000円　敷地所有権等…38,000,000円 合計　(14,000,000円)　(50,000,000円)

『乙の申告』

(1)譲渡収入金額

❶ 配偶者居住権…　9,000,000円(❹の金額)

❷ 敷地利用権　…12,000,000円(❹の金額)

❸ ❶+❷= 21,000,000円

⑵配偶者居住権等を設定した時に【甲が】譲渡したとした場合の取得費

❶　建物の取得費の計算

①　取得価額…25,000,000円（A＋乙の分）

②　償却費相当額

25,000,000 円× 0.9 × 0.031（※１）× 10 年（※２）＝ 6,975,000 円

③　①－②＝18,025,000円

※１　木造の法定耐用年数 22 年× 1.5 倍＝ 33 年➡定額法の償却率 0.031

※２　経過年数（■1 X 02. 6. 1～■3 X 12. 8. 1）10 年２月➡ 10 年

（６月以上端数切上げ、６月未満端数切捨て）

乙の分18,025,000円×■27,976,870円／■212,000,000円＝11,981,923円

❷　土地の取得費…45,000,000 円（A＋乙の分）

乙の分45,000,000円×■211,960,000円／■240,000,000円＝13,455,000円

⑶譲渡所得の計算上控除する取得費（消滅時の乙の分）

❶　配偶者居住権の取得費

①　11,981,923円

②　取得費の計算上控除する金額【配偶者…計算明細書⑩の金額】

11,981,923 円× 3 年（■3 ～■4 ３年２月）／ 12 年■3 ＝ 2,995,480 円

③　①－②＝8,986,443円

❷　敷地利用権の取得費

①　13,455,000円

②　取得費の計算上控除する金額【配偶者…計算明細書⑩の金額】

13,455,000 円× 3 年（■3 ～■4 ３年２月）／ 12 年■3 ＝ 3,363,750 円

③　①－②＝10,091,250円

❸　取得費合計❶＋❷＝ 8,968,443 円＋ 10,091,250 円＝ 19,077,693 円

⑷譲渡費用　省略

⑸譲渡益

⑴21,000,000－ {⑶＋⑷＝19,077,693} ＝1,922,307円

⑹総合長期譲渡所得金額

⑸1,922,307円－※1,922,307円＝０円

※収用等の特別控除 50,000,000 円（譲渡益を限度）（措法 33 の４）

『Aの中告』

Aの場合の建物取得費計算の考え方

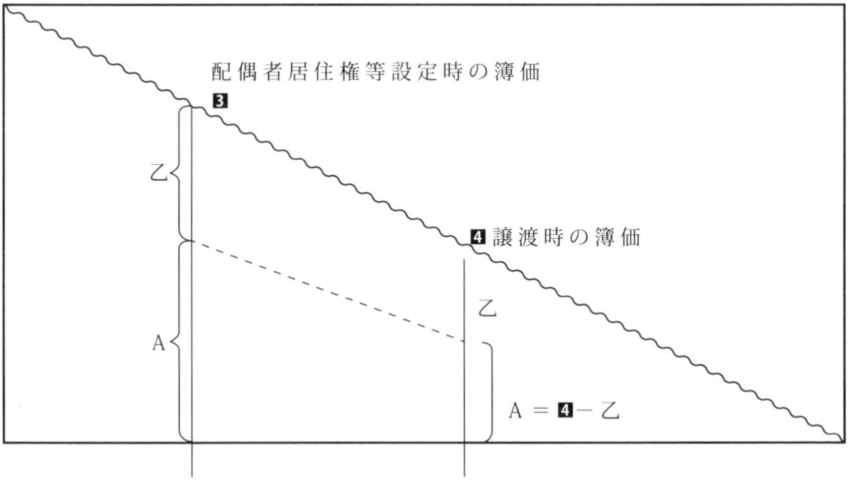

① 乙❸で計算した金額×残存年数／余命年数＝配偶者居住権の取得費

② A❹で計算した理論簿価－①＝居住建物の取得費

Aの場合の土地取得費計算の考え方

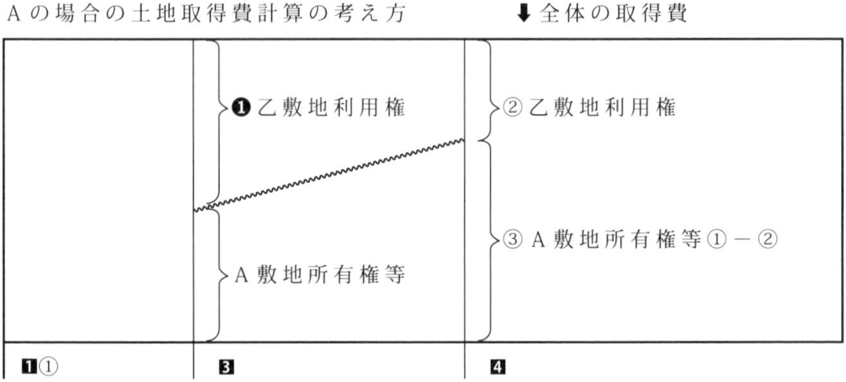

① ❶45,000,000円（A＋乙の分）

② ❸の❶×残存年数／余命年数＝敷地利用権の取得費（乙の分）

③ ①－②＝敷地所有権等の取得費（Aの分）

(1)譲渡収入金額

❶ 建物 … 5,000,000円（❹の金額）

❷ 土地 …38,000,000円（❹の金額）

❸　❶＋❷＝ 43,000,000 円

⑵配偶者居住権等を設定した時に【甲が】譲渡したとした場合の取得費

Ａの取得費の計算ではこの計算はしないことに留意

（乙の取得費の計算ではします。）

⑶譲渡所得の計算上控除する取得費（消滅時のＡの分）

❶　建物の取得費の計算

①　取得価額…25,000,000円（Ａ＋乙の分）

②　償却費相当額

25,000,000 円× 0.9 × 0.031（※１）× 13 年（※２）＝ 9,067,500 円

③　①－②＝15,932,500円

④　③－8,986,443円【乙の取得費❶】【配偶者…明細書⑪の金額】

＝ 6,946,057 円（Ａの分）

※１　木造の法定耐用年数 22 年× 1.5 倍＝ 33 年・定額法の償却率 0.031

※２　経過年数（🅼 X 02. 6. 1～🅿 X 15.10. 1）13 年４月➡ 13 年

（６月以上端数切上げ、６月未満端数切捨て）

❷　土地の取得費の計算

①　45,000,000円（Ａ＋乙の分）

②　10,091,250円（乙の取得費❷）【配偶者…明細書⑪の金額】

③　①－②＝34,908,750円

❸　取得費合計　❶＋❷＝ 41,854,807 円

⑷譲渡費用　省略

⑸譲渡益

⑴43,000,000円－｛⑶＋⑷＝41,854,807円｝＝1,145,193円

⑹分離長期譲渡所得金額

⑸1,145,193円－※1,145,193円＝０円

※収用等の特別控除 50,000,000 円（譲渡益を限度）（措法 33 の４）

Q13　居住建物の一部を（承諾を得て貸付）した場合

１Ｆの店舗で商売をして２Ｆに居住していた乙が、高齢のため廃業しようとしたら、従業員がそこで営業をさせてくれと申し出たため、居住建物の所有者の承諾を得て貸付した場合はどうなるのか教えて下さい。

A 次のように考えます。

『法務』

❶ 承諾ありで第三者に使用（使用貸借）・収益（賃貸借）させる行為

Q14をご覧下さい。所有者の承諾を得なければ、第三者に居住建物の使用若しくは収益をさせることができません。（民法1032③）。

しかし設問は承諾を得ているので何ら問題はありません。

❷ 居住建物の所有者による消滅請求

違反していませんからこの問題も発生しません。

『税務』

（所得税法）

⑴使用貸借の場合

課税関係は発生しません。

⑵賃貸借の場合

❶ 建物を所有していない乙が第三者から家賃（賃貸料）を収受する行為は従来の税務の常識からは理解できません。

❷ しかし民法上は今回の改正でそれを認めています。

❸ 国税庁は今現在公式見解を発表していません。

❹ したがって極めて私見ですが次のように考えます。

1 建物所有者Ａが家賃（賃貸料）を収受したとして通常の不動産所得の申告をします。

①不動産の収入金額

②必要経費※

※Ａの固定資産税等－（乙から収受の必要費としての固定資産税等）

2 乙の課税関係

①毎月の家賃（賃貸料）はＡからの贈与と考える。

②Ａに支払った必要費としての固定資産税等

③１年間の家賃（賃貸料）－②＝最終贈与金額

Q14　居住建物の一部を（承諾を得ないで第三者に貸付）した場合

１Ｆの店舗で商売をして２Ｆに居住していた乙が、高齢のため廃業しようとしたら、従業員がそこで営業をさせてくれと申し出たため、居住建物の所有者の承諾を得ることなく貸付した場合はどうなるのか教えて下さい。

A　次のように考えます。

『法務』

❶　承諾なしで第三者に使用（使用貸借）・収益（賃貸借）させる行為

配偶者は、居住建物の所有者の承諾を得なければ、第三者に居住建物の使用若しくは収益をさせることができません（民法1032③）。

❷　居住建物の所有者による消滅請求

配偶者が民法第1032条第３項（承諾なしの第三者に居住建物の使用若しくは収益禁止）に違反した場合において、居住建物の所有者が相当の期間を定めてその是正の催告をしたにもかかわらず、配偶者がこれに応じない場合には、居住建物の所有者は、配偶者に対する意思表示によって、配偶者居住権を消滅させることができます（民法1032④）。

『税務』

（相続税法）

上記の規定（民法1032④）に基づいてＱ１の（図表－１）③に該当した場合、下記の相続税法基本通達（配偶者居住権が合意等により消滅した場合）９―13の２の規定に抵触します。

『配偶者居住権が、…民法第1032条第４項（(建物所有者による消滅の意思表示)）の規定により消滅した場合において、当該建物の所有者又は当該建物の敷地の用に供される土地の所有者が、対価を支払わなかったとき、又は著しく低い価額の対価を支払ったときは、原則として、当該建物等所有者が、その消滅直前に、当該配偶者が有していた当該配偶者居住権の価額に相当する利益又は当該土地を当該配偶者居住権に基づき使用する権利の価額に相当する利益に相当する金額（対価の支払があった場合には、その価額を控除した金額）を、当該配偶者から贈与によって取得したものとして取り扱うものとする。』と規定しみなし贈与に該当し贈与税が課税されます。

Q15 居住建物の一部を（承諾を得ないで家族等に貸付）した場合

甲（夫）が死亡したときの相続人は乙（後妻。実子Ｂあり）とＡ（先妻の子）でした。遺産分割協議により乙が配偶者居住権を取得して居住建物に単独で居住していたが、高齢のため実子Ｂをその建物に同居させること（使用貸借）にしましたが、建物所有者Ａの承諾を得ない場合はどうなるのか教えて下さい。

Ａ 次のように考えます。

『法務』

❶ 承諾なしで第三者に使用（使用貸借）・収益（賃貸借）させる行為

配偶者は、居住建物の所有者の承諾を得なければ、第三者に居住建物の使用若しくは収益をさせることができません。（民法1032③)。

❷ 第三者の定義

上記の「第三者」は、原則として配偶者以外の者をいいますが、その該当性については、基本的には、使用貸借契約について類似の規律を定めた第594条第２項と同様の解釈がされることになると考えられます。

配偶者居住権は配偶者の居住を目的とする権利であるから、配偶者がその家族や家事使用人と同居することは当然に予定されており、また、これらの者は配偶者の占有補助者に過ぎず、独立の占有を有しないと考えられるため、同居させたとしても第三者に居住建物を使用収益させたことにはならないと考えられます。

したがって、配偶者がその家族や家事使用人を居住建物に住まわせて使用させるために、居住建物の所有者の承諾を得る必要はないものと考えられます。なおＱ18を参照して下さい。

【配偶者からみて『第三者』は原則、配偶者以外の者。占有補助者（同居家族等）は594②同様】

【594②借主は、貸主の承諾を得なければ、第三者に借用物の使用又は収益をさせることができない。➡第三者には占有補助者（同居家族等）は含まないというのが通説です。】

	居住建物に居住	乙左記以外居住（老人ホーム等）
第三者	第三者	第三者
家族・家事使用人	占有補助者	第三者に該当　Q18

『税務』 解説は不要です。

Q16 老人ホーム等に入所（配偶者居住権等を放棄）した場合

配偶者乙は高齢のため老人ホーム等に入所し、配偶者居住権等は一方的に放棄した場合どうなるのか教えて下さい。

A 次のように考えます。

『法務』

Q1の（図表－1）②をご覧下さい。

一方的な放棄による配偶者居住権等の消滅は当然にあります。

『税務』

(相続税法)

配偶者居住権が…配偶者による配偶者居住権の放棄により消滅した場合…原則…当該建物等所有者が、その消滅直前に、当該配偶者が有していた当該配偶者居住権の価額に相当する利益又は当該土地を当該配偶者居住権に基づき使用する権利の価額に相当する利益に相当する金額【消滅時の相続税法23条の2の法定評価額】を、当該配偶者から贈与によって取得したものとして取り扱うものとする(相基通9－13の2)。

つまりみなし贈与の規定が働き贈与税が課税されます。

Q17 老人ホーム等に入所（承諾を得て貸付）した場合

乙は高齢のため老人ホーム等に入所しようとしたら、知り合いが貸してくれと申し出たため、居住建物の所有者の承諾を得て貸付した場合はどうなるのか教えて下さい。

A 次のように考えます。

『法務』 Q 13と同じです。

『税務』 Q 13と同じです。

Q18 老人ホーム等に入所（承諾を得ないで貸付）した場合

乙は高齢のため老人ホーム等に入所しようとしたら、知り合いが貸してくれと申し出たため、居住建物の所有者の承諾を得ることなく貸付した場合はどうなるのか教えて下さい。

A 次のように考えます。

『法務』 Q 14と同じです。

Q15の占有補助者だった家族も、乙が老人ホーム等に入所した後は第三者になり違法状態になると思われます。

『税務』 Q 14と同じです。

Q19　存続期間が満了した場合

遺産分割協議で配偶者居住権の存続期間を10年と定めましたがあと１年で期間満了となります。更新等はできないのでしょうか、教えて下さい。

A　次のように考えます。

『法務』

❶　延長・更新の不可

配偶者居住権の存続期間は、別段の定めがない場合には配偶者が死亡する時までであるが、配偶者居住権を設定する遺産分割の協議や審判において、又は遺贈等をするに際して存続期間を定めることもできるものとされています（民法1030ただし書）。

配偶者居住権の存続期間が定められたときは、存続期間が満了した時に配偶者居住権は当然に消滅します（民法1036において準用する597①）。

したがって配偶者居住権の存続期間が定められた場合には、その延長や更新をすることはできません。

❷　理由

配偶者居住権は配偶者がその居住建物を無償で使用することができる権利であるから、その財産評価額は、基本的には、配偶者居住権の存続期間が長くなるに従って多額になると考えられるが、配偶者居住権の存続期間の延長や更新を認めることとすると、配偶者居住権の財産評価を適切に行うことが困難になるためである。

❸　実務の対応

もっとも、存続期間満了時に、当事者間で

■1改めて使用貸借契約（配偶者居住権等取得と同様の効果あり）

■2賃貸借契約を締結する

ことは可能です。

❹　居住建物が老朽化したことにより居住建物を建て替えた場合はどうなるのか

条文上検討してみます。

『その居住していた建物（以下この節において「居住建物」という。）の全部について無償で使用及び収益をする権利（以下この章において「配偶者居住権」という。）を取得する。（民法1028①）』と規定しています。

甲説　その（相続開始時）居住建物とありますから別の建物には配偶者居住権は及ばない。

乙説　建替え後の建物にも配偶者居住権は及ぶ。

※Q 22をご覧下さい。建物が災害等で全部滅失等した場合、配偶者居住権は消滅するとあります。

また高齢の配偶者の保護という目的により創設された制度ですが、建て替えた建物まで権利が及ぶとするのは行き過ぎのように思われます。

建て替えた建物に対しては上記❸の❶❷で対応することはできます。

したがって個人的見解ですが甲説が正しいと思われます。

『税務』

（相続税法）

❶　Q１の（図表－１）⑤に該当し、贈与税の課税はありません。

参考法令等（注）民法第1036条《使用貸借及び賃貸借の規定の準用》において準用する同法第597条第１項《期間満了による使用貸借の終了》の規定により配偶者居住権が消滅した場合には、上記の取り扱い【みなし贈与規定】はないことに留意する（相基通９－13の２（注））。

❷　**『法務』**の❸実務の対応をした場合

❶使用貸借契約締結➡新たな課税関係は発生しません。

❷賃貸借契約締結➡新たな課税関係は発生しません。

Q20　配偶者が死亡した場合

遺産分割協議で配偶者居住権の存続期間を定めませんでした（又は終身と定めました）が、今回その配偶者に相続が開始しましたがどうなるのか教えて下さい。

A　次のように考えます。

『法務』

配偶者居住権は、配偶者の一身専属権ですから消滅します。

『税務』

（相続税法）

Ｑ１の（図表－１）⑥に該当し、相続税の課税はありません。

参考法令等（注）民法第1036条（(使用貸借及び賃貸借の規定の準用)）において準用する同法第597条第３項（(借主の死亡による使用貸借の終了)）の規定により配偶者居住権が消滅した場合には、上記の取り扱い【みなし相続の規定】はないことに留意する（相基通９－13の２（注))。

Q21　存続期間満了前に配偶者が死亡した場合

遺産分割協議で配偶者居住権の存続期間を10年と定めましたが、８年目に死亡してしまった場合はどうなるのか教えて下さい。

Ａ　次のように考えます。

『法務』

❶　配偶者居住権の存続期間

🅘存続期間を終身と定めた場合➡終身

🅙存続期間を定めていない場合➡終身（民法1030本文）

🅚存続期間を終身以外の期間と定めた場合

➡その期間（民法1030ただし書き）※終身を上限とします。

❷　配偶者居住権は、配偶者乙の一身専属権

存続期間の途中で死亡でも乙の一身専属権ですから消滅します。

『税務』

（相続税法）

❶　Ｑ１の（図表－１）⑥に該当し、相続税の課税はありません。

参考法令等（注）民法第1036条（(使用貸借及び賃貸借の規定の準用)）において準用する同法第597条第３項（(借主の死亡による使用貸借の終了)）の規定により配偶者居住権が消滅した場合には、上記の取り扱い

【みなし相続の規定】はないことに留意する（相基通９－13の２（注))。

❷　『法務』❶の🅚の場合の留意事項（第３章　Ｑ６参照）

配偶者居住権が設定された時から配偶者居住権の存続期間満了の日までの年数

（設定された時における配偶者の平均余命を上限とします。）

平均余命が例えば３年なのに30年の存続期間を設定した場合、それを認めると配偶者居住権及びその敷地利用権が異常に高額となり３年後に相続が開始した場合に消滅し租税回避行為に利用されるからです。

Q22 居住建物の全部滅失等

配偶者居住権を設定した居住建物が災害で全部滅失等してしまったらどうなるのか教えて下さい。

A 次のように考えます。

『法務』

❶ 賃借物の全部滅失等による賃貸借の終了の準用

配偶者居住権を設定した居住建物が災害で全部滅失等した場合は、

民法第616条の２（(賃借物の全部滅失等による賃貸借の終了)）の規定は、配偶者居住権について準用します（民法1036）。

❷ 賃借物の全部が滅失その他の事由により使用及び収益をすることができなくなった場合には、賃貸借は、これによって終了します（民法 616 の２）。

『税務』

（相続税法）

Ｑ１の（図表－１）④に該当し、相続税の課税はありません。

配偶者居住権が合意等により消滅した場合（相基通９—13 の２）

配偶者居住権が…配偶者による配偶者居住権の放棄により消滅した場合…原則として、当該建物等所有者が、その消滅直前に、当該配偶者が有していた当該配偶者居住権の価額に相当する利益又は当該土地を当該配偶者居住権に基づき使用する権利の価額に相当する利益に相当する金額を、当該配偶者から贈与によって取得したものとして取り扱うものとする。

（注）民法第1036条（(使用貸借及び賃貸借の規定の準用)）において準用する同法第597条第１項及び第３項（(期間満了及び借主の死亡による使用貸借の終了)）並びに第616条の２（(賃借物の全部滅失等による賃貸借の終了)）の規定により配偶者居住権が消滅した場合には、上記の取り扱いはないことに留意する。

第５章

配偶者居住権等と小規模宅地等の減額特例との税務

※小規模宅地等の減額特例の詳細は本書の姉妹版
著者　高橋安志「Q＆A　小規模宅地特例の活用　令和元年度税制改正対応版」（ぎょうせい）をご覧下さい。

第１節　小規模宅地等の特例の解説

Q 1　相続税に関する各税法（通達等含む）間の全体像

相続税法・租税特別措置法・財産評価基本通達・情報等という言葉をよく聞きますが、その相互の関連について概要を教えて下さい。

A　下記のような関係になっています。

「相続税法」という法律で、相続又は遺贈によって財産を取得したときに相続税を課税します。そしてその財産の価額は取得時の時価で評価することになっています（相法22）。

また、「財産評価基本通達・情報等」は、相続税法22条（時価）の法令解釈通達としての位置づけです（税務調査省略基準とも俗称されています。）。配偶者居住権等は別段の定めです（相法23の２）。

それ以上のものでも、それ以下のものでもありません。

しかし、「租税特別措置法69の４」は相続税の課税価格の計算の特例で、評価ではありません。時価で評価した価額を政策的見地により減額できるのです。

（図表－１）　相法22等（時価）（国語的）⇩（時価の法令解釈通達）

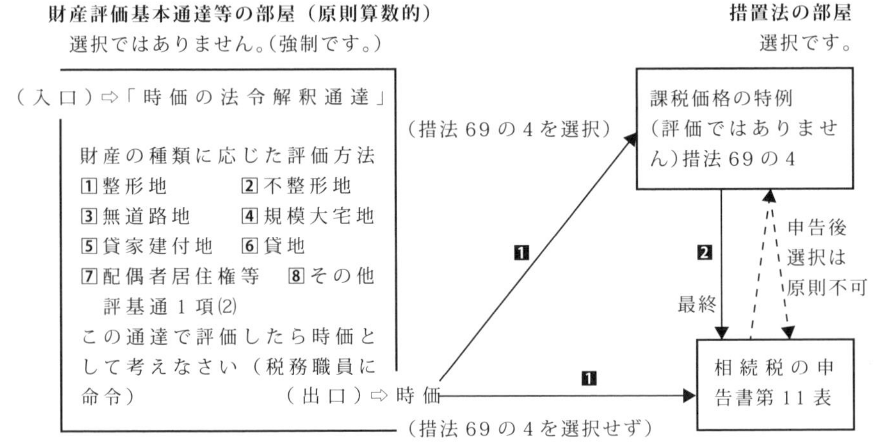

Q２　相続税における小規模宅地等の特例の概要

相続税における小規模宅地等の特例の概要を教えて下さい。

A　小規模宅地等の特例とは、被相続人「死亡した方」の親族が相続又は遺贈（死因贈与を含みます。以下「**相続等**」といいます。）により取得した財産のうちに、次の⑴に該当する**宅地等（土地及び土地の上に存する権利を含みます**。以下「**特例対象宅地等**」といいます。）がある場合には、被相続人から相続等により財産を取得した者のすべての特例対象宅地等のうち、その親族がこの特例の適用を受けるものとして選択したもの（以下「**選択特例対象宅地等**」といいます。）については、限度面積までの部分（以下「**小規模宅地等**」といいます。）に限り、小規模宅地等の特例を適用しないで評価した価額から、次に掲げる区分に応じ、その価額にそれぞれ⑷に掲げる割合を乗じて計算した金額を減額した金額をもって、その者の相続税の課税価格に算入する制度です。

「宅地等」「特例対象宅地等」「選択特例対象宅地等」「小規模宅地等」の関係

（図表－２）

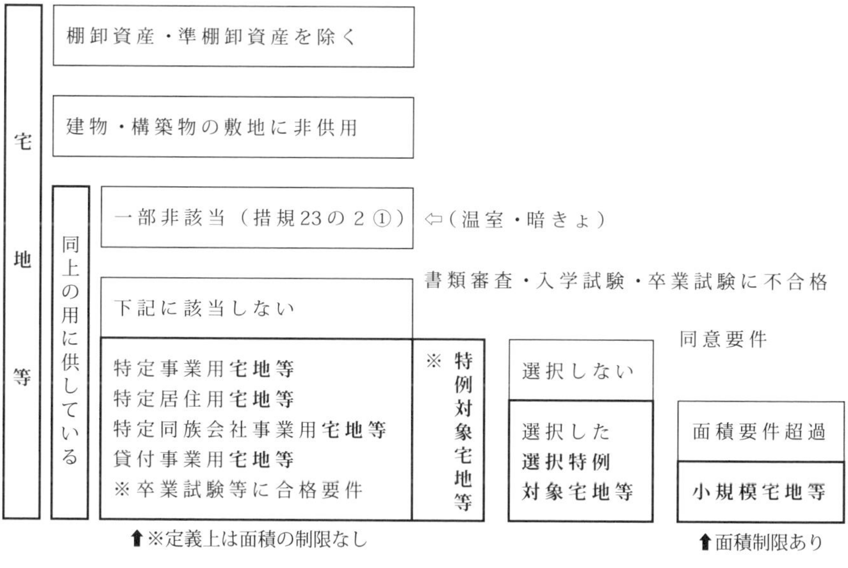

⑴特例の対象となる宅地等

[1]　■1 特定事業用宅地等である小規模宅地等（「Ａ１」と表現）
（一定の郵便局舎敷地を含みます。）（「ａ２」と表現）
　■2 特定居住用宅地等である小規模宅地等（「Ｂ」と表現）
　■3 特定同族会社事業用宅地等である小規模宅地等（「Ａ２」と表現）
[2]　貸付事業用宅地等である小規模宅地等（「Ｃ」と表現）

被相続人等に対する審査　❶１次審査（**書類審査**）と、取得者に対する審査❷２次審査（**入学試験**）と❸３次審査（**卒業試験**）があり、原則としてすべての審査を合格すると小規模宅地等の特例を適用できます。

特例対象宅地等を複数が取得した場合は、その者全員の同意要件もあります。

（図表－３）

<table>
<tr><td colspan="6">❶被相続人等の事業用又は居住用の宅地等（土地又は土地の上に存する権利をいう）</td></tr>
<tr><td colspan="5">❶建物又は構築物の敷地の用に供されている一定のもの</td><td>対象外宅地等</td></tr>
<tr><td colspan="3">❷❸Ａ＝特定事業用等宅地等（400㎡）</td><td rowspan="3">❷❸Ｂ＝特定居住用宅地等（330㎡）</td><td rowspan="3">❷❸Ｃ＝貸付事業用宅地等（200㎡）</td><td rowspan="3">Ｄと表現
建物又は構築物の敷地の用に供されていても該当する場合あり</td></tr>
<tr><td colspan="2">Ａ１＝特定事業用宅地等</td><td rowspan="2">Ａ２＝特定同族会社事業用宅地等</td></tr>
<tr><td>ａ１＝特定事業用宅地等</td><td>ａ２＝郵便局舎宅地等</td></tr>
</table>

⑵小規模宅地等の特例の考え方

相続税法という法律で、相続が開始したら純遺産額が一定金額（600万円×法定相続人数＋3,000万円）超の場合に原則として相続税が課税されます。

そして相続税法第22条では、「…相続、遺贈…により取得した財産の価額は、当該財産の取得の時における時価により、当該財産の価額から控除すべき債務の金額は、その時の現況による。」と規定し、相続開始時の時価で課税することになっています。

詳細はＱ１を参照して下さい。

しかし事業用（一般の事業・貸付事業等）の宅地等や居住用の宅地等を時価で評価し相続税を課税した場合、相続税を支払うために宅地等を売却しなければならない場合も想定され、納税者の生活が困窮することもありますから、特例として相続税の申告期限までに納税者が特例適用を選択申告した場合には一定面積まで一定割合を減額できるという制度です。

申告書を税務署に提出した後に小規模宅地等の特例を適用したり、選択変更は原則としてできませんので慎重に選択して下さい。

⑶特例判定の３つの手順

（理解のため便宜上下記の俗称を今後使用します。）

（図表－４）

相続開始→		申告期限１０月→
❶「書類審査」→	←❷「入学試験」	❸「卒業試験」→
被相続人等審査	相続財産の取得者審査	

以上の３つの審査を全て合格した場合だけ「小規模宅地等の特例」適用ができます（配偶者が取得した「特定居住用宅地等」には、卒業試験がありません）。

合格者が複数ある場合はそれら全員の適用限度面積の同意要件があります。

「書類審査」の段階で該当しない場合は当然に「入学試験」も「卒業試験」も受けることはできません。つまり「小規模宅地等の特例」の適用ができません。

（図表－５）

著　者 の俗称	書類審査➡入学試験➡卒業試験 …更に分割要件と適用可能宅地等取得者全員の同意要件必要
❶第１次 **書類審査**	**相続開始直前要件**⇨被相続人又は生計を一の親族（被相続人等という）が生前に宅地等を事業用・居住用に使用していたかの審査
❷第２次 **入学試験**	**相続開始直後要件**⇨誰が相続又は遺贈で取得したか（被相続人の親族『民法７２５』に限定）
❸第３次 **卒業試験**	**相続税申告期限時点要件**⇨原則として、申告期限まで事業・居住若しくは保有継続要件を充足したか

前記⑶**（措法 69 の４第１項と３項の定義関係）の詳細表**

※法＝措法 69 の４　令＝措令 40 の２

　規＝措規23の２　通＝措通69の４関係

（図表－6）

措法69の4第1項（書類審査）相続開始直前要件⇨被相続人等（生計一親族含む）の審査	措法69の4第3項（取得者の審査）（入学試験） ・相続開始時点	分割&同意要件も（卒業試験） 申告期限時点継続要件⇨原則2の要件
❶事業用を定義 令①に定義を委任	**特定事業用宅地等**を定義（一号イ・ロ）（郵便局舎用地含む）（郵民法180）	事業&保有 →5年証明要
	特定同族会社事業用宅地等を定義（三号） ※同族会社の判定は**直前要件のみ**	法人の事業&取得者保有 ※賃料無関係
	貸付事業用宅地等を定義（四号イ・ロ）	事業&保有
❷居住用を定義 ・老人ホーム等は令②③に定義委任 ・完全分離型二世帯住宅等は令④に定義を委任 **（被相続人の居住の用に供されていた一棟の建物（区分所有の登記がある場合を除く。）の場合、親族の居住用部分を含む）**	**特定居住用宅地等**を定義（二号）	
	柱書（配偶者）	要件なし
	イ（同居・拡大同居・直前要件）令⑩ ※同一家屋に居住【同居】、 ※一棟建物の別の独立部分（家屋）に居住【別居】「**拡大同居**」	居住&保有
	ロ　柱書とイの同居法定相続人に劣後 ※**一家屋基準**＝「同居」通69の4－21	保有 （家なき子）
	ハ（生計一親族）	居住&保有

⑷小規模宅地等の減額割合

❶「A」・「B」 …………………………………………………………… 80%

❷「C」 ………………………………………………………………………… 50%

上記の関係を図示すると次のとおりです。

（図表－7）

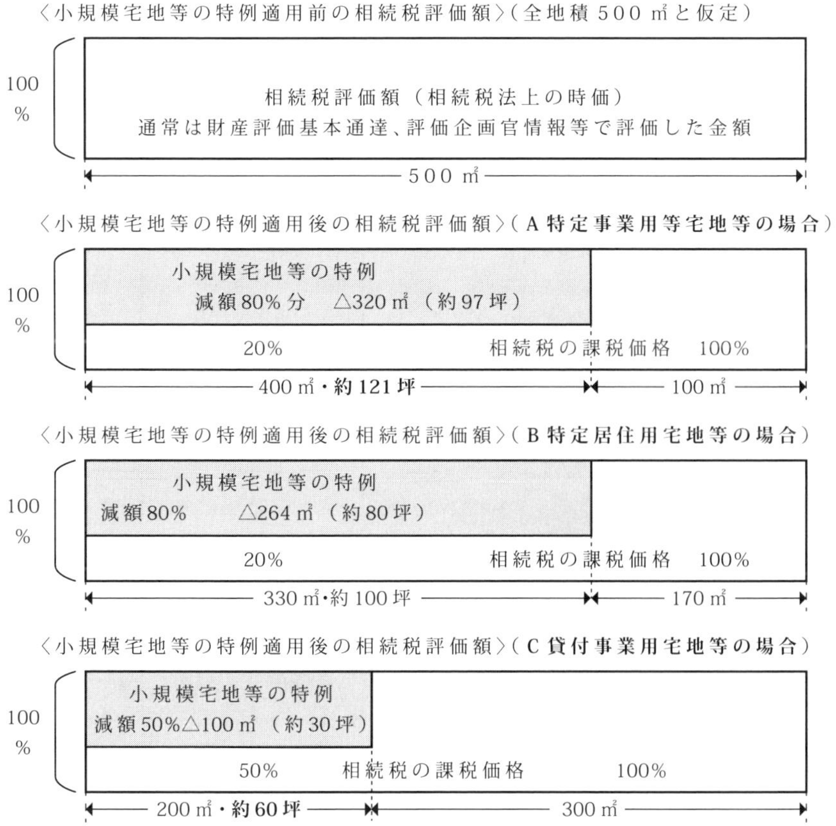
〈小規模宅地等の特例適用前の相続税評価額〉（全地積 500 ㎡と仮定）
100 %
相続税評価額（相続税法上の時価）
通常は財産評価基本通達、評価企画官情報等で評価した金額
500 ㎡
〈小規模宅地等の特例適用後の相続税評価額〉（A 特定事業用等宅地等の場合）
100 %
小規模宅地等の特例
減額 80% 分　△320 ㎡（約 97 坪）
20%
相続税の課税価格　100%
400 ㎡・約 121 坪
100 ㎡
〈小規模宅地等の特例適用後の相続税評価額〉（B 特定居住用宅地等の場合）
100 %
小規模宅地等の特例
減額 80%　△264 ㎡（約 80 坪）
20%
相続税の課税価格　100%
330 ㎡・約 100 坪
170 ㎡
〈小規模宅地等の特例適用後の相続税評価額〉（C 貸付事業用宅地等の場合）
100 %
小規模宅地等の特例
減額 50%△100 ㎡（約 30 坪）
50%
相続税の課税価格
100%
200 ㎡・約 60 坪
300 ㎡

Q3 80（50）％減額となる宅地等の概要（一覧表）

80（50）％減額となる宅地等の概要を一覧表で説明して下さい。

A 次の表のように区分できます。

（図表－8）小規模宅地等の特例の全体像の図解

❶ 書類審査 措法69の4①		❷ 入学試験 措法69の4③	❸10ケ月 卒業試験 措法69の4③	親族のみ適用可能 該当宅地等取得者（未分割含む）全員の同意必要（措令40の2⑤三号）		入学試験&卒業試験の根拠条文詳細 措法69の4③
被相続人等の要件		（取得者の要件） 相続開始時	申告期限時	上限面積	軽減割合	★非該当時の別適用可否
被相続人等の事業用／収入要件		A1　一般事業用 イ・被相続人の当該事業継続 ロ・生計一親族自己事業継続	事業&保有継続	400㎡	80%	一号／イ・ロ
			1つでも非継続	**対象外**	**対象外**	★なし
	不動産貸付事業等	A2　特定同族会社事業用 ※1	事業&保有継続	400㎡	80%	三号
			1つでも非継続	**対象外**	**対象外**	★C可能性
		郵便局舎用　特別（郵民法180①）→	総務大臣の証明	400㎡	80%	一号とみなす
		郵便局舎用　総務大臣の証明（相続開始後5年間借受ける旨）がない場合	貸付&保有継続	200㎡	50%	四号／イ・ロ
			1つでも非継続	**対象外**	**対象外**	★なし
		C　上記以外 イ・被相続人の当該事業継続 ロ・生計一親族の事業継続	貸付&保有継続	200㎡	50%	四号／イ・ロ
			1つでも非継続	**対象外**	**対象外**	★なし
被相続人等の居住用		B　配偶者以外の同居又は区分登記なし一棟の建物に別居（拡大同居）親族・生計一親族　※2	居住&保有継続	330㎡	80%	二号／イ・ハ
			1つでも非継続	**対象外**	**対象外**	★なし
		B　家なき子（3年以内国内にある一定関係者所有の家屋等に非居住要件）※3	保有継続のみ有	330㎡	80%	二号／ロ
			上記を非継続	**対象外**	**対象外**	★なし
		B　配偶者	賃貸&売却可	330㎡	80%	二号／柱書き

小規模宅地特例の解説におけるＡは下記の意味で定義していますので第１章のＡ（乙以外の相続人等）とは異なることをご留意下さい。

Ａ１＝特定事業用宅地等　Ａ２＝特定同族会社事業用宅地等

Ａ　＝特定事業用等宅地等＝Ａ１＋Ａ２

Ａ１とＣには３年縛りがあります（相続開始前３年以内に新たに事業の用に供した【相続・遺贈による取得は含まれない。措令40の２⑨⑳】宅地等を除く規定）。

被相続人等＝被相続人又は被相続人と生計を一の親族をいいます。

実務上は同居ほぼ生計一、別居ほぼ生計別です。

※１「特定同族会社事業用」というのは、同族会社が一般の事業を行っている場合を指し、不動産貸付業等を行っている場合は「上記以外」に該当します。

※２　同居親族は平成26年１月１日から【同居又は拡大同居親族】となりました。
　一棟の建物（区分所有登記していないことが要件）に同居（同じ家屋）していても、別居（別の家屋）していても平成26年からはＯＫになりました。

※３　被相続人には配偶者も、同じ家屋（建物ではありません）に居住（同居）していた法定相続人【私的見解ながら親族本人は含まない。】もいないことが要件

例　父１Ｆの家屋に居住・長男Ａ２Ｆの家屋に居住（１Ｆ＆２Ｆ＝一棟の建物）

（図表－９）

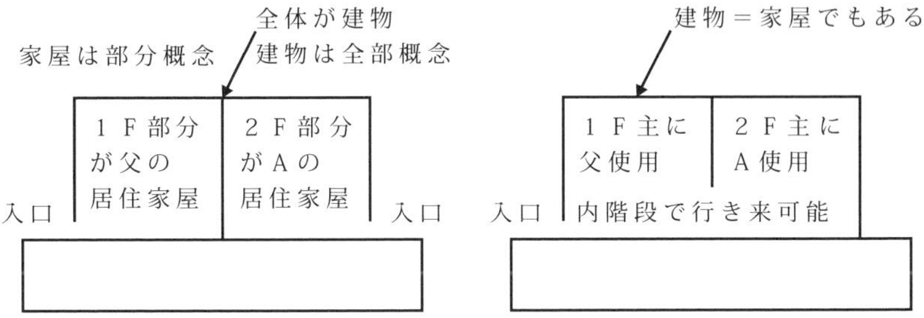

Q４　配偶者の居住の権利関係とＱ３の関係の概要

配偶者の居住の権利関係とＱ３の関係の概要を教えて下さい。

A　次の表のように区分できます。

※下記以外の要件は具備しているものとします。
各種のケースが考えられますがシンプルな例を想定しています。
各種のケースは、第２節で詳解します。

（図表－10）

１Ｆ店舗　２Ｆ居住の敷地（１Ｆ　Ａ１＝特定事業用宅地等）

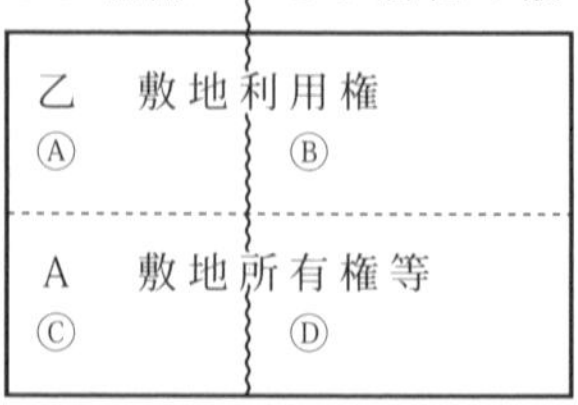

ケース１
・１Ｆで甲が一般事業を経営
・２Ｆで甲乙居住。A（甲の長男）は別居
・乙が配偶者居住権（＆敷地利用権）を取得
・Aが敷地所有権等（＆建物）を取得
❶乙が事業を承継した場合
❷Aが事業を承継した場合

１Ｆ店舗　２Ｆ居住の敷地（１Ｆ　Ａ２＝特定同族会社事業用宅地等）

ケース２
・１Ｆを自分の会社（店舗一般事業）に賃貸
・２Ｆで甲乙居住していた。Aは別居
・乙が配偶者居住権（＆敷地利用権）を取得
・Aが敷地所有権等（＆建物）を取得

１Ｆ店舗　２Ｆ居住の敷地（１Ｆ　Ｃ＝貸付事業用宅地等）

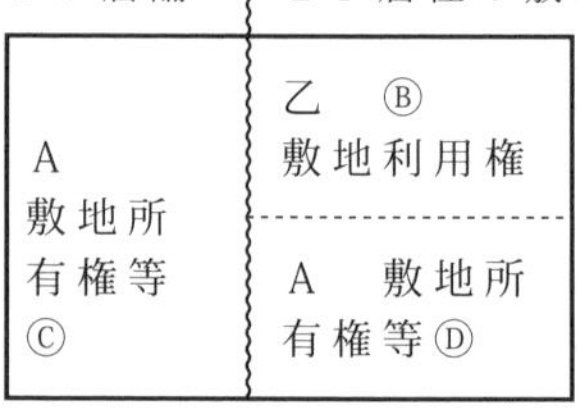

ケース３
・１Ｆを第三者（貸店舗）に賃貸していた
・２Ｆで甲乙居住していた。Aは別居
・乙が配偶者居住権（＆敷地利用権）を取得
・Aが敷地所有権等（＆建物）を取得

（図表－11）小規模宅地等の特例適用の可否

	乙（配偶者）が取得した敷地利用権への適用	Ａ（乙以外）が取得した敷地所有権等への適用
Ａ１ 特定事業用宅地等	ケース１の❶の１Ｆ 甲が店舗併用住宅の店舗部分で経営していた事業を❶乙が承継➡Ⓐ適用可	ケース１の❷の１Ｆ 甲が店舗併用住宅の店舗部分で経営していた事業を❷Ａが承継➡Ⓒ適用可
Ａ２ 特定同族会社事業用宅地等	ケース２の１Ｆ 甲が同族会社から賃貸料を収受しているため敷地利用権自体取得不可です	ケース２の１Ｆ Ａが取得した居住建物の敷地ⒸⒹのうち ➡Ⓒ適用可
Ｃ 貸付事業用宅地等	ケース３の１Ｆ 甲が賃貸料を収受しているため敷地利用権自体取得不可です	ケース３の１Ｆ Ａが取得した居住建物の敷地ⒸⒹのうち ➡Ⓒ適用可
Ｂ 特定居住用宅地等	ケース１のⒶ適用不可 ケース１のⒷ適用可 ケース２のⒷ適用可 ケース３のⒷ適用可	別建物に居住➡適用不可 ※仮に下記の場合 ・同じ家屋同居➡適用可 ・１棟の建物（区分登記なし）の別家屋➡適用可 ケース１のⒹ適用可 ケース２のⒹ適用可 ケース３のⒹ適用可

Q５ 小規模宅地特例対象宅地等と対象外宅地等

小規模宅地特例対象宅地等と対象外宅地等を図表で示して下さい。

A 次のように考えます。

（図表－12）

土地及び土地の上に存する権利（宅地等）	
小規模宅地特例対象宅地等	小規模宅地特例対象外宅地等＝Ｄ
	（相続開始直前要件）「書類審査」 [1]建物又は構築物（建物等）がない宅地等 [2]建物等があるが、未利用（収益予定なしの空室・空地）の敷地 [3]建物等があるが、使用貸借（一定親族除く）
（申告期限まで保有＆事業継続要件を満たした） [4]Ａ＝特定事業用等宅地等 Ａ１・Ａ２あり	（相続税の申告期限時点要件）「卒業試験」 [4]申告期限まで保有＆事業継続要件を満たさなかった「特定事業用等宅地等可能性宅地等」
（申告期限まで保有＆居住継続要件を満たした） [5]Ｂ＝特定居住用宅地等 （注）配偶者は全部不要、家なき子は居住継続要件不要	[5]申告期限まで保有＆居住継続要件を満たさなかった「特定居住用宅地等可能性宅地等」
（申告期限まで保有＆事業継続要件を満たした） [6]Ｃ＝貸付事業用宅地等	[6]申告期限まで保有＆事業継続要件を満たさなかった「貸付事業用宅地等可能性宅地等」

Q６ 土地の上に存する権利の概要

土地の上に存する権利の概要について教えて下さい。

A 次のように考えます。

小規模宅地等の減額特例の対象は

❶土地そのもの（所有権）❷土地の上に存する権利
の２つです。
　その土地の上に存する権利を解説します。

（図表－13）土地の上に存する権利（広義と狭義）

Ⓐ＝Ⓑ＋Ⓒ＝【広義の】土地の上に存する権利（措法69の４の対象）	
Ⓑ【狭義の】土地の上に存する権利 （措法 31,32）の対象【分離譲渡課税】となる「土地の上に存する権利」とは、「地上権、土地賃借権のような土地を直接利用することを内容とする権利及び地役権のような一定の土地の利用価値を増すための他の土地の上に支配を及ぼす権利」をいうこととされる。 （昭和 52 年２月７日東京地裁判決） 土地の上に存する権利を譲渡➡分離課税	Ⓒ左記以外 （2020 年改正税法のすべて 118 頁） 【借家権・配偶者居住権・引湯権など、土地を間接利用することを内容とする権利】 措通 31・32 共－１ ※借家権に伴う土地の上に存する権利は通常取引の対象にはならない（譲渡発生しない） （昭和 52 年２月７日東京地裁判決） 土地の上に存する権利を譲渡➡総合課税
イメージ図	

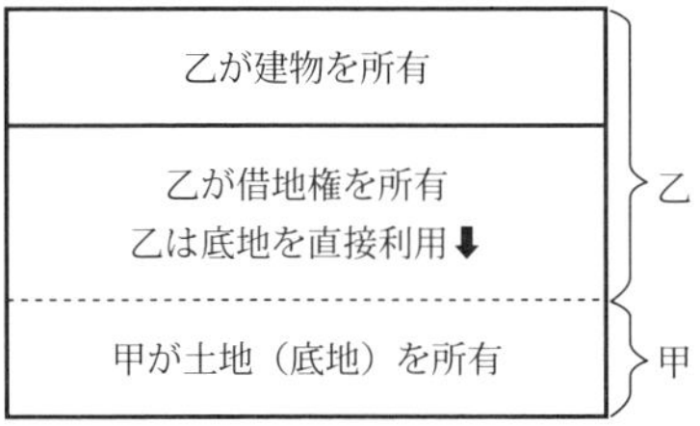

乙が建物と借地権を所有　甲が土地を所有

乙は借家権・配偶者居住権など保有

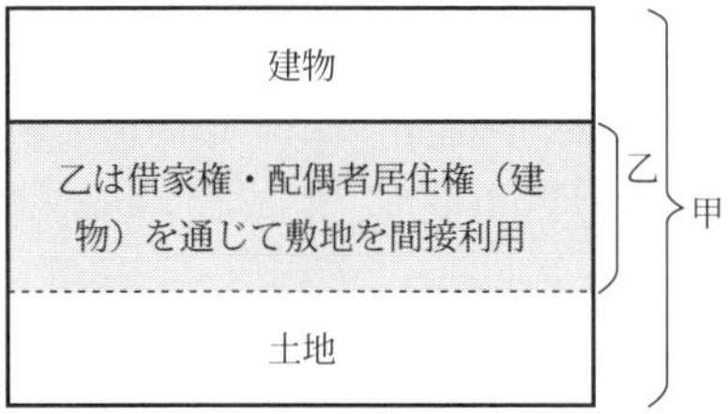

甲が建物と土地を所有

⑴2019年改正税法のすべて539頁

『配偶者居住権は、借家権類似の建物についての権利とされている【法務省の立案担当者は『賃借権類似の法定債権』】ことから、配偶者居住権自体が小規模宅地特例の対象となることはありません。

　他方、配偶者居住権に付随するその目的となっている建物の敷地を利用する権利（敷地利用権）については、【直接利用・間接利用に関係なく】「土地の上に存する権利」に該当するので、小規模宅地特例の対象となります。』と解説しています。

⑵2020年改正税法のすべて118頁

配偶者居住権が賃借権類似の法定債権の性質を有する点を踏まえれば、現行の賃借権の課税関係と同様に、総合課税の譲渡所得として課税すべきものと考えられます。

また、配偶者敷地利用権があくまで（建物に対する権利である）配偶者居住権に基づく敷地の使用権に過ぎない点を踏まえれば、配偶者敷地利用権の消滅に伴う譲渡所得の金額の計算についても、配偶者居住権と同様の内容で課税すべきものと考えられます。

（注） 土地等又は建物等に係る譲渡所得の分離課税（措法31、32）の対象となる「土地の上に存する権利」とは、「地上権、土地賃借権のような土地を直接利用することを内容とする権利及び地役権のような一定の土地の利用価値を増すための他の土地の上に支配を及ぼす権利をいうこととされる（昭和52年２月７日東京地裁判決）」ことから、配偶者敷地利用権は土地の上に存する権利には該当せず、総合課税の譲渡所得として課税すべきものと考えられます。

⑶財産評価基本通達（土地の上に存する権利の評価上の区分）９項

土地の上に存する権利の価額は、次に掲げる権利の別に評価する。

⑴地上権（民法（明治 29 年法律第 89 号）第 269 条の２《地下又は空間を目的とする地上権》第１項の地上権（以下「区分地上権」という。）及び借地借家法（平成３年法律第 90 号）第２条《定義》に規定する借地権に該当するものを除く。以下同じ。）

⑵区分地上権

⑶永小作権

⑷区分地上権に準ずる地役権（地価税法施行令第２条《借地権等の範囲》第１項に規定する地役権をいう。以下同じ。）

⑸借地権（借地借家法第 22 条《定期借地権》、第 23 条《事業用定期借地権等》、第 24 条《建物譲渡特約付借地権》及び第 25 条《一時使用目的の借地権》に規定する借地権（以下「定期借地権等」という。）に該当するものを除く。以下同じ。）

⑹定期借地権等

⑺耕作権（農地法（昭和 27 年法律第 229 号）第２条((定義))第１項に規定する農地又は採草放牧地の上に存する賃借権（同法第 18 条((農地又は採草放牧地の賃貸借の解約等の制限))第１項本文の規定の適用がある賃借権に限る。）をいう。以下同じ。）

⑻温泉権（引湯権を含む。）

⑼賃借権（⑸の借地権、⑹の定期借地権等、⑺の耕作権及び⑻の温泉権に該当するものを除く。以下同じ。）

⑽占用権（地価税法施行令第２条第２項に規定する権利をいう。以下同じ。）

以上のように規定していますが、配偶者居住権に基づく敷地利用権には言及していません。

しかし、法務省の立案担当者は『賃借権類似の法定債権』と解説していますので⑼賃借権の範疇に含まれるものと思われます。

また、ⓒの引湯権と同じく間接的に土地等を利用する権利という意味では⑻温泉権と類似するものと思われます。

Q７　借地権と共有持分との限度面積の考え方

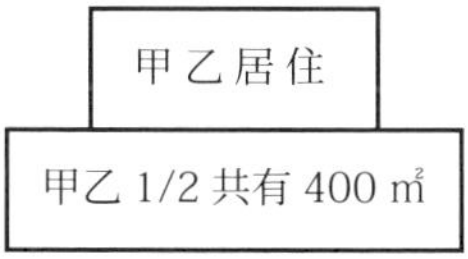

被相続人甲が、配偶者乙と１／２共有で所有していた左記の宅地等を、乙が取得した場合の小規模特例対象の限度面積について説明して下さい。

Ａ　共有で所有していたということをどのように考えるかということに最終的には帰着するのですが⑵で考えるのが妥当だと思われます。

（図表－14）

⑴換算しない考え方（横の関係で考えます。）

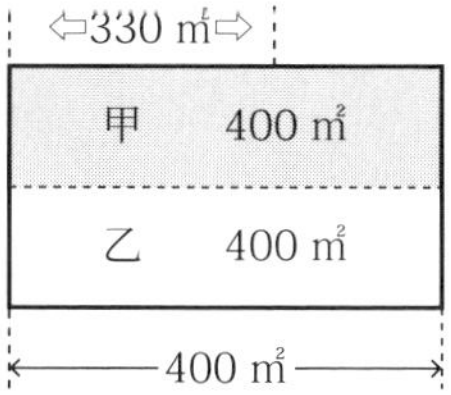

このように考えると甲は400㎡の居住用宅地等を所有していたことになり、特定居住用宅地等としては330㎡しか適用が受けられないことになり、結果として甲の持分全体の82.5％（＝330㎡／400㎡）しか特例の適用を受けられません。

国税庁は借地権や底地の場合はこの考え方です。

※借地権や底地を所有している場合は、相続対策として生前に固定資産の交換等により小規模宅地等の特例面積を増加させることもできます。

宅地等の70％借地権を所有している者が地主と固定資産の交換で400㎡×70％＝280㎡の所有権とした場合、330㎡以下ですから全部特例の適用を受けられます。

⑵換算する考え方（縦の関係で考えます。）

配偶者居住権関係もこの考え方を導入しました（措令40の2⑥）。

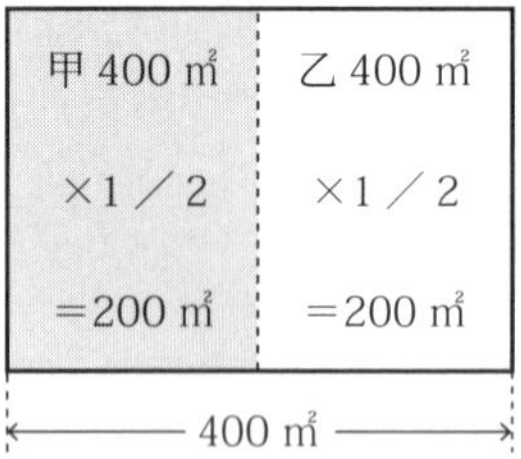

このように考えると甲は200㎡の居住用宅地等を所有していたことになり、特定居住用宅地等としては330㎡が限度面積ですので、どちらか少ない方、結果として甲の持分の全体200㎡が特例適用を受けられます。

（実質200㎡分しか所有していないと考えます。）

Q 8　Q７の具体的な計算例

Q７の具体的な計算例を教えて下さい。

A　Q２の（図表－７）の限度面積（上限面積）をご覧下さい。

❶A（A１＋A２）は400㎡

❷Bは330㎡（❶❷合計で730㎡可能です。）

❸Cは200㎡です。

※❸に一部でも適用すると下記の複雑な計算式に当てはめて限度面積計算をしなければなりません。

A × 200 ／ 400 ＋ B × 200 ／ 330 ＋ C ≦ 200㎡

⑴具体的な小規模宅地等の特例の計算例（措令40の２⑥）

（図表－15）

前提条件　地積500㎡　自用地評価100,000,000円

❶甲と宅地等の取得者Aが別居・乙は甲と同居又は拡大同居の場合

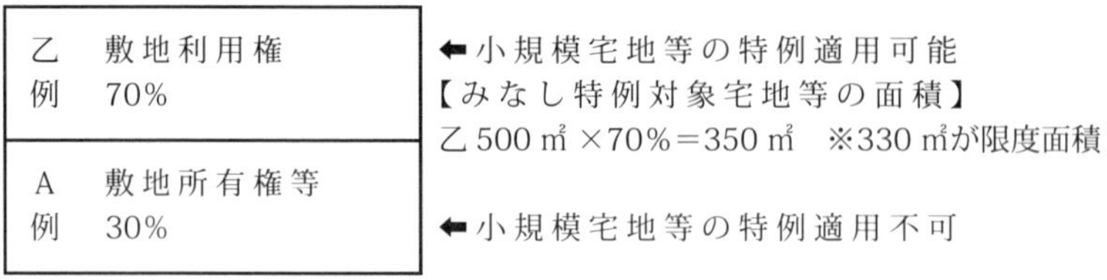

乙は500㎡の敷地利用権があるが、70%分に換算すると350㎡相当の面積とな

ります。

・100,000,000 円× 70%＝ 70,000,000 円

・70,000,000 円×限度面積 330㎡／みなし全体面積 350㎡× 80%

　＝減額52,800,000円

　A　500㎡× 30%＝ 150㎡（別居＆乙がいますから適用できません）

❷甲と乙及び宅地等の取得者Aが同居又は拡大同居の場合

乙　敷地利用権 例　60%	⬅小規模宅地等の特例適用可能
A　敷地所有権等 例　40%	⬅小規模宅地等の特例適用可能

【みなし特例対象宅地等の面積】

★共有持分的な考え方を導入

　乙【500㎡】×60%＝300㎡　　　　　A【500㎡】×40%＝200㎡

　自用地の場合　100,000,000円×330／500×80%＝52,800,000円

　乙は 300㎡　Aは同居等していましたから　200㎡受ける権利は有していますが、乙とAの同意要件があります（措令 40 の２⑤三）。

　乙とAの協議で選択できます。

❶乙から優先した場合

　乙　300㎡

　A　330㎡－ 300㎡＝ 30㎡をAに適用します。

❷Aから優先した場合

　A　200㎡

　乙　330㎡－ 200㎡＝ 130㎡を乙に適用します。

通常は❷の方が有利です。

Q 9　特定事業用宅地等の概要

　A 1の特定事業用宅地等の概要を教えて下さい。

Ａ 次の２つに区分されます。【入学試験】及び【卒業試験】の話です。

なお、ここでいう「事業」の中には、不動産貸付業等は含まれません。

⑴被相続人（甲）の事業用宅地等（措法69の４③一イ）。

❶被相続人の親族がその宅地等を相続又は遺贈により取得したもの（相続開始前三年以内【2022. 3.31までは経過措置あり】に新たに事業の用に供された宅地等（一定規模以上の事業を行っていた被相続人等のその事業の用に供されたものを除く。）を除き、一定部分に限る。⑵同じ）。

❷その親族が相続開始時から申告期限までの間に「承継までの休業可」

❸その宅地等の上で営まれていた被相続人の「同一」事業を承継し、

❹かつ申告期限まで**その事業**を継続し、

❺申告期限までその宅地等を継続保有

した場合の宅地等を「特定事業用宅地等」といいます。

（注）その親族が申告期限までに死亡した場合、その者の相続人が上記の要件を満たした場合も「特定事業用宅地等」といいます（措通69の４－15）。

⑵生計を一にしていた親族の事業用宅地等（措法69の４③一ロ）

❶事業を営んでいた被相続人の親族「生計一要件あり」が、その宅地等を相続又は遺贈により取得し、

❷その親族が相続開始直前から申告期限まで（申告期限までに死亡した場合、その死亡の日まで。❹も同じ）、「途中休業不可」

❸その宅地等の上で営まれていた自己の「同一性なし」事業を継続し、

❹申告期限までその宅地等を継続保有

した場合の宅地等を「特定事業用宅地等」といいます。

⑶その他の要件

上記⑴⑵の規定はその事業を承継（又は自己継続）する者が、事業用宅地等を取得し、２つの継続要件を満たせば特例の適用を受けられます。

Q10 特定同族会社事業用宅地等の概要

Ａ２の特定同族会社事業用宅地等の概要を教えて下さい。

Ａ 特定同族会社事業用宅地等とは、「書類審査＝被相続人等の事業（貸付事業)」に合格したもののうち、次に掲げるすべての要件に該当する

ものをいいます。

1相続開始直前から相続税の申告期限までにおいて、

2特定同族会社（相続開始の直前に被相続人及び当該被相続人の親族その他当該被相続人と措置法施行令 40 条の 2 第 16 項で定める特別の関係がある者（同族関係のある法人を含む。）が

3有する株式の総数又は出資（自己株式又は出資は除く。）の総数又は総額が当該株式又は出資に係る法人の発行済株式の総数又は出資の総額の十分の五を超える法人（申告期限において清算中の法人を除きます。）の

4事業（一般の事業をいう。）の用に供されていた宅地等であること

（注）株式若しくは出資又は発行済株式には、議決権に制限のある株式又は出資として「措置法規則23条の２第６項、７項」で定めるものは含まれません。

5その宅地等を取得した人が次の要件のすべてに該当する被相続人の親族であること

①申告期限において特定同族会社の役員であること（法人税法２条十五に該当する役員「清算人を除く」をいいます。）（株式等の取得要件はなし）

②その宅地等を申告期限まで保有、かつ当該法人の事業の用に供していること

当該は「法人」の２文字だけに係り、「法人の事業」の５文字には係りません。

事業の同一性は要求していません【貸付事業への変更は×】。

（注）相続開始後は同族法人から賃貸料（家賃・地代）を収受することは（申告期限まで必要と解説してる書籍も有りますが）条文上要件になっていません。

6上記の「相続税の申告期限」は、相続税の申告期限までにその宅地等の取得者である被相続人の親族が死亡した場合は、その死亡の日とします。

※特別の関係がある者は下記の者です。

❶被相続人と婚姻の届出をしていないが事実上婚姻関係と同様の事情にある者

❷被相続人の使用人

❸被相続人の親族及び前二号に掲げる者以外の者で被相続人から受けた金銭その他の資産によって生計を維持しているもの

❹前三号に掲げる者と生計を一にするこれらの者の親族

❺一定の法人

（図表－16）

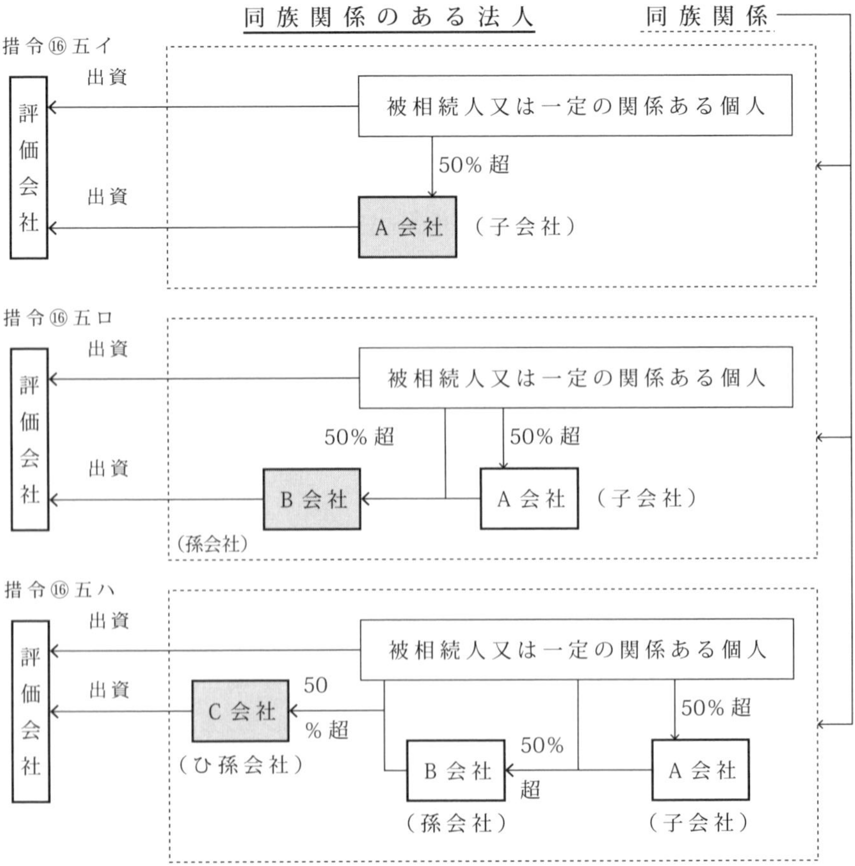

Q11 貸付事業用宅地等の概要

Cの貸付事業用宅地等の概要を教えて下さい。

A 減額割合が50％適用できる「貸付事業用宅地等」は

❶被相続人等の事業（不動産貸付業等に限る。以下「貸付事業」という。）の用に供されていた宅地等で、

❷次に掲げる要件⑴と⑵のいずれかを満たす当該被相続人の親族が

❸相続又は遺贈により取得したもの

❹特定同族会社事業用宅地等及び相続開始前３年以内に新たに貸付事業の用に供された宅地等を除く

❺上記❹…宅地等（相続開始の日まで３年を超えて引き続き【措令 40 条の２⑲】で定める貸付事業を行っていた被相続人等の当該貸付事業の用に供されたものを除きます。）【貸付事業から除くを除くから、貸付事業になるということ。】

⑴被相続人（甲）の事業用宅地等（措法69の４③四イ）

❶被相続人の親族がその宅地等を相続又は遺贈により取得し、
「特定同族会社事業用宅地等」及び「郵便局舎の事業用宅地等」に該当する場合を除きます。「承継までの休業可」）

❷その親族が相続開始時から申告期限までの間に、

❸その宅地等の上で営まれていた被相続人の貸付事業を承継し、

❹かつ申告期限までその貸付事業を継続し、「途中休業不可」

❺申告期限までその宅地等を継続保有

した場合の宅地等を「貸付事業用宅地等」といいます。

（注）その親族が申告期限までに死亡し、その者の相続人が上記の要件を満たした場合も「貸付事業用宅地等」といいます（措通69の４－15）。

⑵生計を一にしていた親族の貸付事業用宅地等（措法69の４③四ロ）

❶貸付事業を営んでいた被相続人の親族が、その宅地等を相続又は遺贈により取得し、

❷その親族が相続開始直前から申告期限まで（申告期限までに死亡した場合、その死亡の日まで。❹も同じ）、「途中休業不可」

❸その宅地等の上で営まれていた自己の貸付事業を継続し、

❹申告期限までその宅地等を継続保有

した場合を「貸付事業用宅地等」といいます。

⑶一部取得の場合

上記⑴⑵の規定はその貸付事業を承継（又は自己継続）する者が、貸付事業用宅地等を取得し、２つの継続要件を満たせば特例の適用を受けられます。

しかし、一部取得した場合、残りの貸付事業用宅地等を取得した親族が貸付事業を承継しなかった場合、又は承継したが２つの継続要件を満たさない場合はその親族は特例の適用を受けられません。以上の関係を図示すると次になります。

（図表－17）

1 被相続人（甲）の貸付事業用宅地等（措法69の4③四イ）

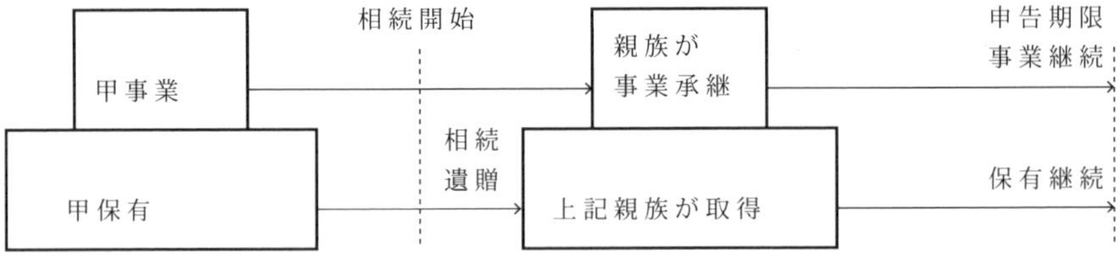

2 生計を一にしていた親族の貸付事業用宅地等（措法69の4③四ロ）

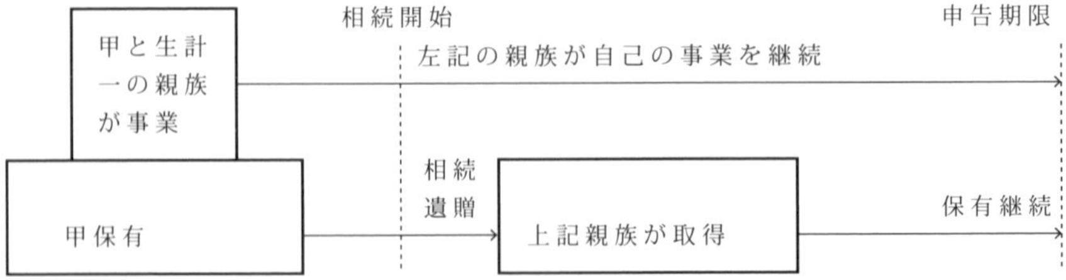

Q12 特定居住用宅地等の概要

Bの特定居住用宅地等の概要を教えて下さい。

A 減額割合が80％適用できる「特定居住用宅地等」の区分は次のとおりです。

（図表－18）

書類 審査	入学試験	申告期限 卒業試験
	❶被相続人の配偶者が取得した場合（措法69の4③二柱書） 同居・拡大同居・別居は関係なし（いつでも譲渡・賃貸可）	なし
被 相	❷被相続人の居住の用に供されていた（区分所有登記がされていない）一棟の建物（被相続人の配偶者又は【配偶者以外の】親族の居住の用に供されていた部分に限る。）に居住していたその親族（配偶者を除く。二号同じ）がその建物の敷地の用に供していた宅地等を相続税の申告期限までに取得。 （措法69の4③二イ）【同居又は拡大同居】	保有継続 居住継続

続		
人の居住用宅地等	**3**（俗称「家なき子」） ・被相続人の居住の用に供されていた宅地等を取得した親族（一定の者に限る。※１）が ・次に掲げる⑴～⑶の要件の全てを満たすこと ・（配偶者及び被相続人と同居していた法定相続人がいない場合に限定）。 ⑴相続開始前３年以内に国内にある、その親族・その親族の配偶者・その親族の３親等内の親族が所有する家屋（相続開始の直前において当該被相続人の居住の用に供されていた家屋を除く。適用可の意味）【理解のため括弧を移動した】 又は親族と特別な関係がある（一定の支配法人。※２）が所有する家屋に、居住したことがないこと。【過去も現在進行形も含む】 ⑵被相続人の相続開始時に親族が居住している家屋を相続開始前のいずれの時においても所有していたことがないこと。【過去非所有要件】【相続時所有＆居住は⑴で判定する】 ⑶相続開始時から申告期限まで引き続き当該宅地等を有していること。（措法69の４③二ロ）	⬅重要 保有継続要件のみ
生計一親族の居住用宅地等	**4**被相続人の配偶者が取得した場合 ・被相続人と生計を一の親族（❶配偶者、又は❷それ以外の親族）の居住の用に供されていた宅地等で、 ・当該被相続人の配偶者が相続又は遺贈で取得したこと（措法69の４①・③二柱書の前段）	なし
	5被相続人と生計を一の親族（配偶者以外）が取得した場合 ・相続開始前から申告期限まで継続して ・自己の居住の用に供し、 ・かつその宅地等を申告期限まで継続保有していること（措法69の４③二ハ）。	保有継続 居住継続

※１　日本国籍を有する一定の者が「家なき子」に該当（措規23の２④）。

※２　一定の法人（措令40の２⑮）。

（図表－19）下記の一号から四号のいずれかに該当する法人をいいます。

（❶～❼を「親族等」という）
❶　宅地等を取得した親族本人
❷　❶の配偶者
❸　❶の３親等内の親族
❹　❶と事実婚にある者
❺　❶の使用人
❻　❷～❺以外で❶からの援助等で生計を維持している者

❼　❹～❻までに掲げる者と生計を一にするこれらの者の配偶者又は三親等内の親族
一号　「親族等」が「発行済株式総数等（自己株式等除く）以下同じ」の50％超を有する法人「直接支配法人。A法人」　※2
二号　「親族等」及び「A法人」が他の法人の発行済株式総数等の50％超を有する場合におけるその他の法人「間接支配法人。B法人」　※2
三号　「親族等・A法人・B法人」が他の法人の発行済株式総数等の50％超を有する場合におけるその他の法人「間接支配法人。C法人」　※2
四号　親族等が役員（理事、監事、評議員その他これらの者に準ずるもの）となっている持分の定めのない法人「直接支配法人。D法人」　※2

（注）申告期限までに、その被相続人の親族が死亡した場合はその「死亡の日」まで居住継続の要件及び保有継続の要件を満たしていればよいことになります（措法69の4③一ロ括弧書き）。

以上の関係を図示すると次のようになります。

（図表－20）

❶ 被相続人（甲）の配偶者が取得した場合

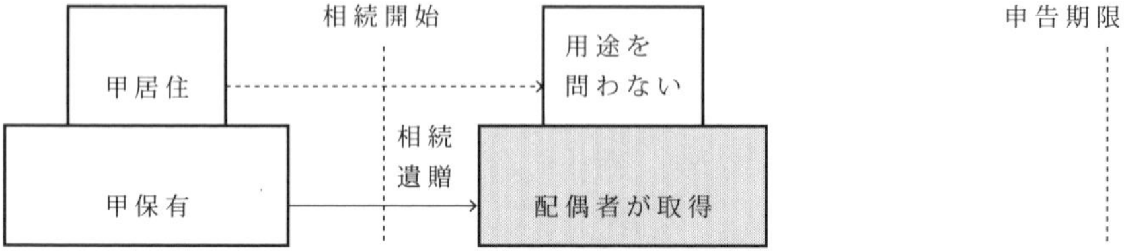

❷ 被相続人と【拡大同居】していたA（親族）が取得した場合

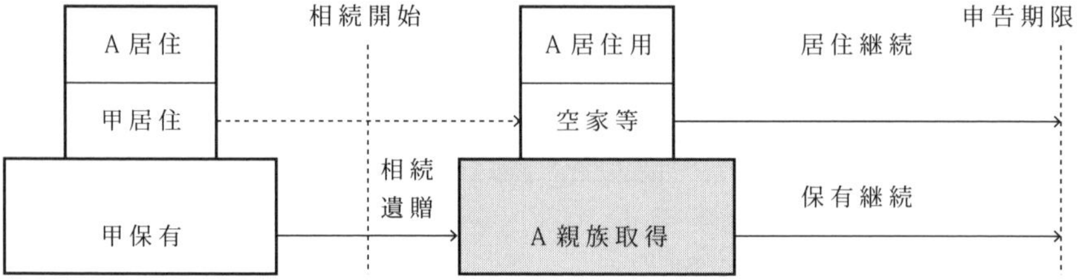

❸配偶者及び【同居】法定相続人がなく、「家なき子」が取得した場合

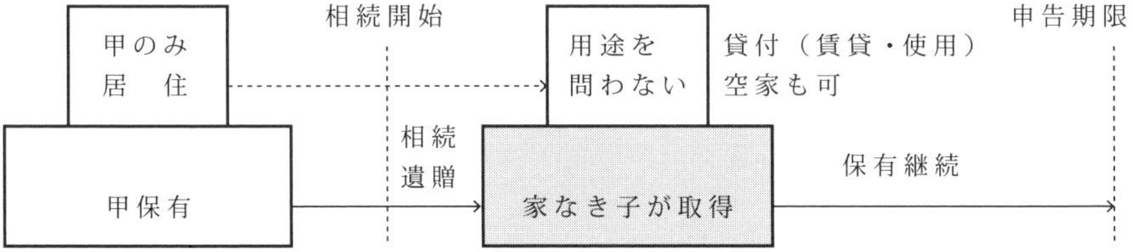

❹生計一の親族（配偶者又はそれ以外の親族）の居住用を配偶者が取得

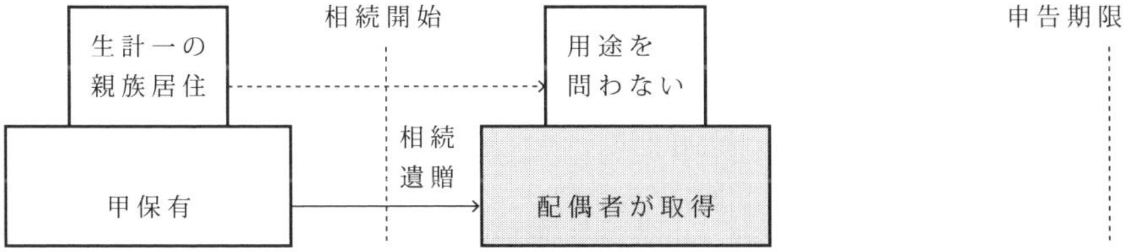

❺被相続人と生計を一にしていた（配偶者以外の）親族が取得した場合

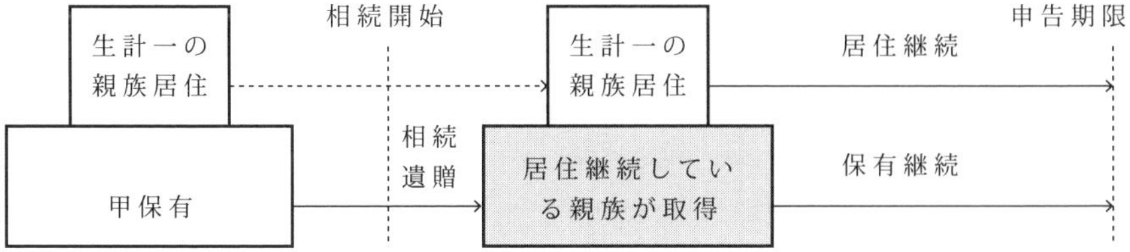

（注）上記❶～❺の場合、例えばそれぞれの要件を満たす親族が特定居住用宅地等の一部を取得し、残りの宅地等を要件を満たさない他の親族が取得しても、他の親族が取得した宅地等は「特定居住用宅地等」に該当しません。

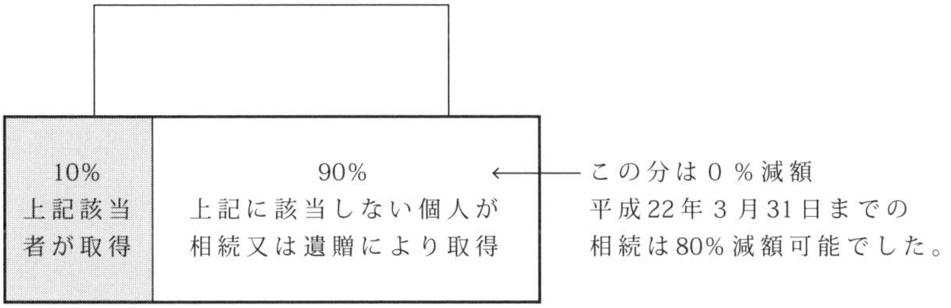

第2節　配偶者居住権と小規模宅地等の特例

前提条件（断りがある場合をのぞき、全部のQに同じです。）
甲＝被相続人　乙＝甲の配偶者（甲所有の建物に甲と居住）
A＝甲の長男（甲乙と同居）　B＝甲の二男（甲と別の建物で別居）
・下記の罫線はそれぞれ下記の意味です。

━━━━━━＝所有権
‥‥‥‥‥‥＝利用権等の区分
～～～～～～＝使用形態（居住・店舗・貸付事業）
──────＝共有

小規模宅地等の特例を受けることができる者が複数いる場合はお互いの同意要件があります（措令40の２⑤三）。

設問以外の他の小規模宅地等の対象宅地等はないと仮定しています。

特定事業用宅地等と貸付事業用宅地等の３年縛りの要件は具備しているものとします。

Q１　相続人が土地を共有で取得した場合

下図のとおり、甲は自己の所有する土地の上に建物１棟を所有し、その建物を甲、乙、Aが居住の用に供していました。

甲の相続に係る遺産分割により、乙は配偶者居住権（第１章の定義を参照して下さい。）を、Aは居住建物及び敷地所有権等（第１章の定義を参照して下さい。）の共有持分２分の１を取得し、引き続き居住の用に供しています。

また、甲と生計を別にするBは、その敷地所有権等の共有持分２分の１を相続により取得したが、自己が所有する建物に居住しています。

（図表－21）

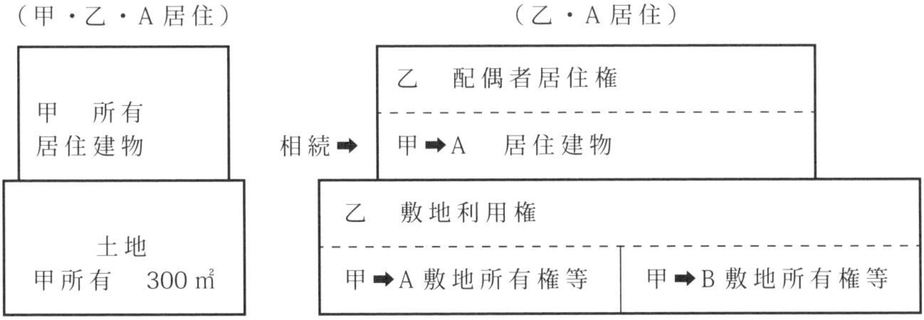

この場合、小規模宅地等の特例の適用対象となるのはどの部分ですか。配偶者居住権の設定がない場合の土地の相続税評価額　90,000,000円

・敷地利用権の相続税評価額　30,000,000円（33.33％）

・敷地所有権等の相続税評価額　60,000,000円（66.67％）

※第３章で評価した金額（以下同じです。）です。

A　次のように考えます。

⑴個人が相続等により取得した宅地等（措法69の４①）

敷地利用権及び敷地所有権等

特例の適用を受けようとする特例対象宅地等が敷地利用権又は敷地所有権等である場合におけるそれらの面積は、措置法令第40条の２第６項の規定を踏まえ、次のとおり､それらの価額に基づき計算された面積となります（以下同じ。)。【著者命名➡みなし面積計算】

❶敷地利用権の面積

300㎡（土地の面積）×30,000,000円（敷地利用権の相続税評価額）／90,000,000円（土地の相続税評価額）＝100㎡

❷敷地所有権等の面積

300㎡（土地の面積）×60,000,000円（敷地所有権等の相続税評価額）／90,000,000円（土地の相続税評価額）＝200㎡

⑵取得者ごとの特例対象宅地等の区分（措法69の４①③）

❶乙が取得した宅地等のうち特定居住用宅地等に該当する部分

敷地利用権　30,000,000円（100㎡）

❷Ａが取得した宅地等のうち特定居住用宅地等に該当する部分

200㎡（敷地所有権等の面積）×１／２（Ａの持分）＝100㎡

60,000,000円（敷地所有権等の価額）×１／２（Ａの持分）＝30,000,000円

❸Ｂが取得した居住用部分の宅地等

200㎡（敷地所有権等の面積）×１／２（Ｂの持分）＝100㎡

60,000,000円（敷地所有権等の価額）×１／２（Ｂの持分）＝30,000,000円

※Ｂが取得した敷地所有権等は特定居住用宅地等の要件を満たしていません（甲と同居していませんし、配偶者＆別の同居法定相続人がいます）から、小規模宅地等の特例の適用はありません。

⑶限度面積要件の判定等（措法69の４①②）

図の網掛け部分が対象宅地等です（以下同じです。）。

❶乙は敷地利用権 100㎡（他の要件はありません。）

❷Ａは敷地所有権等 100㎡について、他の要件（申告期限までの保有要件と居住継続要件）を満たす限り、

小規模宅地等の特例の適用を受けることができます。

限度面積330㎡以下ですから200㎡全部適用できます。

※なお前提条件の乙とＡの同意要件はあります（措令 40 の２⑤三）。

（図表－22）

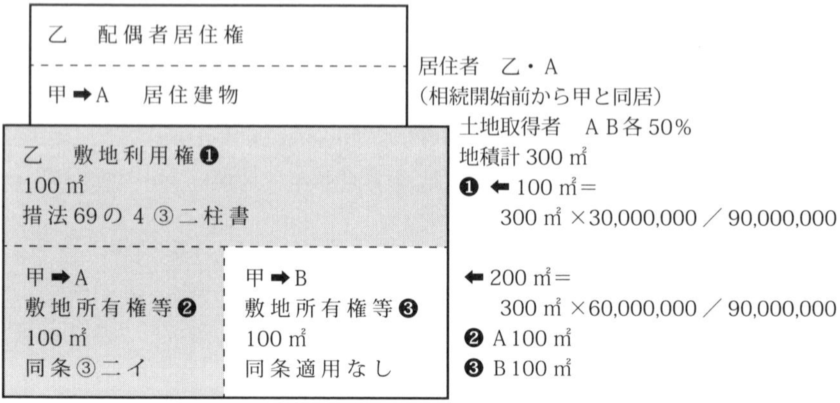

Q２　被相続人が土地を共有していた場合

下図のとおり、甲及び乙が土地及び建物を共有し、その建物を甲、乙及びAが居住の用に供していました。

甲の相続に係る遺産分割により、乙は配偶者居住権を取得し、Aは居住建物の共有持分及び敷地所有権等の共有持分を取得し、引き続き居住の用に供しています。

この場合、小規模宅地等の特例の適用対象となるのはどの部分ですか。

（図表－23）

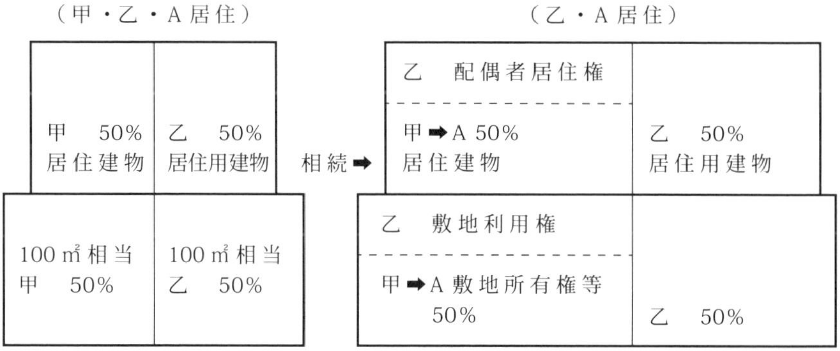

（土地の面積200㎡）

配偶者居住権の設定がない場合の土地の相続税評価額　60,000,000円

・敷地利用権の相続税評価額　　15,000,000円（25%）

・敷地所有権等の相続税評価額　45,000,000円（75%）

A　次のように考えます。

⑴個人が相続等により取得した宅地等（措法69の４①）

敷地利用権及び敷地所有権等

❶敷地利用権の面積

100㎡（甲の土地等の持分面積）×15,000,000円（敷地利用権の相続税評価額）／60,000,000円（土地等の相続税評価額）＝25㎡

❷敷地所有権等の面積

100㎡（甲の土地等の持分の面積）×45,000,000円（敷地所有権等の相続税

評価額）／60,000,000円（土地等の相続税評価額）75㎡

⑵取得者ごとの特例対象宅地等の区分等（措法69の４①③）

❶乙が取得した宅地等のうち特定居住用宅地等に該当する部分

敷地利用権　15,000,000円（25㎡）

❷Ａが取得した宅地等のうち特定居住用宅地等に該当する部分

敷地所有権等の持分　45,000,000円（75㎡）

⑶限度面積要件の判定等（措法69の４①②）

❶乙は敷地利用権 25㎡（他の要件はありません。）

❷Ａは敷地所有権等 75㎡について、他の要件（申告期限までの保有要件と居住継続要件）を満たす限り、

小規模宅地等の特例の適用を受けることができます。

限度面積330㎡以下ですから100㎡全部適用できます。

（図表－24）

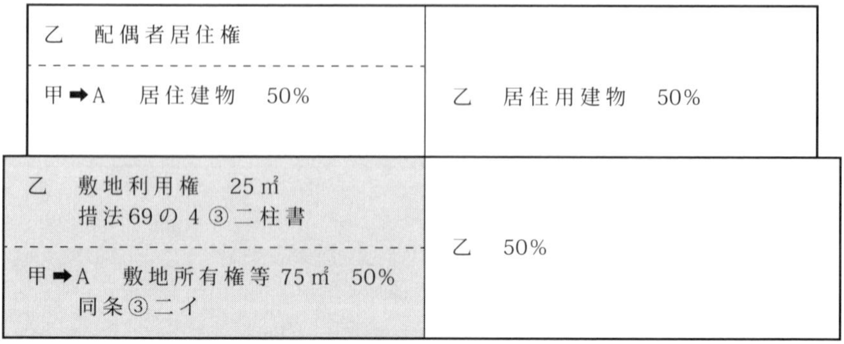

Q３　配偶者が配偶者居住権と土地の所有権を取得した場合

下図のとおり、甲は、自己の所有する土地の上に建物１棟を所有し、その建物を甲及び乙が居住の用に供していました。

甲の相続に係る遺産分割により、Ａは居住建物を取得し、乙は配偶者居住権及びその建物の敷地の用に供されている土地の所有権を取得し、引き続き居住の用に供しています（Ａは自己の所有する別の建物に居住しています）。

この場合、小規模宅地等の特例の適用対象となるのはどの部分ですか。

（図表－25）

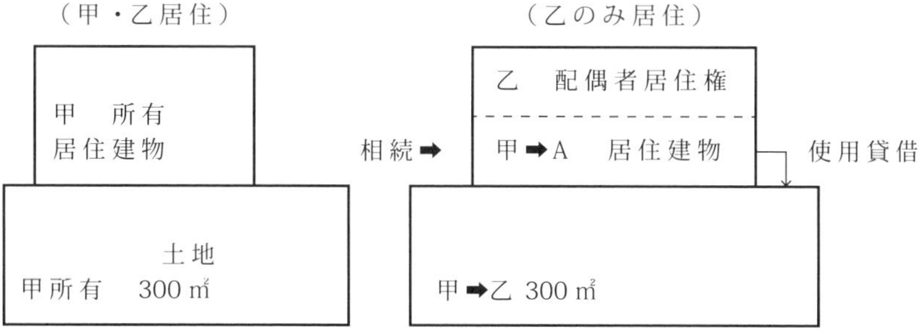

・土地の相続税評価額　40,000,000円

Ⓐ　次のように考えます。

⑴個人が相続等により取得した宅地等（措法69の４①）

土地（所有権）

乙は、土地の所有権を相続により取得していることから、特例の対象となる宅地等は（敷地利用権及び敷地所有権等ではなく）土地（300㎡）そのものとなります。

※乙は建物については、配偶者居住権に基づいて使用・収益することとなるが、その敷地については、相続により自己が所有することとなった土地の所有権に基づき使用・収益できることとなります（民法206）。

　したがって、みなし面積計算の適用はありません【調整計算は不要という意味です。】（措令40の２⑥・措通69の４－１の２）。

⑵限度面積要件の判定等（措法69の４①②）

・乙は土地所有権300㎡（他の要件はありません。）全部について限度面積330㎡以下ですから小規模宅地等の特例の適用を受けることができます。

※乙のみ取得していますから同意要件もありません（措令40の２⑤三）。

（図表－26）

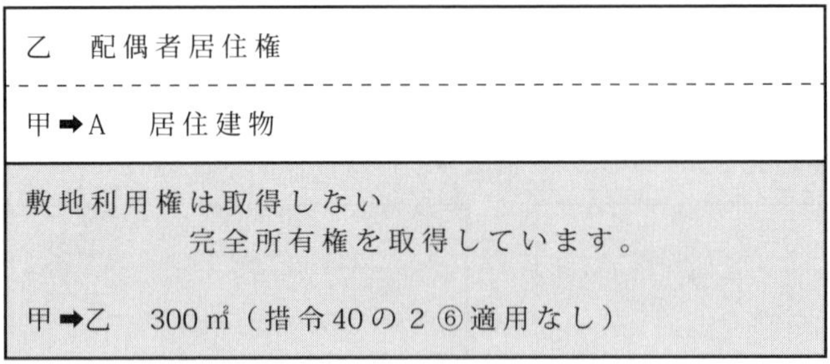

Q 4　被相続人が借地権を有していた場合

下図のとおり、甲は、自己の有する借地権の上に建物1棟を所有し、その建物を甲、乙及びAが居住の用に供していました。

甲の相続に係る遺産分割により、乙は配偶者居住権を、Aは居住建物及び借地権を取得し、引き続き居住の用に供しています。

この場合、小規模宅地等の特例の適用対象となるのはどの部分ですか。

（図表－27）

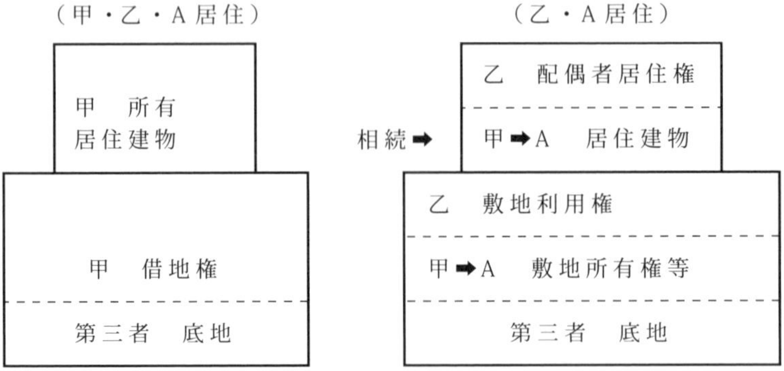

（土地の地積300㎡）（借地権割合40％）

❶配偶者居住権の設定がない場合の土地の相続税評価額　20,000,000円

❷配偶者居住権の設定がない場合の借地権の相続税評価額　8,000,000円

・（借地権）敷地利用権の相続税評価額　4,000,000円（50％）

・（借地権）敷地所有権等の相続税評価額　4,000,000円（50％）

Ａ　次のように考えます。

(1)個人が相続等により取得した宅地等（措法69の４①）

借地権に係る敷地利用権及び当該居住建物の敷地の用に供する土地を目的とする借地権（敷地所有権等）

❶借地権に係る敷地利用権の面積

300㎡（借地権の面積）×4,000,000円（敷地利用権の相続税評価額）／8,000,000円（(通常の）借地権の相続税評価額）＝150㎡

（注）300㎡×40％（借地権割合）＝120㎡という換算はしません。

※乙が配偶者居住権に基づき土地を使用する権利（敷地利用権）は、居住建物の所有者が有する敷地の利用権（本事例では借地権）に従属し、その範囲内で行使されるにすぎないものと解されます。

❷当該土地を目的とする借地権の面積

300㎡（借地権の面積）×4,000,000円（当該土地を目的とする借地権の相続税評価額）／8,000,000円（(通常の）借地権の相続税評価額）＝150㎡

(2)取得者ごとの特例対象宅地等の区分等（措法69の４①③）

❶乙が取得した宅地等のうち特定居住用宅地等に該当する部分

借地権に係る敷地利用権　4,000,000円（150㎡）

❷Ａが取得した宅地等のうち特定居住用宅地等に該当する部分

当該土地を目的とする借地権に係る敷地所有権等　4,000,000円（150㎡）

(3)限度面積要件の判定等（措法69の４①②）

❶乙は敷地利用権 150㎡（他の要件はありません。）

❷Ａは敷地所有権等 150㎡について、他の要件（申告期限までの保有要件と居住継続要件）を満たす限り、

小規模宅地等の特例の適用を受けることができます。

限度面積 330㎡以下ですから 300㎡全部適用できます。

（図表－28）

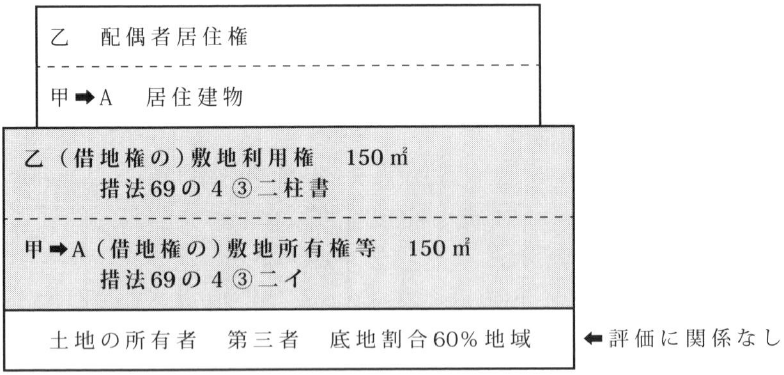

※<u>**下記のようなみなし面積計算は、借地権には適用しません。**</u>

300㎡×借地権割合40％（仮定）＝120㎡

・敷地利用権　　120㎡×4,000,000／8,000,000＝60㎡

・敷地所有権等　120㎡×4,000,000／8,000,000＝60㎡

Q５　店舗併用住宅の場合

下図のとおり、甲は、自己の所有する土地の上に建物１棟を所有し、その建物のうち２階を甲及び乙が居住の用に、１階を甲が事業の用に供していました。

甲の相続に係る遺産分割により、乙は配偶者居住権を、B（甲と生計別の子）は居住建物及び敷地所有権等を取得し、乙は居住建物に引き続き居住しているほか、甲の事業を引き継ぎ、申告期限まで引き続き営んでいます（Bは自己の所有する別の建物に居住しています。）。

この場合、小規模宅地等の特例の適用対象となるのはどの部分ですか。

（図表－29）

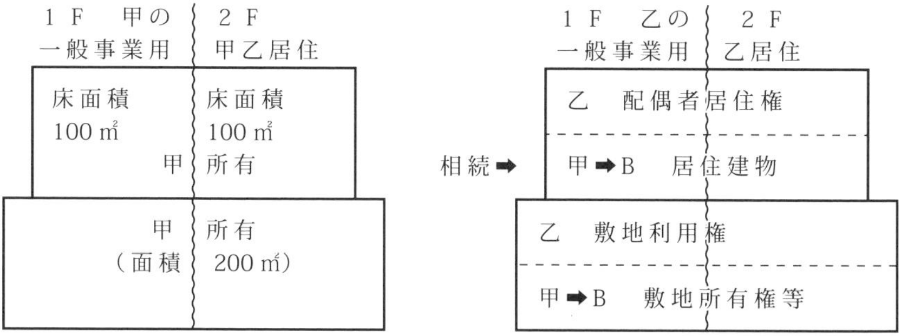

配偶者居住権の設定がない場合の土地の相続税評価額　20,000,000円

・敷地利用権の相続税評価額　　5,000,000円（25％）

・敷地所有権等の相続税評価額　15,000,000円（75％）

A　次のように考えます。

⑴個人が相続等により取得した宅地等（措法69の４①）

敷地利用権及び敷地所有権等

これらの面積については、みなし面積計算の規定を踏まえて次のとおり、土地の利用区分ごとに計算します（措令40の２⑥）。

⑵当該宅地等の利用区分

❶居住の用に供していた部分

【評価額】

・200㎡（土地の面積）×100㎡（居住用部分の床面積）／200㎡（建物の総床面積）＝100㎡（土地の居住用部分の面積）

・20,000,000円（土地の評価額）×100㎡（土地の居住用部分の面積）／200㎡（土地の面積）＝10,000,000円（土地の居住用部分の評価額）

《権利ごとの評価額》

配偶者居住権者の使用収益権が及ぶ範囲は、居住建物の全部とされており（民法1028①）、配偶者居住権者は、従前の用法に従い、居住建物の使用・収益をしなければならないこととされています（ただし、居住の用に供するため従前の用法を（店舗等から居住へ）変更することは認められています。（民法1032①））。

したがって、居住建物の居住用の部分に加え事業用の部分についても配偶者が配偶者居住権に基づき使用・収益することが可能であることから、当該配偶者居住権に基づく敷地利用権については、居住の用に供していた部分と事業の用に供していた部分とがあるものと解されます。

・敷地利用権の居住用部分の評価額
5,000,000円（敷地利用権の評価額）×100㎡（土地の居住用部分の面積）／200㎡（土地の面積）＝2,500,000円…Ⓐ

・敷地所有権等の居住用部分の評価額
10,000,000円（土地の居住用部分の評価額）－2,500,000円（敷地利用権の居住用部分の評価額）＝7,500,000円…Ⓐ'

【面積】

・100㎡（土地の居住用部分の面積）

《権利ごとの面積》

・敷地利用権の居住用部分の面積
100㎡（土地の居住用部分の面積）×2,500,000円（敷地利用権等の居住用部分の評価額）／10,000,000円（土地の居住用部分の評価額）＝25㎡…Ⓑ

・敷地所有権等の居住用部分の面積
100㎡（土地の居住用部分の面積）×7,500,000円（敷地所有権等の居住用部分の評価額）／10,000,000円（土地の居住用部分の評価額）＝75㎡…Ⓑ'

❷事業の用に供していた部分

【評価額】

・200㎡(土地の面積)× 100㎡(事業用部分の床面積)／ 200㎡(建物の総床面積) ＝ 100㎡（土地の事業用部分の面積）

・20,000,000 円（土地の評価額）× 100㎡（土地の事業用部分の面積）／ 200㎡（土地の面積）＝ 10,000,000 円（土地の事業用部分の評価額）

《権利ごとの評価額》

・敷地利用権の事業用部分の評価額
5,000,000円（敷地利用権の評価額）×100㎡（土地の事業用部分の面積）／200㎡（土地の面積）＝2,500,000円…Ⓒ

・敷地所有権等の事業用部分の評価額
10,000,000円（土地の事業用部分の評価額）―2,500,000円（敷地利用権の事業用部分の評価額）＝7,500,000円…Ⓒ'

【面積】

・100㎡（土地の事業用部分の面積）

《権利ごとの面積》

・敷地利用権の事業用部分の面積

100㎡（土地の事業用部分の面積）×2,500,000円（敷地利用権の事業用部分の評価額）／10,000,000円（土地の事業用部分の評価額）＝25㎡…Ⓓ

・敷地所有権等の事業用部分の面積

100㎡（土地の事業用部分の面積）×7,500,000円（敷地所有権等の事業用部分の評価額）／10,000,000円（土地の事業用部分の評価額）＝75㎡…Ⓓ'

⑶取得者ごとの特例対象宅地等の区分等（措法69の４①③）

❶乙が取得した敷地利用権

・特定居住用宅地等に該当する部分Ⓐ（Ⓑ）…2,500,000 円（25㎡）

・特定事業用宅地等に該当する部分Ⓒ（Ⓓ）…2,500,000 円（25㎡）

❷Ｂが取得した敷地所有権等Ⓐ '（Ⓑ '）、Ⓒ '（Ⓓ '）

Ｂが取得した敷地所有権等については、特定居住用宅地等の要件及び特定事業用宅地等の要件を満たしていないため、小規模宅地等の特例の適用はありません。

⑷限度面積要件の判定等（措法69の４①②）

❶乙は敷地利用権（居住部分）25㎡（他の要件はありません。）

❷乙は敷地利用権（事業部分）25㎡について、他の要件（申告期限までの保有要件と事業継続要件）を満たす限り、

小規模宅地等の特例の適用を受けることができます。

❶は限度面積330㎡以下ですから25㎡全部適用できます。

❷は限度面積400㎡以下ですから25㎡全部適用できます。

※乙は、Ｂ（特例対象宅地等を取得していません。）の同意を得る必要はありません。

（図表－30）（参考）取得者ごとの建物・宅地等の区分等（イメージ）

１Ｆ　一般事業用	２Ｆ　居住用
乙　配偶者居住権	乙　配偶者居住権
甲➡Ｂ　居住建物	甲➡Ｂ　居住建物
乙　敷地利用権　25㎡ 措法69の４③一イ	乙　敷地利用権　25㎡ 措法69の４③二柱書
甲➡Ｂ　敷地所有権等　75㎡ 適用なし	甲➡Ｂ　敷地所有権等　75㎡ 適用なし

Q 6 賃貸併用住宅の場合

下図のとおり、甲は、自己の所有する土地の上に建物１棟を所有し、その建物のうち２階を甲及び乙が居住の用に、１階を甲が貸付事業の用にそれぞれ供していました。

甲の相続に係る遺産分割により、乙は配偶者居住権を取得して居住建物を引き続き居住の用に供し、B（甲と生計別の子）は居住建物及び敷地所有権等を取得した上で甲の貸付事業を引き継ぎ、申告期限まで引き続き貸付事業の用に供しています（Bは自己の所有する別の建物に居住しています。）。

この場合、小規模宅地等の特例の適用対象となるのはどの部分ですか。

（図表－31）

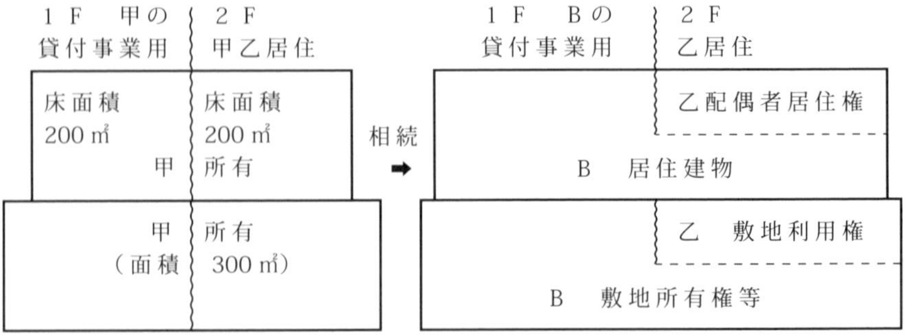

❶配偶者居住権の設定がない場合の土地の相続税評価額　28,200,000円

・甲と乙の居住の用に供されていた部分 15,000,000円

・甲の貸付事業の用に供されていた部分 13,200,000円

❷敷地利用権の相続税評価額　　5,000,000円

❸敷地所有権等の相続税評価額　23,200,000円

Ⓐ 次のように考えます。

⑴個人が相続等により取得した宅地等（措法69の４①）

敷地利用権及び敷地所有権等

⑵当該宅地等の利用区分

（図表－32）

下表のとおりであり、具体的な計算は次のとおり。

宅地等	全体	28,200,000円（300㎡）		
			敷地利用権	乙：5,000,000円（50㎡）
			敷地所有権等	B：23,200,000円（250㎡）
	居住用部分	15,000,000円（150㎡）		
			敷地利用権	**乙：5,000,000円（50㎡）Ⓐ（Ⓑ）**
			敷地所有権等	B：10,000,000円（100㎡）Ⓐ'（Ⓑ'）
	貸付用部分	13,200,000円（150㎡）		
			敷地利用権	－
			敷地所有権等	**B：13,200,000円（150㎡）Ⓒ（Ⓓ）**

※太枠部分は、特例の対象となる部分。

❶居住の用に供していた部分

【評価額】

・15,000,000円（土地の居住用部分の評価額）

《権利ごとの評価額》

・敷地利用権の居住用部分の評価額　5,000,000円…Ⓐ

※当該建物のうち貸付事業の用に供されている部分について配偶者居住権者は当該相続の開始前から当該部分を賃借している賃借人に権利を主張することができないため（対抗できないため）、当該配偶者居住権に基づく敷地利用権はないものと考えられます（借地法31・措通69の4－24の2）。

（参考）

なお、居住建物等の一部が貸し付けられている場合には、配偶者居住権者は相続開始前からその居住建物等を賃借している賃借人に権利を主張することができない（対抗できない）ことから、配偶者居住権及び配偶者居住権に基づく敷地利用権の相続税法における評価では、実質的に配偶者居住権に基づき使用・収益をすることができない部分を除いてその価額を算出することとされている（相法

23の２、相令５の８、「令和元年度税制改正の解説」（財務省、499頁））。

・敷地所有権等の居住用部分の評価額

15,000,000円（土地の居住用部分の評価額）－5,000,000円（敷地利用権の評価額）＝10,000,000…Ⓐ'

【面積】

・300㎡（土地の面積）× 200㎡（居住用部分の床面積）／ 400㎡（建物の総床面積）＝ 150㎡（土地の居住用部分の面積）

《権利ごとの面積》

・敷地利用権の居住用部分の面積

150㎡（土地の居住用部分の面積）×5,000,000円（敷地利用権の居住用部分の評価額）／ 15,000,000円（土地の居住用部分の評価額）＝50㎡…Ⓑ

・敷地所有権等の居住用部分の面積

150㎡（土地の居住用部分の面積）×10,000,000円（敷地所有権等の居住用部分の評価額）／ 15,000,000円（土地の居住用部分の評価額）＝100㎡…Ⓑ'

❷貸付事業の用に供していた部分

【評価額】

・13,200,000 円（土地の貸付用部分の評価額）

《権利ごとの評価額》

・敷地利用権の貸付用部分の評価額　なし

・敷地所有権等の貸付用部分の評価額　13,200,000 円…Ⓒ

※当該建物のうち貸付事業の用に供されている部分について、配偶者居住権者は当該相続の開始前から当該部分を賃借している賃借人に権利を主張することができないため（対抗できないため）、当該配偶者居住権に基づく敷地利用権は、当該貸付事業の用に供されていないと考えられることから、当該敷地利用権のうち「１Ｆ部分（貸付部分）」に相当する部分はないものと考えられます（借地法 31・措通 69 の４－ 24 の２）。

【面積】

・300㎡（土地の面積）× 200㎡（貸付用部分の床面積）／ 400㎡（建物の総床面積）＝ 150㎡（土地の貸付用部分の面積）

《権利ごとの面積》

・敷地利用権の貸付用部分の面積　なし

・敷地所有権等の貸付用部分の面積　150㎡…Ⓓ

⑶取得者ごとの特例対象宅地等の区分等（措法69の４①③）

❶乙が取得した敷地利用権

特定居住用宅地等に該当する部分　Ⓐ（Ⓑ）…5,000,000円（50㎡）

❷Ｂが取得した敷地所有権等

⑴貸付事業用宅地等に該当する部分　Ⓒ（Ⓓ）…13,200,000円（150㎡）

⑵居住用部分に相当する部分　Ⓐ'（Ⓑ'）

Ｂが取得した敷地所有権等のうち「２Ｆ部分（居住用部分）」に相当する部分は、特定居住用宅地等の要件を満たしていないため、当該部分について、小規模宅地等の特例の適用はありません。

⑷限度面積要件の判定等（措法69の４①②）

・乙が取得した特定居住用宅地等に該当する敷地利用権（50㎡）

・Ｂが取得した敷地所有権等のうち貸付事業用宅地等に該当する「１Ｆ部分（貸付用部分）に相当する部分」（150㎡）については、

次の算式のとおり、限度面積要件を満たすため、他の要件（申告期限までの継続保有＆継続事業）を満たす限り、小規模宅地等の特例の適用を選択することができます。

（算式）

50㎡（特定居住用宅地等の面積）×200／330＋150㎡（貸付事業用宅地等の面積）＝180.30㎡≦200㎡（措法69の４②）

（図表－33）

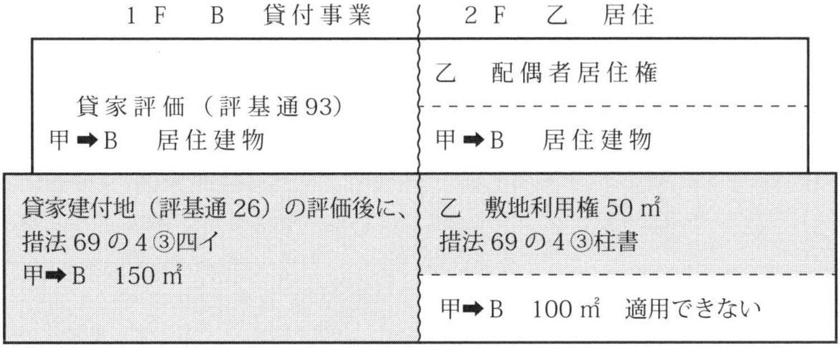

Ｑ７　賃貸併用住宅（空室あり）の場合

下図のとおり、甲は、自己の所有する土地の上に建物１棟を所有し、その建物のうち１階を甲及び乙が居住の用に、２階を甲が貸付事業の用にそれぞれ供していました（空室部分については新規の入居者の募集をしておらず、今後貸し付ける予定はありません。）。

甲の相続に係る遺産分割により、乙は配偶者居住権を取得して引き続き居住建物に居住し、Ｂ（甲と生計別の子）は居住建物及び敷地所有権等を取得した上で甲の貸付事業を引き継ぎ、申告期限まで引き続き貸付事業の用に供しています（Ｂは自己の所有する別の建物に居住しています。）。

この場合、小規模宅地等の特例の適用対象となるのはどの部分ですか。

（図表－34）

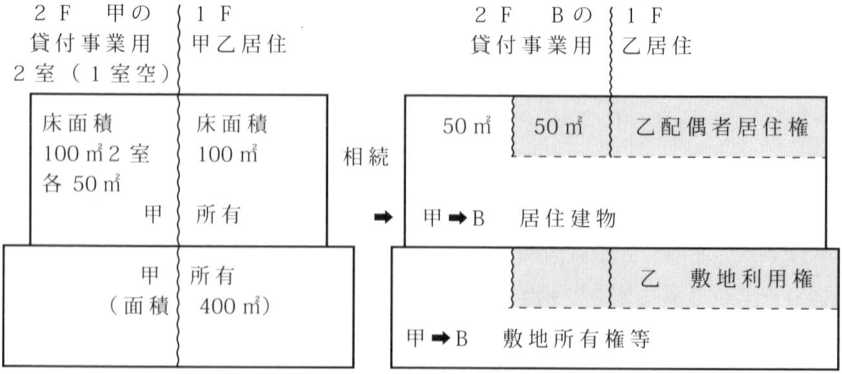

❶配偶者居住権の設定がない場合の土地の相続税評価額　58,200,000円

・甲と乙の居住の用に供されていた部分 30,000,000円

・甲の貸付事業の用に供されていた部分 28,200,000円

❷敷地利用権の相続税評価額　15,000,000円

❸敷地所有権等の相続税評価額　43,200,000円

路線価　@150,000円／借地権割合40%　借家権割合30%

Ａ　次のように考えます。

⑴個人が相続等により取得した宅地等（措法69の４①）

敷地利用権及び敷地所有権等

⑵当該宅地等の利用区分

（図表－35）

下表のとおりであり、具体的な計算は次のとおり。

宅地等	全体	58,200,000円（400㎡）		
		敷地利用権	乙：15,000,000円（100㎡）	
		敷地所有権等	B：43,200,000円（300㎡）	
	貸付用部分	28,200,000円（200㎡）		15,000,000円×（1－0.4×0.3=0.88）⬇
			空室部分　15,000,000円（100㎡）	賃貸部分　13,200,000円（100㎡）
		敷地利用権（33.33…㎡） 5,000,000円	乙：5,000,000円 （33.33…㎡）　Ⓐ（Ⓐ'）	－
		敷地所有権等（166.66…㎡） 23,200,000円	B：10,000,000円 （66.66…㎡）　Ⓑ（Ⓑ'）	B：13,200,000円 （100㎡）　Ⓒ（Ⓒ'）
	居住用部分	30,000,000円（200㎡）		
		敷地利用権	乙：10,000,000円（66.66…㎡）　Ⓓ（Ⓓ'）	
		敷地所有権等	B：20,000,000円（133.33…㎡）　Ⓔ（Ⓔ'）	

※太枠部分は、特例の対象となる部分。

❶貸付事業の用に供していた部分

・400㎡（土地の面積）× 100㎡（２Ｆ部分の床面積）／ 200㎡（建物の総床面積）＝ 200㎡（土地の貸付用部分の面積）

・28,200,000円（土地の貸付用部分の評価額）
（内訳）

⑴空室部分

400㎡（土地の面積）×50㎡（２Ｆ部分（空室）の床面積）／ 200㎡（建物の総床面積）＝100㎡（土地の空室部分の面積）

@ 150,000円× 100㎡（土地の空室部分の面積）＝ 15,000,000円（土地の空室部分の評価額）

⑵賃貸部分

400㎡（土地の面積）×50㎡（２Ｆ部分（賃貸中）の床面積）／ 200㎡（建

物の総床面積）＝100㎡（土地の賃貸部分の面積）

＠ 150,000 円× 100㎡（土地の賃貸部分の面積）×（１－ 0.4 借地権割合× 0.3 借家権割合）＝ 13,200,000 円（土地の賃貸部分の評価額）

❷居住の用に供していた部分

・400㎡（土地の面積）× 100㎡（１Ｆ部分の床面積）／ 200㎡（建物の総床面積）＝ 200㎡（土地の居住用部分の面積）

・30,000,000 円（土地の居住用部分の評価額）

⑶敷地利用権及び敷地所有権等ごとの利用区分

【評価額】

❶貸付事業の用に供していた部分

⑴敷地利用権

イ　空室部分

15,000,000 円（敷地利用権の評価額）× 100㎡（土地の空室部分の面積）／ 300㎡（土地の空室・居住用部分の面積）＝ 5,000,000 円（敷地利用権の空室部分の評価額）…Ⓐ

※配偶者居住権は建物全体に及ぶところ、空室部分については、賃借人に権利を主張できないということもないため、配偶者は配偶者居住権に基づき使用・収益することが可能と解されます。

したがって、当該配偶者居住権に基づく敷地利用権についても「２Ｆ部分（空室部分）」の用に供されているものと考えられます。

ロ　賃貸部分　なし

※当該建物のうち賃貸されている部分については、配偶者は当該相続の開始前から当該部分を賃借している賃借人に権利を主張することができないため（対抗できないため）、当該配偶者居住権に基づく敷地利用権は、当該貸付事業の用に供されていないと考えられることから、当該敷地利用権のうち「２Ｆ部分（賃貸部分）」に相当する部分はないものと考えられます（借地法 31・措通 69 の４－ 24 の２）。

⑵敷地所有権等

イ　空室部分

15,000,000 円（土地の空室部分の評価額）－ 5,000,000 円（敷地利用権の空室部分の評価額）＝ 10,000,000 円（敷地所有権等の空室部分の評価額）…Ⓑ

ロ　賃貸部分　13,200,000 円…Ⓒ

❷　居住の用に供していた部分

⑴敷地利用権

15,000,000円（敷地利用権の評価額）×200㎡（土地の居住用部分の面積）／300㎡（土地の空室・居住用部分の面積）＝10,000,000円（敷地利用権の居住用部分の評価額）…Ⓓ

⑵敷地所有権等

30,000,000円（土地の居住用部分の評価額）－10,000,000円（敷地利用権の居住用部分の評価額）＝20,000,000円（敷地所有権等の居住用部分の評価額）…Ⓔ

【面積】

❶貸付事業の用に供していた部分

⑴敷地利用権

イ　空室部分

100㎡（土地の空室部分の面積）× 5,000,000 円（敷地利用権の空室部分の評価額）／ 15,000,000 円（土地の空室部分の評価額）＝ 33.33㎡…Ⓐ'

ロ　賃貸部分　なし

⑵敷地所有権等

イ　空室部分

100㎡（土地の空室部分の面積）× 10,000,000 円（敷地所有権等の空室部分の評価額）／ 15,000,000 円（土地の空室部分の評価額）＝ 66.66…㎡…Ⓑ'

ロ　賃貸部分　100㎡…Ⓒ'

❷居住の用に供していた部分

⑴敷地利用権

200㎡（土地の居住用部分の面積）× 10,000,000 円（敷地利用権の居住用部分の評価額）／ 30,000,000 円（土地の居住用部分の評価額）＝ 66.66…㎡…Ⓓ'

⑵敷地所有権等

200㎡（土地の居住用部分の面積）× 20,000,000 円（敷地所有権等の居住用部分の評価額）／ 30,000,000 円（土地の居住用部分の評価額）＝ 133.33…㎡…Ⓔ'

⑷取得者ごとの特例対象宅地等の区分等（措法69の４①③）

❶乙が取得した敷地利用権

⑴空室部分に相当する部分Ⓐ（Ⓐ'）

乙が取得した「２Ｆ部分（空室部分）」に相当する部分については、相続開始の直前において被相続人の貸付事業の用に供されていないことから、小規模宅地等の特例の適用の対象とならない（措通69の４－24の２）。

⑵特定居住用宅地等に該当する部分Ⓓ（Ⓓ'）…10,000,000円（66.66…㎡）

❷Ｂが取得した敷地所有権等

⑴空室部分及び居住用部分に相当する部分Ⓑ（Ⓑ'）、Ⓔ（Ⓔ'）

Ｂが取得した「２Ｆ部分（空室部分）」に相当する部分については、上記❶のとおり相続開始の直前において被相続人の貸付事業の用に供されておらず、「１Ｆ部分（居住部分）」に相当する部分については、特定居住用宅地等の要件を満たしていないことから、これらの宅地等は小規模宅地等の特例の適用の対象となりません。

⑵貸付事業用宅地等に該当する部分Ⓒ（Ⓒ'）…13,200,000円（100㎡）

⑸限度面積要件の判定（措法69の４①②）

乙が取得した特定居住用宅地等に該当する敷地利用権（66.66…㎡）及びＢが取得した貸付事業用宅地等に該当する敷地所有権等（賃貸中の部分：100㎡）については、次の算式のとおり、限度面積要件を満たすため、

・乙が取得した特定居住用宅地等に該当する敷地利用権（66.66…㎡）

・Ｂが取得した貸付事業用宅地等に該当する敷地所有権等（賃貸中の部分：100㎡）については、他の要件（申告期限までの継続保有＆継続事業）を満たす限り、小規模宅地等の特例の適用を受けることができます。

（算式）

66.66…㎡（特定居住用宅地等の面積）× 200 ／ 330 ＋ 100㎡（貸付事業用宅地等の面積）＝ 140.40㎡≦ 200㎡　下図は敷地のみです。

（図表－36）

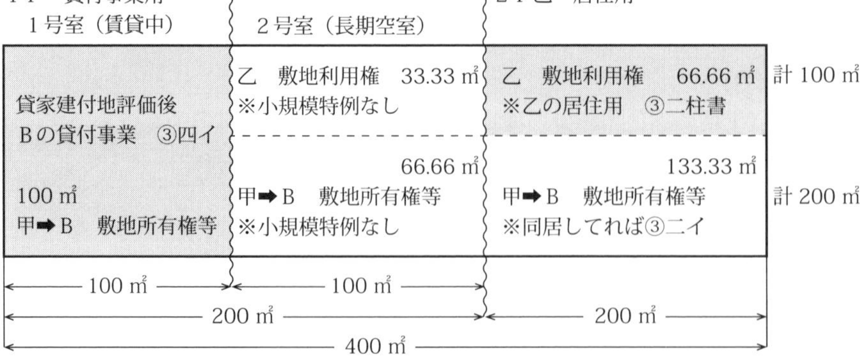

Q８　区分所有建物の登記がされている一棟の建物の場合

下図のとおり、甲は、自己の所有する土地の上にＢ（甲と生計別の子）とそれぞれ建物を所有し、その建物を甲及び乙並びにＢがそれぞれ居住の用に供していました（建物は区分所有建物である旨の登記があり、甲及びＢはそれぞれの専有部分について、区分所有権を登記し居住の用に供しています。）。

甲の相続に係る遺産分割により、乙は配偶者居住権を、Ｂは居住建物（２Ｆ部分）及び敷地所有権等（２Ｆ部分）及び土地（１Ｆ部分）を取得し、それぞれ引き続き居住の用に供しています。

この場合、小規模宅地等の特例の適用対象となるのはどの部分ですか。

（図表－37）

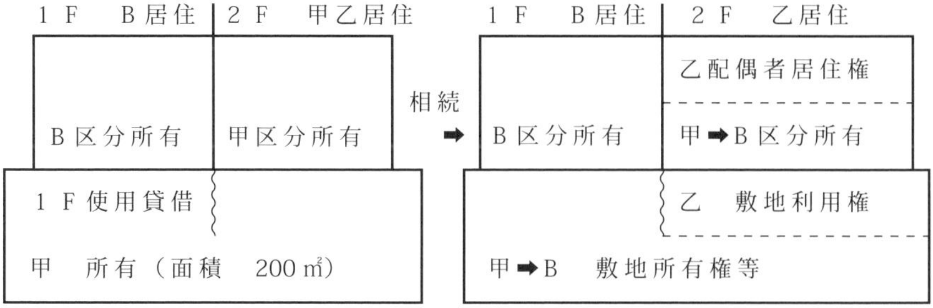

配偶者居住権の設定がない場合の１Ｆ・２Ｆ部分の土地（各100㎡）の相続税評価額　各10,000,000円

・２Ｆ部分に係る敷地利用権の相続税評価額　4,000,000円
・２Ｆ部分に係る敷地所有権等の相続税評価額　6,000,000円

Ａ　次のように考えます。

⑴個人が相続等により取得した宅地等（措法69の４①）

敷地利用権及び敷地所有権等

❶敷地利用権の面積

100㎡（２Ｆ部分の土地の面積）×4,000,000円（２Ｆ部分の敷地利用権の相続税評価額）／10,000,000円（２Ｆ部分の土地の相続税評価額）＝40㎡

❷敷地所有権等の面積

100㎡（２Ｆ部分の土地の面積）×6,000,000円（２Ｆ部分の敷地所有権等の

相続税評価額）／10,000,000円（２Ｆ部分の土地の相続税評価額）＝60㎡

⑵取得者ごとの特例対象宅地等の区分等（措法69の４①③）

❶乙が取得した敷地利用権

特定居住用宅地等に該当する部分4,000,000円（40㎡）

❷Ｂが取得した宅地等

⑴甲の居住用部分（２Ｆ）の宅地等　敷地所有権等　6,000,000円（60㎡）

⑵Ｂの居住用部分（１Ｆ）の宅地等　土地　10,000,000円（100㎡）

Ｂが取得した上記⑴の宅地等については、特定居住用宅地等の要件を満たしておらず、上記⑵の宅地等については、被相続人等の居住の用に供されていた宅地等に該当しないため、これらの宅地等について、小規模宅地等の特例の適用はありません。

⑶限度面積要件の判定等（措法69の４①②）

乙が取得した敷地利用権の面積（40㎡）は330㎡以下であるため、限度面積要件（330㎡以下）を満たすこととなります。

（図表－38）

<table>
<tr><th>１Ｆ　Ｂ　居住</th><th>２Ｆ　乙　居住</th></tr>
<tr><td rowspan="2">相続財産ではない</td><td>乙　配偶者居住権</td></tr>
<tr><td>甲➡Ｂ　居住建物</td></tr>
<tr><td rowspan="2">甲➡Ｂ　所有権　100㎡</td><td>乙　敷地利用権　40㎡
措法69の４③二柱書</td></tr>
<tr><td>甲➡Ｂ　敷地所有権等　60㎡</td></tr>
</table>

※同一敷地内に二棟の建物があると想定して考えると理解しやすいです。

Ｑ９　被相続人が宅地等を無償で借り受けていた場合

下図のとおり、甲は、親族から無償で借り受けていた土地の上に建物を建築し、甲、乙及びＡが居住の用に供していました。

甲の相続に係る遺産分割により、乙は配偶者居住権を、Ａは居住建物を取得し、引き続き居住の用に供しています。

この場合、乙は小規模宅地等の特例の適用を受けることはできますか。

（図表－39）

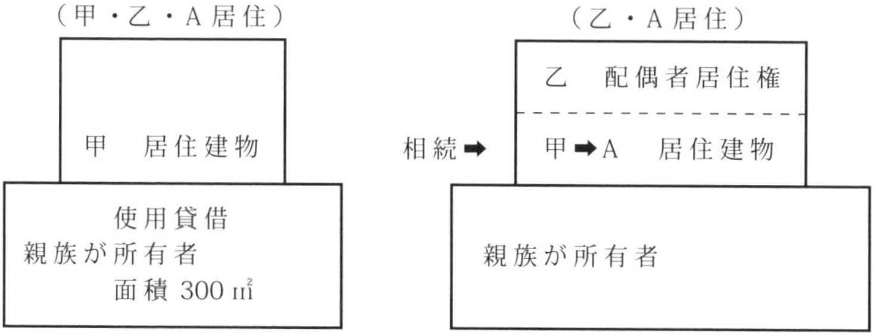

配偶者居住権の設定がない場合の土地の相続税評価額20,000,000円

A　次のように考えます。

本事例において、甲は使用貸借により土地を使用しており、自ら土地を所有していないことから、乙は当該相続により宅地等を取得していないため、特例の対象となる財産はありません。

当然にAも特例の対象となる財産はありません。

※甲の土地の使用借権については、甲の死亡により当該親族との使用貸借が終了する（民法597③）ため、相続されません。

なお、遺産分割後における乙が有する配偶者居住権に基づき土地を使用する権利（敷地利用権）は、居住建物所有者（A）が有する敷地の利用権（本事例では使用借権）に従属し、その範囲内で行使されるにすぎないものと解され、また、土地の使用借権者である建物所有者の敷地の利用権の価額は零とされることから（使用貸借通達）、本事例における配偶者居住権に基づき土地を使用する権利の価額についても零になるものと解されます。

《参考条文》

○民法（抄）

（使用貸借）第593条

①　使用貸借は、当事者の一方がある物を引き渡すことを約し、相手方がその受け取った物について無償で使用及び収益をして契約が終了したときに返還をすることを約することによって、その効力を生ずる。

（期間満了等による使用貸借の終了）第597条

①　省略

②　省略

③　使用貸借は、借主の死亡によって終了する。

【旧民法599…その効力を失う。】であったが、立案担当者の解説書では「実質的な改正はしていない」とあります。（一問一答債権306頁）

税務には関係ありませんが参考のため下記の裁判例を紹介します。
借主が死亡しても遺族等に使用借権が認められた事例です。

❶東京地裁（S31.10.22。S56. 3.12。H 5. 9.14）・❷大阪高裁（S55. 1.30）

使用貸借は、無償契約であり、不動産その他重要な動産や財産について無償契約である使用貸借がなされることは、世上あまりないことであり、それが締結されるのはよくよくの何らかの事情があってのことである。ところが民法の使用貸借の規定は、そのような当事者間の具体的特殊事情を抽象して規定している。その故に、使用貸借の規定の適用にあたっては、当事者間の係る特殊具体的関係事情に基づく特別の規範原理による使用貸借の規定の修正や否定が働くことがあり得ることに注意しせねばならない。（契約締結に至った事情・経緯・当事者の間柄・契約目的・その他考慮）

特に（建物の所有を目的とする）土地の使用貸借は生活の基礎にも関わることでもあり重要。

民法593条ないし600条は全部任意法規であり補充法規である。

「新版注釈民法／有斐閣(15)88 ～ 89頁」

※しかし税務では（夫婦間の使用貸借に贈与があったと税務当局は主張していましたが昭和43年11月25日大阪地裁で敗訴し、その後取り扱いは「反対側の方向に振り子が向き」現在の取り扱いは一貫して使用貸借はゼロ評価で統一し、法務には対応していません。

（図表－40）

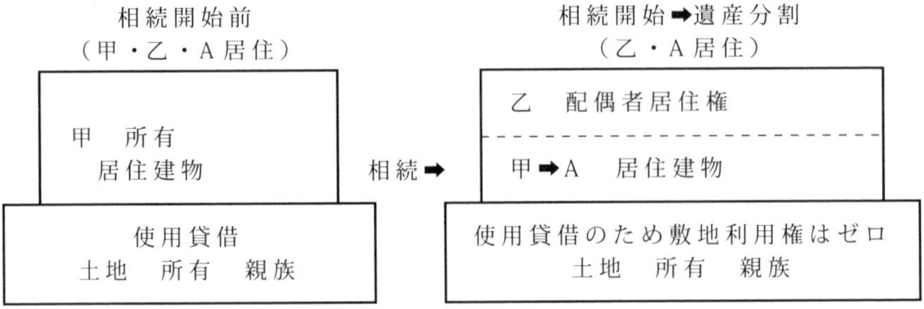

Q10　申告期限までに宅地等の一部の譲渡があった場合【庭先譲渡】

下図のとおり、甲は、自己の所有する土地の上に建物１棟を所有し、その建物を甲、乙及びAが居住の用に供していた。

甲の相続に係る遺産分割により、乙は配偶者居住権及び敷地所有権等の共有持分の４分の１を、Aは居住建物及び敷地所有権等の共有持分の４分の３を取得し、引き続き乙及びAが居住の用に供している。

乙及びAは、この土地の一部（50㎡）について隣地所有者から譲渡してほしいとの申込みを受けたことから、相続税の申告期限が到来する前に譲渡契約を締結し、引渡しを完了した。

この場合、小規模宅地等の特例の適用対象となるのはどの部分ですか。

（図表－41）

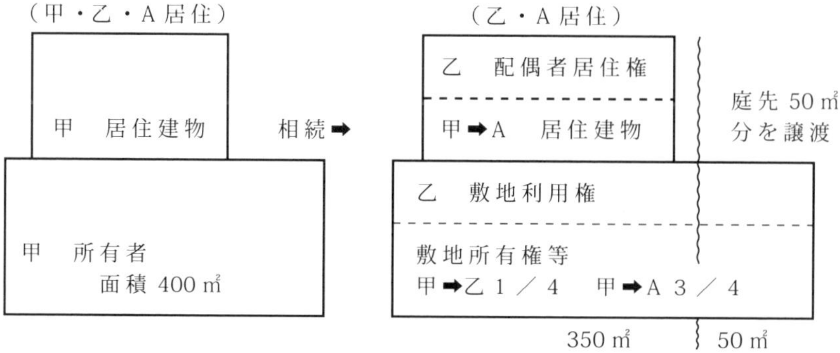

配偶者居住権の設定がない場合の土地の相続税評価額　40,000,000円

・敷地利用権の相続税評価額　10,000,000円

・敷地所有権等の相続税評価額　30,000,000円

A　次のように考えます。

⑴個人が相続等により取得した宅地等（措法69の４①）

敷地利用権及び敷地所有権等

⑵取得者ごとの特例対象宅地等の区分等（措法69の４①③）

❶乙が取得した宅地等のうち特定居住用宅地等に該当する部分

⑴敷地利用権

・10,000,000円（敷地利用権の評価額）

・400㎡（土地の面積）× 10,000,000 円（敷地利用権の相続税評価額）／ 40,000,000 円（土地の相続税評価額）＝ 100㎡ 敷地利用権の面積

⑵敷地所有権等

・30,000,000円(敷地所有権等の評価額)×１／４(乙の持分)＝7,500,000円(乙の敷地所有権等の評価額)

・400㎡（土地の面積）× 30,000,000 円（敷地所有権等の相続税評価額）／ 40,000,000 円（土地の相続税評価額）×１／４（乙の持分）＝ 75㎡（乙の敷地所有権等の面積）

※乙が取得した敷地所有権等の持分は、甲の所有していた土地が相続により乙とＡの共有に属することとなったものであるため、土地の所有権の全てを取得した場合（Ｑ３参照）とは異なり、措置法令第 40 条の２第６項の規定により、上記の面積のみなし面積計算を行うこととなります（措通 69 の４－１の２）。

❷Ａが取得した宅地等のうち特定居住用宅地等に該当する部分

⑴取得した敷地所有権等

30,000,000円（敷地所有権等の評価額）×３／４（Ａの持分）
＝22,500,000円（Ａの敷地所有権等の評価額）

・400㎡（土地の面積）× 30,000,000 円（敷地所有権等の相続税評価額）／ 40,000,000 円（土地の相続税評価額）×３／４（Ａの持分）
＝225㎡（Ａの敷地所有権等の面積）

⑵譲渡した敷地所有権等の面積

・225㎡（敷地所有権等の面積）× 50㎡（譲渡した土地の面積）／ 400㎡（土地の面積）＝ 28.125㎡（譲渡した敷地所有権等の面積）

⑶特定居住用宅地等に該当する部分

・225㎡（敷地所有権等の面積）－ 28.125㎡（譲渡した敷地所有権等の面積）＝ 196.875㎡（継続保有する敷地所有権等の面積）

・22,500,000 円（Ａの敷地所有権等の評価額）× 196.875㎡（保有する敷地所有権等の面積）／ 225㎡（Ａの敷地所有権等の面積）＝ 19,687,500 円（継続保有する敷地所有権等の評価額）

※被相続人の親族（配偶者を除きます。）の取得した宅地等が特定居住用宅地等に該当するためには、当該親族は相続税の申告期限まで引き続き当該宅地等を有している必要（継続保有要件）があります（措法 69 の４③二）。

※その他に家なき子以外の親族には継続居住要件もあります。

したがって、本事例における当該親族Ａについては、相続税の申告期限までに

相続により取得した宅地等の一部を譲渡しているため、当該譲渡した部分は特定居住用宅地等に該当しないことになりますが、申告期限まで所有している残りの部分については、他の要件を満たしている限り、特定居住用宅地等に該当することとなります。

なお、被相続人の配偶者である乙については、この継続保有（及び継続居住）要件がないため、申告期限までに譲渡した部分も含めて特定居住用宅地等に該当することとなります。

⑶限度面積要件の判定等（措法69の４①②）

上記⑵❶の面積の計（175㎡）と⑵❷⑶の面積（196.875㎡）との合計（371.875㎡）は、限度面積である330㎡を超えるが、330㎡以下の部分を選択した場合には他の要件を満たす限り、当該選択した部分について、小規模宅地等の特例の適用を受けることができます。

（図表－42）

全体面積 400㎡　　保有部分 350㎡（87.5%）　｜　譲渡部分 50㎡（12.5%）

・乙が取得した宅地等（措法69の4③二柱書）175㎡計

	保有部分 350㎡（87.5%）	譲渡部分 50㎡（12.5%）
敷地利用権 400㎡×3/4×1千万円/4千万円＝75㎡	×87.5%＝65.625㎡	×12.5%＝ 9.375㎡
敷地所有権等 400㎡×1/4＝100㎡	×87.5%＝87.500㎡	×12.5%＝12.500㎡

計　153.125㎡＋21.875㎡＝175㎡

・Aが取得した宅地等（措法69の4③二イ）⬇　　**卒業試験不合格部分⬇**

敷地所有権等 400㎡×3/4×3千万円/4千万円＝225㎡	×87.5%＝196.875㎡	×12.5%＝28.125㎡

【検算用】

・乙の分　　敷地利用権＋敷地所有権等

400㎡×Bの持分 3/4＝300㎡ 300㎡×1千万円/4千万円＝75㎡敷地利用権分	400㎡×持分 1/4＝100㎡ 所有権部分
×87.5%＝65.625㎡保有	×87.5%＝87.5㎡保有
×12.5%＝9.375㎡譲渡	×12.5%＝12.5㎡譲渡

計　75㎡＋100㎡－175㎡

※配偶者乙には申告期限までの保有要件も居住要件もありませんから上記のような結論になります。

しかし配偶者以外の（措法69の4③二イに該当する）親族には申告期限ま

での保有要件も居住要件もありますから、上記のような結論になります。

申告期限までに一部でも譲渡したら全部の面積に適用できないという意見が散見されていますが、『国税庁は 2020 年７月７日資産課税課情報第 17 号の事例１－10』で著者と同じ解説をしています。

・Ａの分　敷地所有権等　400㎡×Ａの持分３／４＝300㎡

300㎡×3千万円／４千万円＝225㎡敷地所有権等分

225㎡×87.5％＝196.875㎡	保有
225㎡×12.5％＝28.125㎡	譲渡

（図表－43）

敷地全体（400㎡）に敷地利用権等が及んでいると申告した場合の問題

		措法 69の４③二	配偶者居住権等に関する贈与税又は譲渡税の課税問題
譲渡が相続税の申告期限	まで	乙 ・敷地利用権＝75㎡ ・敷地所有権等＝100㎡ Ａ196.875㎡ 適用可能	❶譲渡前に相続税の申告をした場合、期限内に訂正申告をして 350 ㎡のみに変更は可能と思われます。 ❷訂正申告が間に合わない場合は下記❸と同じ ※当初の期限内申告で 350 ㎡に適用（庭先の 50 ㎡分は除外）した場合は問題なし
	後	乙　同上 Ａ225.000㎡ 適用可能	❸Ａの庭先部分の譲渡代金には乙の敷地利用権部分も含まれているため配偶者居住権の消滅対価が支払われていない場合は、乙からＡへの贈与の課税関係が生じます（相基通９－13の２）。 　また支払われていた場合は乙の総合譲渡所得として課税関係が生じます。

※当然に限度面積（330㎡）要件と同意要件（乙・Ａ）はあります。

Q11　敷地所有権等者の相続(1)

複数の利用区分がある場合

Ａ（甲と乙の子：被相続人）は、自己の所有する敷地所有権等の上に居住建物１棟を所有し、その建物を下図のように利用していました※。

Ａの相続に係る遺産分割により、生計を別にするＢ（Ａの子。自己の所有する別の建物に居住しています。）が居住建物及び敷地所有権等を取得し、Ａの貸付事業を引き継ぎ、申告期限まで引き続き当該貸付事業の用に供しています。

また、Ａがこの建物で営んでいた事業についても、Ｂが引き継ぎ、申告期限までに営んでいます。

乙は、申告期限まで引き続き居住建物に居住しています。

この場合、小規模宅地等の特例の適用対象となるのはどの部分ですか。

（図表－44）

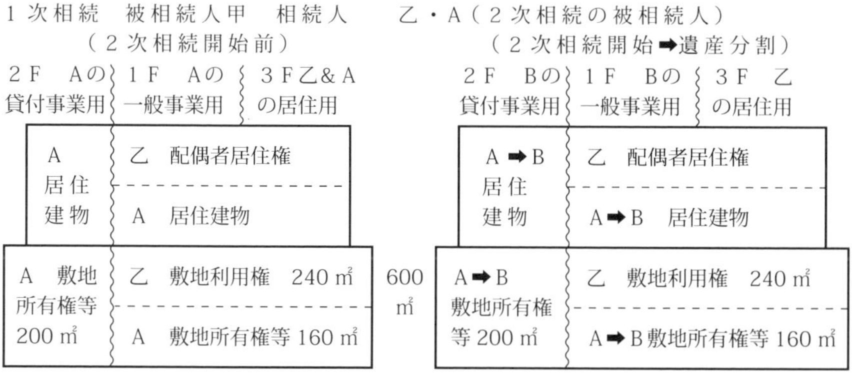

❶配偶者居住権の設定がない場合の土地の相続税評価額　58,200,000円

・乙とＡの居住の用に供されていた部分　20,000,000円

・Ａの貸付事業の用に供されていた部分　18,200,000円

・Ａの事業の用に供されていた部分　20,000,000円

❷敷地利用権の相続税評価額　24,000,000円

❸敷地所有権等の相続税評価額　34,200,000円

※当該配偶者居住権は、当該土地の所有者であった甲（１次相続の被相続人）が所有していた建物に設定され、当該１次相続において、乙が配偶者居住権を、Ａが居住建物及び敷地所有権等を取得しました。

なお、Ａは１次相続時に甲の事業及び貸付事業を引き継ぎ、２次相続の開始直前まで引き続き事業及び貸付事業の用に供していました。

Ａ　次のように考えます。

⑴個人が相続等により取得した宅地等（措法69の４①）

敷地所有権等

※敷地利用権は引き続き乙が有しておりＡの相続財産ではないため、特例の対象にもなりません。

⑵当該宅地等の利用区分

❶居住の用に供していた部分

【評価額】

・20,000,000 円（土地の居住用部分の評価額）

《権利ごとの評価額》

・敷地利用権の居住用部分の評価額

600㎡（土地の面積）×200㎡（居住用部分の床面積）／600㎡（建物の総床面積）＝200㎡（土地の居住用部分の面積）

24,000,000円（敷地利用権の評価額）×200㎡（土地の居住用部分の面積）／400㎡（貸付以外の部分に相当する土地の面積）＝12,000,000円

・敷地所有権等の居住用部分の評価額

20,000,000円（土地の居住用部分の評価額）－12,000,000円（敷地利用権の居住用部分の評価額）＝8,000,000円…Ⓐ

※本事例において当該建物のうち貸付事業の用に供されている部分について、配偶者居住権者は当該相続の開始前から引き続き当該部分を賃借している賃借人に権利を主張することができないため（対抗できないため）、当該配偶者居住権に基づく敷地利用権は、当該貸付事業の用に供されていないと考えられることから、当該敷地利用権のうち「２Ｆ部分（貸付部分）」に相当する部分はないものと考えられます（借地法 31・措通 69 の４－24 の２）。

【面積】

・200㎡（土地の居住用部分の面積）

《権利ごとの面積》

・敷地所有権等の居住用部分の面積

200㎡（土地の居住用部分の面積）×8,000,000円（敷地所有権等の居住用部分の評価額）／20,000,000円（土地の居住用部分の評価額）＝80㎡…（Ⓐ'）

・敷地利用権の居住用部分の面積

200㎡（土地の居住用部分の面積）×12,000,000円（敷地利用権の居住用部分の評価額）／20,000,000円（土地の居住用部分の評価額）＝120㎡

❷貸付事業の用に供していた部分

【評価額】

・18,200,000 円　土地の貸付用部分の評価額

《権利ごとの評価額》

・敷地利用権の貸付用部分の評価額　なし

※本事例において当該建物のうち貸付事業の用に供されている部分について、配偶者居住権者は当該相続の開始前から引き続き当該部分を賃借している賃借人に権利を主張することができないため（対抗できないため）、当該配偶者居住権に基づく敷地利用権は、当該貸付事業の用に供されていないと考えられることから、当該敷地利用権のうち「２Ｆ部分（貸付部分）」に相当する部分はないものと考えられる（借地法 31・措通 69 の４－24 の２）。

・敷地所有権等の貸付用部分の評価額　18,200,000 円…Ⓑ

【面積】

・600㎡（土地の面積）× 200㎡（貸付用部分の床面積）／ 600㎡（建物の総床面積）＝ 200㎡（土地の貸付用部分の面積）

《権利ごとの面積》

・敷地所有権等の貸付用部分の面積　200㎡…Ⓑ'

敷地利用権の貸付用部分の面積　なし

❸　事業の用に供していた部分

【評価額】

・20,000,000 円　土地の事業用部分の評価額

《権利ごとの評価額》

・敷地利用権の事業用部分の評価額

600㎡（土地の面積）×200㎡（事業用部分の床面積）／ 600㎡（建物の総床面積）＝200㎡（土地の事業用部分の面積）

24,000,000円（敷地利用権の評価額）×200㎡（土地の事業用部分の面積）／ 400㎡（貸付以外の部分に相当する土地の面積）＝12,000,000円

・敷地所有権等の事業用部分の評価額

20,000,000円（土地の事業用部分の評価額）－12,000,000円（敷地利用権の事業用部分の評価額）＝8,000,000円…Ⓒ

【面積】

・200㎡（土地の事業用部分の面積）

《権利ごとの面積》

・敷地所有権等の事業用部分の面積

200㎡（土地の事業用部分の面積）×8,000,000円（敷地所有権等の事業用部分の評価額）／ 20,000,000円（土地の事業用部分の評価額）＝80㎡…Ⓒ'

・敷地利用権の事業用部分の面積

200㎡（土地の事業用部分の面積）×12,000,000円（敷地利用権の事業用部分の評価額）／ 20,000,000円（土地の事業用部分の評価額）＝120㎡

⑶Ｂが取得した敷地所有権等の特例対象宅地等の区分等（措法69の４①③）。

❶居住用部分に相当する部分（３Ｆ部分）…Ⓐ（Ⓐ'）

Ｂが取得した敷地所有権等のうち「３Ｆ部分（居住用部分）」に相当する部分は、特定居住用宅地等の要件を満たしていないため、当該部分について、小規模宅地等の特例の適用はありません。

❷貸付事業用宅地等に該当する部分（２Ｆ部分）Ⓑ（Ⓑ'）

…18,200,000円（200㎡）

❸特定事業用宅地等に該当する部分（１Ｆ部分）Ⓒ（Ⓒ'）

…8,000,000円（80㎡）

⑷限度面積要件の判定等（措法69の４①②）

Ｂが取得した敷地所有権等のうち、「２Ｆ部分（貸付用部分）」に相当する部分（200㎡）については貸付事業用宅地等として、「１Ｆ部分（事業用部分）」に相当する部分80㎡については特定事業用宅地等として、小規模宅地等の特例の適用を選択することができます。

他の相続人が対象宅地等を取得していないので同意要件はありませんが、限度面積要件があるため、下記の選択肢があります。

❶貸付事業用宅地等を優先する方法

限度面積200㎡－貸付事業用宅地等面積200㎡＝０

※特定事業用宅地等には適用できません。

❷特定事業用宅地等を優先する方法

限度面積200㎡－特定事業用宅地等面積80㎡×200 ／ 400＝160㎡

※貸付事業用宅地等に 160㎡適用できます。

❸減額が大きくなる方を選択すると有利になります。

（図表－45）

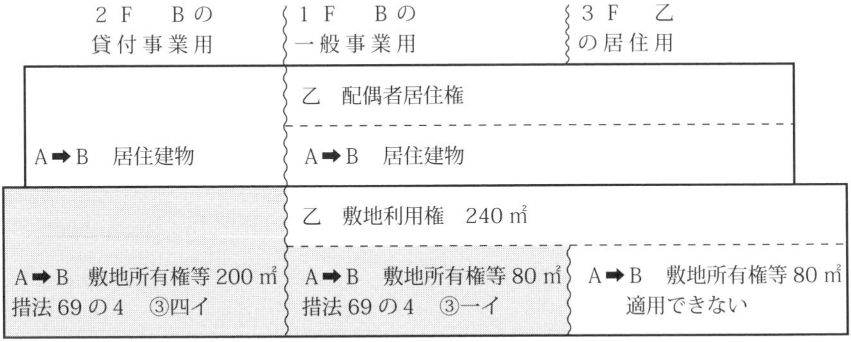

Q12　敷地所有権等者の相続(2)

１次相続に係る被相続人が無償で借り受けていた宅地等の上の建物について配偶者居住権が設定されていた場合

甲の相続（１次相続）において、甲がA（甲と乙の子）から無償で借り受けていた土地の上に建築し所有していた建物に配偶者居住権が設定され、乙が配偶者居住権を、B（甲と乙の子）が居住建物を取得した上で、下図のとおり、建物を利用していました。

Aの相続（２次相続）に係る遺産分割により、C（Aの子）が敷地所有権等を取得し、申告期限まで引き続き居住の用に供しています。

この２次相続の場合において、小規模宅地等の特例の適用対象となるのはどの部分ですか。

１次相続　被相続人甲　相続人乙・A（２次相続の被相続人）・B

（１次相続・遺産分割後）　　　　　　　（２次相続開始➡遺産分割）

（甲）乙・A・B・C居住　　　　　　　　　乙・B・C居住

（図表－46）

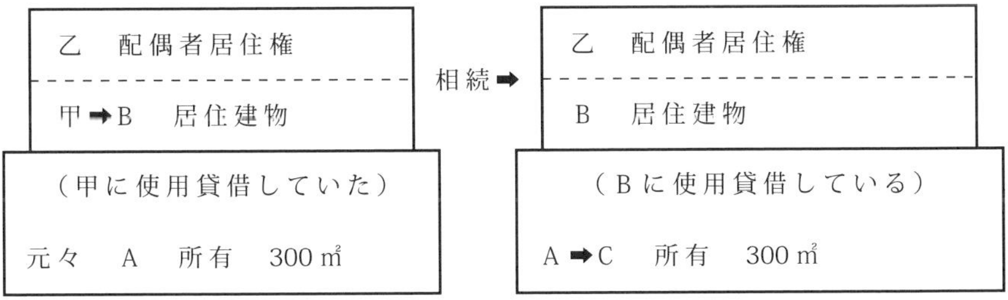

配偶者居住権の設定がない場合の土地の相続税評価額　20,000,000円

Ａ　次のように考えます。

⑴個人が相続等により取得した宅地等（措法69の４①）

敷地所有権等

配偶者居住権者が配偶者居住権に基づき土地を使用する権利（敷地利用権）は、居住建物の所有者が有する敷地の利用権（本事例では使用借権）に従属し、その範囲内で行使されるにすぎないものと解されます。

また、土地の使用借権者である建物所有者の敷地の利用権の価額は零とされることから（使用貸借通達）、配偶者居住権に基づき土地を使用する権利の価額についても零になるものと解されます。

したがって、本事例においては敷地所有権等の価額20,000,000円（300㎡）が小規模宅地等の特例の対象となりえます。

⑵限度面積要件の判定等（措法69の４①②）

上記１の面積（300㎡）は、限度面積要件（330㎡）を満たしています。

したがって、Ｃは敷地所有権等300㎡ついて、他の要件（申告期限までの継続保有と継続居住）を満たす限り、小規模宅地等の特例の適用を受けることができます。

《参考》

○東京地裁　平成18年12月５日判決

「使用貸借通達３は、当該土地の上に存する建物の自用又は貸付けの区分にかかわらず、自用地として評価するものとしているが、これは、建物賃借人の敷地利用権は、一般に建物所有者の敷地利用権に従属しその範囲内で行使されるにすぎないものであるから、建物所有目的の使用貸借により借り受けた土地の上に建築された建物の賃借人の敷地利用権も、建物所有者の敷地利用権すなわち土地の使用借権の範囲内で行使されるものにすぎず、土地の使用借権の価額を零として取り扱うこととした以上、同様に零として取り扱うことは当然であると考えられることによるものであり、合理的なものといわざるを得ない。

これに対し、貸家建付地の場合、建物所有者と土地所有者とが同一であることから、建物の賃借人の敷地利用権は、建物所有者（土地所有者）の敷地利用権たる土地所有権の範囲内で行使されることになり、使用貸借により借り受けた土地の上に建築された建物の賃借人の敷地利用権と異なるものといわざるを得ないから、建物所有目的の使用貸借により借り受けた土地の上に建築された建物に賃借人がある場合に、貸家建付地に準じて評価すべきとする理由はない。」

（図表－47）

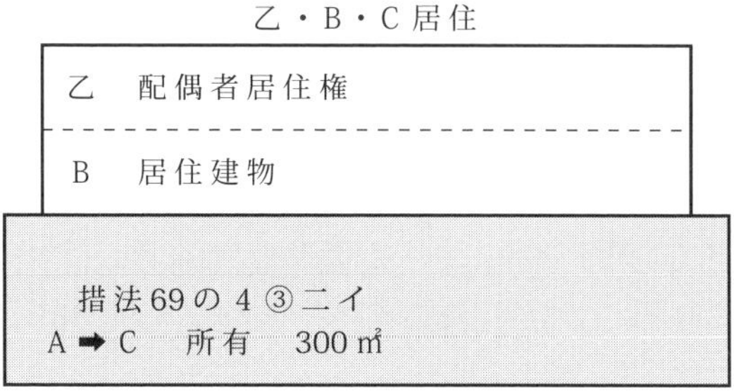

Cは被相続人Aと同居していましたから他の要件（申告期限までの継続保有と継続居住）を満たす限り特定居住用宅地等の適用を受けることができます。

Q13　敷地所有権等者の相続(3)

居住建物所有者の承諾を得て居住建物を貸し付けていた場合（複数の利用区分がある場合）

下図のとおり、居住建物に居住していた配偶者居住権者※である乙は、居住建物及び敷地所有権等を有するA（乙の子。２次相続の被相続人）の承諾を得て、相当の対価を得て継続的に当該居住建物のうち１階部分を第三者に貸し付け、２F部分については乙、A、B（Aの子）の居住の用に供していました。

Aの相続（２次相続）に係る遺産分割により、Bが居住建物及び敷地所有権等を取得しました。

この場合、Bが取得した当該敷地所有権等は小規模宅地等の特例の適用対象となりますか。

（図表－48）

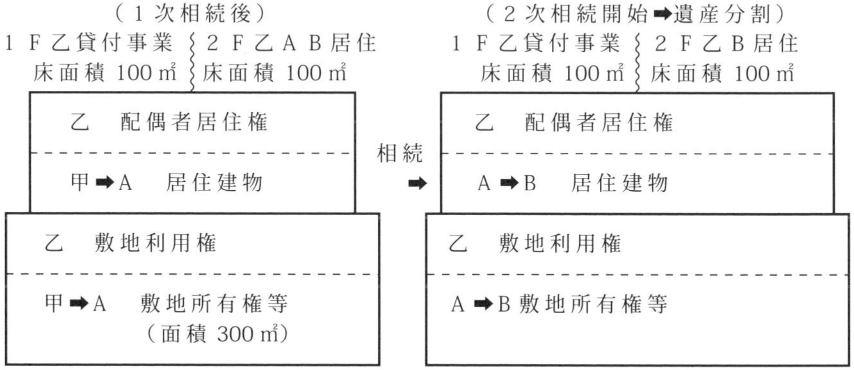

配偶者居住権の設定がない場合の土地の相続税評価額　30,000,000円
・敷地利用権の相続税評価額　　10,000,000 円
・敷地所有権等の相続税評価額　20,000,000 円
※当該配偶者居住権は、当該土地の所有者であった甲（１次相続の被相続人）が所有していた建物に設定され、当該１次相続において、乙は配偶者居住権を取得し、当該建物（１Ｆ部分）について当該第三者に貸し付けるまで引き続き居住の用に供しており、Ａは居住建物及び敷地所有権等を取得して２次相続開始まで引き続き所有していました。

A 次のように考えます。

⑴個人【Ｂ】が相続により取得した宅地等（措法69の４①）

敷地所有権等

※敷地利用権は、引き続き乙が有しており、Ａの相続財産ではないため、特例の対象にもならない。

⑵当該宅地等の利用区分

❶居住の用に供していた部分

【評価額】

・300㎡（土地の面積）× 100㎡（居住用部分の床面積）／ 200㎡（建物の総床面積）＝ 150㎡（土地の居住用部分の面積）
・30,000,000 円（土地の評価額）× 150㎡（土地の居住用部分の面積）／ 300㎡（土地の面積）＝ 15,000,000 円（土地の居住用部分の評価額）

《権利ごとの評価額》

・敷地利用権の居住用部分の評価額
10,000,000円（敷地利用権の評価額）×150㎡（土地の居住用部分の面積／300㎡（土地の面積）＝5,000,000円
・敷地所有権等の居住用部分の評価額
15,000,000円（土地の居住用部分の評価額）－5,000,000円（敷地利用権の居住用部分）＝10,000,000円…Ⓐ

【面積】

・150㎡（土地の居住用部分の面積）

《権利ごとの面積》

・敷地所有権等の居住用部分の面積

150㎡（土地の居住用部分の面積）×10,000,000円（敷地所有権等の居住用部分の評価額）／15,000,000円（土地の居住用部分の評価額）＝100㎡…Ⓐ'

・敷地利用権の居住用部分の面積

150㎡（土地の居住用部分の面積）×5,000,000円（敷地利用権の居住用部分の評価額）／15,000,000円（土地の居住用部分の評価額）＝50㎡

❷貸付事業の用に供していた部分

【評価額】

・300㎡（土地の面積）× 100㎡（貸付用部分の床面積）／ 200㎡（建物の総床面積）＝ 150㎡（土地の貸付用部分の面積）

・30,000,000 円（土地の評価額）× 150㎡（土地の貸付用部分の面積）／ 300㎡（土地の面積）＝ 15,000,000 円（土地の貸付用部分の評価額）

《権利ごとの評価額》

・敷地利用権の貸付用部分の評価額

10,000,000円（敷地利用権の評価額）×150㎡（土地の貸付用部分の面積）／ 300㎡（土地の面積）＝5,000,000円

・敷地所有権等の貸付用部分の評価額

15,000,000円（土地の貸付用部分の評価額）－5,000,000円（敷地利用権の貸付用部分の評価額）＝10,000,000円…Ⓑ

【面積】

・150㎡（土地の貸付用部分の面積）

《権利ごとの面積》

・敷地所有権等の貸付用部分の面積

150㎡（土地の貸付用部分の面積）×10,000,000円（敷地所有権等の貸付用部分の評価額）／15,000,000円（土地の貸付用部分の評価額）＝100㎡…Ⓑ'

・敷地利用権の貸付用部分の面積

150㎡（土地の貸付用部分の面積）×5,000,000円（敷地利用権の貸付用部分の評価額）／15,000,000円（土地の貸付用部分の評価額）＝50㎡

⑶Ｂが取得した敷地所有権等の特例対象宅地等の区分等（措法69の４①③）

❶特定居住用宅地等に該当する部分Ⓐ（Ⓐ'）10,000,000 円（100㎡）

❷貸付用部分に相当する部分Ⓑ（Ⓑ'）

Ｂが取得した敷地所有権等のうち「１Ｆ部分（貸付用部分）」に相当する部分は、乙が自己の有する配偶者居住権に基づき、貸付事業の用に供していた建物の敷地の用に供されていたものであり（措通69の４－４の２）、被相続人（Ａ）の貸付

事業の用に供されたもの又はＢの自己の貸付事業の用に供されたもののいずれにも該当しません。

したがって、Ｂが取得した当該部分については、貸付事業用宅地等の要件を満たしていないため、小規模宅地等の特例の適用対象とはなりません。

※　仮に、Ａと生計を一にしていた乙が、当該敷地所有権等のうち「１Ｆ部分（貸付用部分）」を取得した場合には、当該部分について貸付事業用宅地等に該当しうることとなります（措法69の４③四ロ）。

⑷限度面積要件の判定等（措法69の４①②）

上記⑶❶の面積（100㎡）は、限度面積要件（330㎡）を満たしています。

したがって、Ｂは敷地所有権等100㎡について、他の要件（申告期限までの継続保有と継続居住）を満たす限り、小規模宅地等の特例の適用を受けることができます。

（図表－49）

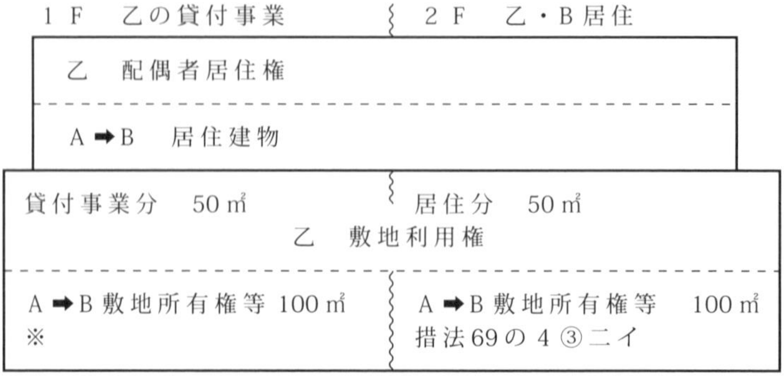

Q14　配偶者居住権者の相続

甲の相続（１次相続）において、土地の所有者であった甲が所有していた建物に配偶者居住権が設定され、乙は配偶者居住権を、Ａ（甲乙の子）は居住建物及び敷地所有権等を取得して、２次相続開始まで引き続き有するとともに、乙及びＡがその建物を居住の用に供していました。

今般、乙に相続（２次相続）が発生したが、Ａが小規模宅地等の特例の対象として適用できる部分はありますか。

１次相続　被相続人：甲　相続人：乙・Ａ
２次相続の被相続人：乙　相続人：Ａ

（図表－50）

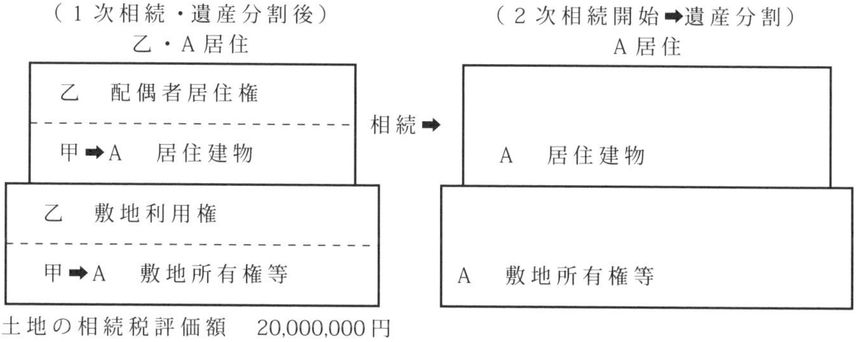

Ａ　次のように考えます。

被相続人である配偶者居住権者の乙は、当該居住建物や当該土地は所有しておらず、乙の相続を原因として移転する財産がないため、相続税の課税関係は生じないことから、小規模宅地等の特例の適用となる財産もないこととなります。

《参考》

○財務省ホームページ「令和元年度税制改正の解説」503頁　抄

「配偶者が死亡した場合には、民法の規定により配偶者居住権が消滅することとなります。

この場合、居住建物の所有者はその居住建物について使用収益ができることとなりますが、民法の規定により（予定どおり）配偶者居住権が消滅するものであり、配偶者から居住建物の所有者に相続を原因として移転する財産はありませんので、相続税の課税関係は生じません（配偶者居住権の存続期間が終身ではなく、例えば10年といった有期で設定されて存続期間が満了した場合も、同様に贈与税の課税関係は生じません。）」

（図表－51）

2次相続　乙死亡➡遺産分割不要

乙	配偶者居住権➡一身専属権のため消滅し0円になります。
A	居住建物（完全所有権になります。）
乙	敷地利用権➡一身専属権のため消滅し0円になります。
A	敷地所有権等（完全所有権になります。）

Q15 配偶者居住権の設定が申告期限後になる場合の相続税の申告等

相続税の申告期限までに遺産分割協議が成立せず、配偶者居住権の設定が申告期限後になる場合、相続税の申告はどのようにすればよいでしょうか。

また、小規模宅地等の特例の適用関係はどのようになりますか。

A　次のように考えます。

⑴相続税の申告手続等

相続等により財産を取得した者が相続税の申告書を提出する場合において、配偶者居住権を設定しようとする建物及びその敷地等が共同相続人等によってまだ分割されていないときは、その分割されていない財産については、各共同相続人等が民法の規定による法定相続分の割合に従ってその財産を取得したものとして課税価格を計算し、相続の開始があったことを知った日の翌日から10か月以内に当該申告書を納税地の所轄税務署長に提出する必要があります。（相法27、55）。

その後、財産の分割により配偶者居住権が設定され、共同相続人等が当該分割により取得した財産に係る課税価格について、当該法定相続分等の割合に従って計算された課税価格と異なることとなった場合において、既に確定した相続税額に不足を生じたときは修正申告書を、新たに相続税の申告書を提出すべき要件に該当することとなったときは期限後申告書を提出することができます（相法30、31）。

また、課税価格及び相続税額等が過大となったときは、その分割が行われた日の翌日から4か月以内に限り更正の請求をすることができます（相法32）。

⑵小規模宅地等の特例の適用関係

原則として、相続税の申告期限までに分割されていない宅地等については、特例の適用対象とならないが、相続税の申告書に「申告期限後３年以内の分割見込書」を添付して提出しておき、相続税の申告期限から３年以内に分割が行われ、配偶者居住権に基づく敷地利用権又は敷地所有権等を取得した場合には、それらについて特例の適用を受けることができます。

この場合において、その課税価格及び相続税額等が過大となったときは、その分割が行われた日の翌日から４か月以内に限り更正の請求をすることができます(措法69の４④⑤、措令40の２㉖、措則23の２⑧)。

※相続税の申告期限の翌日から３年を経過する日において相続等に関する訴えが提起されているなど一定のやむを得ない事情【限定列挙】がある場合において、申告期限後３年を経過する日の翌日から２か月を経過する日までに、「遺産が未分割であることについてやむを得ない事由がある旨の承認申請書」を提出(宥恕規定はありません。) し、その申請につき所轄税務署長の承認を受けた場合において、判決の確定の日など一定の日の翌日から４か月以内に分割が行われ、配偶者居住権に基づく敷地利用権又は敷地所有権等を取得したときは、それらについて特例の適用を受けることができます。

この場合において、その課税価格及び相続税額等が過大となったときは、その分割が行われた日の翌日から４か月以内に限り更正の請求をすることができます(措法69の４④⑤、措令40の２㉓㉖)。

相続開始 ➡ 申告期限① ➡ 分割協議成立②
（未分割）　（①から３年以内）
①相法55で申告　又は 分割協議成立③
（①から３年超）延長承認有り

※②又は③に該当した場合、その分割が行われた日の翌日から４か月以内に限り更正の請求をすることができます（措法 69 の４④⑤、措令 40 の２㉓㉖)。

なお配偶者の相続税額軽減の規定は

❶上記の４か月以内と

❷申告期限の翌日から５年以内の

どちらか遅い日まで更正の請求をすることができます（相基通 32 － 2)。

出版協力者（第３土曜会会員）　　アイウエオ順

氏　名	〒	事務所所在地	電話番号／ＦＡＸ番号	
税理士 高橋　安志	115－0045	東京都北区赤羽１－５２－10 メトロシティ赤羽岩淵５階（税）安心資産税会計	電　話 ＦＡＸ	03－5249－0580 03－5249－0586
税理士 大橋　義弘	174－0051	板橋区小豆沢３－６－７ ＮＫ志村坂上ビル７階	電　話 ＦＡＸ	03－3966－0826 03－3967－8433
税理士 越智　文夫	170－0013	豊島区東池袋１－25－９ タカセビル別館７階	電　話 ＦＡＸ	03－3987－5301 03－3987－7889
税理士 小野　聰司	174－0071	板橋区常盤台４－31－４ 篠ビル２Ｆ	電　話 ＦＡＸ	03－6906－4565 03－3934－0436
税理士・鑑定士 下﨑　寛	160－0023	新宿区西新宿８－14－17 アルテール新宿 1211	電　話 ＦＡＸ	03－5348－4631 03－5348－6865
税理士 富澤　雅治	333－0811	川口市戸塚４－27－25 歩　税理士法人	電　話 ＦＡＸ	048－297－8200 048－290－2511
税理士 野島喜一郎	174－0076	板橋区上板橋１－７－13	電　話 ＦＡＸ	03－3933－3213 03－3931－8090
税理士 仁科忠二郎	144－0053	大田区蒲田本町２－４－２ アクシード蒲田本町５Ｆ	電　話 ＦＡＸ	03－3736－8706 03－3736－8707
税理士 野口　洋司	307－0053	茨城県結城市新福寺4－8－16 駅南ミヤタビル 201	電　話 ＦＡＸ	0296－48－8002 0296－48－8004
税理士 福島　光男	115－0045	北区赤羽１－16－１ ＫＳＹビル８階	電　話 ＦＡＸ	03－5249－0389 03－5249－0716
税理士 松田　　茂	114－0001	北区東十条４－５－14 キャピタルライフ東十条 104	電　話 ＦＡＸ	03－3919－8847 03－3919－6148
税理士 道下　敏光	170－0013	豊島区東池袋１－44－10 タイガースビル 1007	電　話 ＦＡＸ	03－6907－7050 03－6907－7051
税理士 吉田　耕一	160－0023	新宿区西新宿７－18－18 新宿税理士ビル 401	電　話 ＦＡＸ	03－3365－2019 03－3361－0431

巻　末

参考法令等

配偶者居住権関係分のみ収録

【　】の中は筆者が挿入したものです。

2024 年 7 月 31 日の法令通達によります。
条文の第 1 項には①を付さない慣行がありますが
筆者の便宜上①を付けています。

民　法

第1編　総則　【1～174】

第2編　物件　【175～398の22】

第3編　債権　【399～724の2】

第2章　契約　第6節　使用貸借　【593～600】

（使用貸借）第593条

① 使用貸借は、当事者の一方がある物を引き渡すことを約し、相手方がその受け取った物について無償で使用及び収益をして契約が終了したときに返還をすることを約することによって、その効力を生ずる。

（借用物受取り前の貸主による使用貸借の解除）第593条の2　【贈与と逆の言い回し】

① 貸主は、借主が借用物を受け取るまで、契約の解除をすることができる。ただし、書面による使用貸借については、この限りでない。

（借主による使用及び収益）第594条

① 借主は、契約又はその目的物の性質によって定まった用法に従い、その物の使用及び収益をしなければならない。

② 借主は、貸主の承諾を得なければ、第三者に借用物の使用又は収益をさせることができない。

③ 借主が前二項の規定に違反して使用又は収益をしたときは、貸主は、契約の解除をすることができる。

（借用物の費用の負担）第595条

① 借主は、借用物の通常の必要費を負担する。【最高裁S 36. 1.27】

② 第五百八十三条**【買戻しの実行】**第二項の規定は、前項の通常の必要費以外の費用について準用する。

（貸主の引渡義務等）第596条

① 第五百五十一条【贈与者の引渡義務等】の規定は、使用貸借について準用する。

（期間満了等による使用貸借の終了）第597条

① 当事者が使用貸借の期間を定めたときは、使用貸借は、その期間が満了することによって終了する。**【配偶者居住権の存続期間を定めた場合に準用】**

② 当事者が使用貸借の期間を定めなかった場合において、使用及び収益の目的を定めたときは、使用貸借は、借主がその目的に従い使用及び収益を終えることによって終了する。

③ 使用貸借は、借主の死亡によって終了する。【旧民法 599…その効力を失う。】【立案担当者の解説「実質的な改正はしていない」とあります。（一問一答債権 306 頁）】**【配偶者居住権の存続期間を定めなかった（又は終身と定めた）場合に準用】**

（使用貸借の解除）第598条

① 貸主は、前条第二項に規定する場合において、同項の目的に従い借主が使用及び収益をするのに足りる期間を経過したときは、契約の解除をすることができる。

② 当事者が使用貸借の期間並びに使用及び収益の目的を定めなかったときは、貸主は、いつでも契約の解除をすることができる。

③ 借主は、いつでも契約の解除をすることができる。

（借主による収去等）第599条

① 借主は、借用物を受け取った後にこれに附属させた物がある場合において、使用貸借が終了したときは、その附属させた物を収去する義務を負う。ただし、借用物から分離することができない物又は分離するのに過分の費用を要する物については、この限りでない。

② 借主は、借用物を受け取った後にこれに附属させた物を収去することができる。

③ 借主は、借用物を受け取った後にこれに生じた損傷がある場合において、使用貸借が終了したときは、その損傷を原状に復する義務を負う。ただし、その損傷が借主の責めに帰することができない事由によるものであるときは、この限りでない。

（損害賠償及び費用の償還の請求権についての期間の制限）第600条

① 契約の本旨に反する使用又は収益によって生じた損害の賠償及び借主が支出した費用の償還は、貸主が返還を受けた時から一年以内に請求しなければならない。

② 前項の損害賠償の請求権については、貸主が返還を受けた時から一年を経過するまでの間は、時効は、完成しない。

第７節　賃貸借【601 ～ 622条の２】

（賃借物の全部滅失等による賃貸借の終了）第616条の２

①　賃借物の全部が滅失その他の事由により使用及び収益をすることができなくなった場合には、賃貸借は、これによって終了する。

（賃借人の原状回復義務）第621条

①　賃借人は、賃借物を受け取った後にこれに生じた損傷（通常の使用及び収益によって生じた賃借物の損耗並びに賃借物の経年変化を除く。以下この条において同じ。）がある場合において、賃貸借が終了したときは、その損傷を原状に復する義務を負う。ただし、その損傷が賃借人の責めに帰することができない事由によるものであるときは、この限りでない。

第４編　親族　【725 ～ 881】

第５編　相続　【882 ～ 1050】

第２章　相続人

（特別受益者の相続分）第903条

①　共同相続人中に、被相続人から、遺贈を受け、又は婚姻若しくは養子縁組のため若しくは生計の資本として贈与を受けた者があるときは、被相続人が相続開始の時において有した財産の価額にその贈与の価額を加えたものを相続財産とみなし、第九百条から第九百二条までの規定により算定した相続分の中からその遺贈又は贈与の価額を控除した残額をもってその者の相続分とする。

②　遺贈又は贈与の価額が、相続分の価額に等しく、又はこれを超えるときは、受遺者又は受贈者は、その相続分を受けることができない。

③　被相続人が前二項の規定と異なった意思を表示したときは、その意思に従う。

【婚姻期間 20 年未満であっても持戻しの免除の意思表示は有効】

④　婚姻期間が二十年以上の夫婦の一方である被相続人が、他の一方に対し、その居住の用に供する建物又はその敷地について遺贈又は贈与をしたときは、当該被相続人は、その遺贈又は贈与について第一項の規定を適用しない旨の意思を表示したものと推定する。

第８章　配偶者の居住の権利

第１節　配偶者居住権【1028～1036】

（配偶者居住権）第1028条

①　被相続人の配偶者（以下この章において単に「配偶者」という。）は、被相続人の財産に属した建物に相続開始の時に居住していた場合において、次の各号のいずれかに該当するときは、その居住していた建物（以下この節において「居住建物」という。）の全部について無償で使用及び収益をする権利（以下この章において「配偶者居住権」という。）を取得する。

ただし、被相続人が相続開始の時に居住建物を配偶者以外の者と共有していた場合にあっては、この限りでない。

一　遺産の分割によって配偶者居住権を取得するものとされたとき。

二　配偶者居住権が遺贈【遺言とイコールではない。】の目的とされたとき。

②　居住建物が配偶者の財産に属することとなった場合であっても、他の者がその共有持分を有するときは、配偶者居住権は、消滅しない。

【裏読みで配偶者が所有権を全部取得したときは混同で消滅】

③　第903条第４項【特別受益の持戻し免除の推定】の規定は、配偶者居住権の遺贈について準用する。

（審判による配偶者居住権の取得）第1029条

①　遺産の分割の請求を受けた家庭裁判所は、次に掲げる場合に限り、配偶者が配偶者居住権を取得する旨を定めることができる。

一　共同相続人間に配偶者が配偶者居住権を取得することについて合意が成立しているとき。

二　配偶者が家庭裁判所に対して配偶者居住権の取得を希望する旨を申し出た場合において、居住建物の所有者の受ける不利益の程度を考慮してもなお配偶者の生活を維持するために特に必要があると認めるとき（前号に掲げる場合を除く。）。

（配偶者居住権の存続期間）第1030条

①　配偶者居住権の存続期間は、配偶者の終身の間とする。ただし、遺産の分割の協議若しくは遺言に別段の定めがあるとき、又は家庭裁判所が遺産の分割の審判において別段の定めをしたときは、その定めるところによる。

（配偶者居住権の登記等）第1031条

① 居住建物の所有者は、配偶者（配偶者居住権を取得した配偶者に限る。以下この節において同じ。）に対し、配偶者居住権の設定の登記を備えさせる義務を負う。

② 第605条【不動産賃貸借の対抗力】の規定は配偶者居住権について、第605条の4**【不動産の賃借人による妨害の停止の請求等】**の規定は配偶者居住権の設定の登記を備えた場合について準用する。

（配偶者による使用及び収益）第1032条

① 配偶者は、従前の用法に従い、善良な管理者の注意をもって、居住建物の使用及び収益をしなければならない。ただし、従前居住の用に供していなかった部分について、これを居住の用に供することを妨げない。

② 配偶者居住権は、譲渡することができない。

③ 配偶者は、居住建物の所有者の承諾を得なければ、居住建物の改築若しくは増築をし、又は第三者に居住建物の使用若しくは収益をさせることができない。

④ 配偶者が第1項又は前項の規定に違反した場合において、居住建物の所有者が相当の期間を定めてその是正の催告をし、その期間内に是正がされないときは、居住建物の所有者は、当該配偶者に対する意思表示によって配偶者居住権を消滅させることができる。

（居住建物の修繕等）第1033条

① 配偶者は、居住建物の使用及び収益に必要な修繕をすることができる。

② 居住建物の修繕が必要である場合において、配偶者が相当の期間内に必要な修繕をしないときは、居住建物の所有者は、その修繕をすることができる。

③ 居住建物が修繕を要するとき（第1項の規定により配偶者が自らその修繕をするときを除く。）、又は居住建物について権利を主張する者があるときは、配偶者は、居住建物の所有者に対し、遅滞なくその旨を通知しなければならない。ただし、居住建物の所有者が既にこれを知っているときは、この限りでない。

（居住建物の費用の負担）第1034条

① 配偶者は、居住建物の通常の必要費を負担する。

② 第583条第2項【買戻しの実行】の規定は、前項の通常の必要費以外の費用について準用する。

（居住建物の返還等）第1035条

① 配偶者は、配偶者居住権が消滅したときは、居住建物の返還をしなければならない。ただし、配偶者が居住建物について共有持分を有する場合は、居住建

物の所有者は、配偶者居住権が消滅したことを理由としては、居住建物の返還を求めることができない。

② 第599条第1項及び第2項【借主による収去等】並びに第621条【賃借人の原状回復義務】の規定は、前項本文の規定により配偶者が相続の開始後に附属させた物がある居住建物又は相続の開始後に生じた損傷がある居住建物の返還をする場合について準用する。

（使用貸借及び賃貸借の規定の準用）第1036条

① 第597条第1項及び第3項【期間満了等による使用貸借の終了】、第600条【損害賠償及び費用の償還の請求権についての期間の制限】、第613条【転貸の効果】並びに第616条の2【賃借物の全部滅失等による賃貸借の終了】の規定は、配偶者居住権について準用する。

第2節　配偶者短期居住権（1037～1041）

（配偶者短期居住権）第1037条

① 配偶者は、被相続人の財産に属した建物に相続開始の時に無償で居住していた場合には、次の各号に掲げる区分に応じてそれぞれ当該各号に定める日までの間、その居住していた建物（以下この節において「居住建物」という。）の所有権を相続又は遺贈により取得した者（以下この節において「居住建物取得者」という。）に対し、居住建物について無償で使用する権利（居住建物の一部のみを無償で使用していた場合にあっては、その部分について無償で使用する権利。以下この節において「配偶者短期居住権」という。）を有する。

ただし、配偶者が、相続開始の時において居住建物に係る配偶者居住権を取得したとき、又は第891条【相続人の欠格事由】の規定に該当し若しくは廃除【民法892推定相続人の廃除・893遺言による推定相続人の廃除】によってその相続権を失ったときは、この限りでない。

一　居住建物について配偶者を含む共同相続人間で遺産の分割をすべき場合　遺産の分割により居住建物の帰属が確定した日又は相続開始の時から六箇月を経過する日のいずれか遅い日

二　前号に掲げる場合以外の場合　第3項の申入れの日から六箇月を経過する日

② 前項本文の場合においては、居住建物取得者は、第三者に対する居住建物の譲渡その他の方法により配偶者の居住建物の使用を妨げてはならない。

③ 居住建物取得者は、第1項第一号に掲げる場合を除くほか、いつでも配偶者

短期居住権の消滅の申入れをすることができる。

（配偶者による使用）第1038条

① 配偶者（配偶者短期居住権を有する配偶者に限る。以下この節において同じ。）は、従前の用法に従い、善良な管理者の注意をもって、居住建物の使用をしなければならない。

② 配偶者は、居住建物取得者の承諾を得なければ、第三者に居住建物の使用をさせることができない。

③ 配偶者が前二項の規定に違反したときは、居住建物取得者は、当該配偶者に対する意思表示によって配偶者短期居住権を消滅させることができる。

（配偶者居住権の取得による配偶者短期居住権の消滅）第1039条

① 配偶者が居住建物に係る配偶者居住権を取得したときは、配偶者短期居住権は、消滅する。

（居住建物の返還等）第1040条

① 配偶者は、前条に規定する場合を除き、配偶者短期居住権が消滅したときは、居住建物の返還をしなければならない。ただし、配偶者が居住建物について共有持分を有する場合は、居住建物取得者は、配偶者短期居住権が消滅したことを理由としては、居住建物の返還を求めることができない。

② 第599条第1項及び第2項【借主による収去等】並びに第621条【賃借人の原状回復義務】の規定は、前項本文の規定により配偶者が相続の開始後に附属させた物がある居住建物又は相続の開始後に生じた損傷がある居住建物の返還をする場合について準用する。

（使用貸借等の規定の準用）第1041条

① 第597条第3項【期間満了等による使用貸借の終了】、第600条【損害賠償及び費用の償還の請求権についての期間の制限】、第616条の2【賃借物の全部滅失等による賃貸借の終了】、第1032条第2項【譲渡禁止】、第1033条【居住建物の修繕等】及び第1034条【居住建物の費用の負担】の規定は、配偶者短期居住権について準用する。

相　続　税　法

（配偶者居住権等の評価）第23条の2

① 配偶者居住権の価額は、第一号に掲げる価額から同号に掲げる価額に第二号に掲げる数及び第三号に掲げる割合を乗じて得た金額を控除した残額とする。

一　当該配偶者居住権の目的となっている建物の相続開始時の時における当該

配偶者居住権が設定されていないものとした場合の時価（当該建物の一部が賃貸の用に供されている場合又は被相続人が当該相続開始の直前において当該建物をその配偶者と共有していた場合には、当該建物のうち当該賃貸の用に供されていない部分又は当該被相続人の持分の割合に応じる部分の価額として政令【相令５の７①】で定めるところにより計算した金額）

二　当該配偶者居住権が設定されたときにおけるイに掲げる年数をロに掲げる年数で除して得た数（イ又はロに掲げる年数が零以下である場合には、零）

イ　当該配偶者居住権の目的となっている建物の耐用年数（所得税法の規定に基づいて定められている耐用年数に準ずるものとして政令【相令５の７②】で定める年数をいう。ロにおいて同じ。）から建築後の経過年数（六月以上の端数は１年とし、六月に満たない端数は切り捨てる。ロにおいて同じ。）及び当該配偶者居住権の存続年数（当該配偶者居住権が存続する年数として政令【相令５の７③】で定める年数をいう。次号において同じ。）を控除した年数

ロ　イの建物の耐用年数から建築後の経過年数を控除した年数

三　当該配偶者居住権が設定された時における当該配偶者居住権の存続年数に応じ、法定利率による複利の計算で現価を算出するための割合として財務省令【相規 12 の４】で定めるもの

②　配偶者居住権の目的となっている建物の価額は、当該建物の相続開始の時における当該配偶者居住権が設定されていないものとした場合の時価から前項の規定により計算した当該配偶者居住権の価額を控除した残額とする。

③　配偶者居住権の目的となっている建物の敷地の用に供される土地（土地の上に存する権利を含む。以下この条において同じ。）を当該配偶者居住権に基づき使用する権利の価額は、第一号に掲げる価額から第二号に掲げる金額を控除した残額とする。

一　当該土地の相続開始の時における当該配偶者居住権が設定されていないものとした場合の時価（当該建物の一部が賃貸の用に供されている場合又は被相続人が当該相続開始の直前において当該土地を他の者と共有し、若しくは、当該建物をその配偶者と共有していた場合には、当該建物のうち当該賃貸の用に供されていない部分に応ずる部分又は当該被相続人の持分の割合に応ずる部分の価額として政令【相令５の７④】で定めるところにより計算した金額）

二　前号に掲げる価額に第１項第三号に掲げる割合を乗じて得た金額

④　配偶者居住権の目的となっている建物の敷地の用に供される土地の価額は、当該土地の相続開始の時における当該配偶者居住権が設定されていないものとした場合の時価から前項の規定により計算した権利の価額を控除した残額とする。

相続税法施行令

（建物の一部が賃貸の用に供されている場合等の配偶者居住権の価額等）

第５条の７　省略

相続税法施行規則

（耐用年数）第12条の２　省略

（配偶者の平均余命）第12条の３　省略

（法定利率による複利の計算で現価を算出するための割合）第12条の４　省略

相続税法基本通達

（配偶者居住権が合意等により消滅した場合）９―13の２

配偶者居住権が、被相続人から配偶者居住権を取得した配偶者と当該配偶者居住権の目的となっている建物の所有者との間の合意若しくは当該配偶者による配偶者居住権の放棄により消滅した場合又は民法第 1032 条第４項（(建物所有者による消滅の意思表示)）の規定により消滅した場合において、当該建物の所有者又は当該建物の敷地の用に供される土地（土地の上に存する権利を含む。）の所有者（以下９―13 の２において「建物等所有者」という。）が、対価を支払わなかったとき、又は著しく低い価額の対価を支払ったときは、原則として、当該建物等所有者が、その消滅直前に、当該配偶者が有していた当該配偶者居住権の価額に相当する利益又は当該土地を当該配偶者居住権に基づき使用する権利の価額に相当する利益に相当する金額（対価の支払があった場合には、その価額を控除した金額）を、当該配偶者から贈与によって取得したものとして取り扱うものとする。

（注）　民法第1036条（(使用貸借及び賃貸借の規定の準用)）において準用する同法第597条第１項及び第３項（(期間満了及び借主の死亡による使用貸借の終了)）並びに第616条の２（(賃借物の全部滅失等による賃貸借の終了)）の規定により配偶者居住権が消滅した場合には、上記の取り扱いはないことに留意する。

（居住用不動産の範囲）21の６－１　省略

（一時的な空室がある場合の「賃貸の用に供されている部分」の範囲）23の２－１

法第23条の２に規定する「時価」は、評価基本通達の定めにより算定した価額によるのであるが、同条第２項及び第４項に規定する「時価」を算定する場合において、評価基本通達26（(貸家建付地の評価)）⑵（注）２の定めにより、継続的に賃貸されていた各独立部分で、課税時期において一時的に賃貸されていなかったと認められるものを「賃貸されている各独立部分」に含むこととしたときは、法施行令第５条の７第１項第１号ロ及び第４項第１号ロに規定する「当該居住建物の床面積のうちに当該賃貸の用に供されている部分以外の部分の床面積の占める割合」についても、当該各独立部分は「賃貸の用に供されている部分」に含めて算定することに留意する。

（「配偶者居住権が設定された時」の意義）23の２－２

法第23条の２第１項第２号及び第３号並びに法施行令第５条の７第３項第１号及び第２号に規定する「配偶者居住権が設定された時」とは、民法第1028条第１項各号（(配偶者居住権)）に掲げる場合の区分に応じ、それぞれ次に定める時をいうことに留意する。

⑴　民法第1028条第１項第１号の規定に該当する場合　遺産の分割が行われた時

⑵　民法第1028条第１項第２号の規定に該当する場合　相続開始の時

（相続開始前に増改築がされた場合の「建築後の経過年数」の取扱い）23の２－３　省略

（法定利率）23の２－４　省略

（完全生命表）23の２－５　省略

（配偶者居住権の設定後に相続若しくは遺贈又は贈与により取得した当該配偶者居住権の目的となっている建物及び当該建物の敷地の用に供される土地の当該取得の時の価額）23の２　６　省略

所得税法

（譲渡所得）第33条③一

資産の譲渡（前項の規定に該当するものを除く。次号において同じ。）でその資産の取得の日以後五年以内にされたものによる所得（政令【所令82短期譲渡所得の範囲】で定めるものを除く。）

（贈与等により取得した資産の取得費等）第60条

①　居住者が次に掲げる事由により取得した前条第一項に規定する資産を譲渡した場合における事業所得の金額、山林所得の金額、譲渡所得の金額又は雑所得

の金額の計算については、その者が引き続きこれを所有していたものとみなす。

一　贈与、相続（限定承認に係るものを除く。）又は遺贈（包括遺贈のうち限定承認に係るものを除く。）

二　前条第二項の規定に該当する譲渡

②　前項の場合において、同項第一号に掲げる相続又は遺贈により取得した次の各号に掲げる資産を譲渡したときにおける当該資産の取得費については、同項の規定にかかわらず、当該各号に定めるところによる。

【配偶者居住権関係の、建物又は土地等の所有権取得者の譲渡の規定】

一　配偶者居住権の目的となっている建物

当該建物に配偶者居住権が設定されていないとしたならば当該建物を譲渡した時において前項の規定により当該建物の取得費の額として計算される金額から当該建物を譲渡した時において当該配偶者居住権が消滅したとしたならば次項の規定により配偶者居住権の取得費とされる金額を控除する。

【所有者本来の譲渡時の取得費－下記③一号（Ⓐ－Ⓑ）＝居住建物の取得費】

二　配偶者居住権の目的となっている建物の敷地の用に供される土地（土地の上に存する権利を含む。以下この号及び次項第二号において同じ。）【敷地所有権等】

当該建物に配偶者居住権が設定されていないとしたならば当該土地を譲渡した時において前項の規定により当該土地の取得費の額として計算される金額から当該土地を譲渡した時において当該土地を当該配偶者居住権に基づき使用する権利が消滅したとしたならば次項の規定により当該権利の取得費とされる金額を控除する。

【所有者本来の譲渡時の取得費－下記③二号（Ⓒ－Ⓓ）＝敷地所有権等の取得費】

③　第一項の場合において、同項第一号に掲げる相続又は遺贈により取得した次の各号に掲げる権利が消滅したときにおける譲渡所得の金額の計算については、同項の規定にかかわらず、当該各号に定めるところによる。【配偶者の譲渡の規定】

この場合において、第三十八条第二項（譲渡所得の金額の計算上控除する取得費）の規定【業務用・非業務用に区分して取得費を計算】は、適用しない。

一　配偶者居住権

当該相続又は遺贈により当該配偶者居住権を取得した時において、その時に当該配偶者居住権の目的となっている建物を譲渡したとしたならば当該建物の取得費の額として計算される金額のうちその時における配偶者居住権の価額に相当する金額に対応する部分の金額として政令【所令169の２①配偶者居住権の取得費の基となる金額Ⓐ】で定めるところにより計算した金額により当該配偶者居住権を取得したものとし、当該金額から当該配偶者居住権の存続する期間を基礎として政令【所令169の２②取得費の金額の計算上控除する金額Ⓑ】で定めるところにより計算した金額を控除した金額をもって当該配偶者居住権の第三十八条第一項に規定する取得費とする。【配偶者居住権の譲渡所得の計算上控除する取得費＝Ⓐ－Ⓑ】

二　配偶者居住権の目的となっている建物の敷地の用に供される土地を当該配偶者居住権に基づき使用する権利

　当該相続又は遺贈により当該権利を取得した時において、その時に当該土地を譲渡したとしたならば当該土地の取得費の額として計算される金額のうちその時における当該権利の価額に相当する金額に対応する部分の金額として政令【所令169の２③配偶者敷地利用権の取得費の基となる金額Ⓒ】で定めるところにより計算した金額により当該権利を取得したものとし、当該金額から当該配偶者居住権の存続する期間を基礎として政令【所令169の２④配偶者居住権消滅後の譲渡時取得費Ⓓ】で定めるところにより計算した金額を控除した金額をもって当該権利の第三十八条第一項に規定する取得費とする。

【敷地利用権の譲渡所得の計算上控除する取得費＝Ⓒ－Ⓓ】

④　居住者が前条第一項第一号に掲げる相続又は遺贈により取得した資産を譲渡した場合における事業所得の金額、山林所得の金額、譲渡所得の金額又は雑所得の金額の計算については、その者が当該資産をその取得の時における価額に相当する金額により取得したものとみなす。

所得税法施行令

（短期譲渡所得の範囲）第82条

①　法第三十三条第三項第一号（短期譲渡所得）に規定する政令で定める所得は、次に掲げる所得とする。**【短期譲渡所得にならないものの限定列挙】**

一　自己の研究の成果である特許権、実用新案権その他の工業所有権、自己の育成の成果である育成者権、自己の著作に係る著作権及び自己の探鉱により発見した鉱床に係る採掘権の譲渡による所得

二　法第六十条第一項第一号（贈与等により取得した資産の取得費等）に掲げる相続又は遺贈により取得した同条第三項第一号に掲げる配偶者居住権の消

滅（当該配偶者居住権を取得した時に当該配偶者居住権の目的となっている建物を譲渡したとしたならば同条第一項の規定により当該建物を取得した日とされる日以後五年を経過する日後の消滅に限る。）による所得【配偶者居住権の所有期間の話し。満計算】

【甲の取得時期（配偶者居住権の取得時期ではない）から５年経過後の消滅】

三　法第六十条第一項第一号に掲げる相続又は遺贈により取得した同条第三項第二号に掲げる配偶者居住権の目的となっている建物の敷地の用に供される土地（土地の上に存する権利を含む。以下この号において同じ。）を当該配偶者居住権に基づき使用する権利の消滅（当該権利を取得した時に当該土地を譲渡したとしたならば同条第一項の規定により当該土地を取得した日とされる日以後五年を経過する日後の消滅に限る。）による所得【敷地利用権の所有期間の話し。満計算】

（譲渡所得の収入金額とされる補償金等）第95条

①　契約（契約が成立しない場合に法令によりこれに代わる効果を認められる行政処分その他の行為を含む。）に基づき、又は資産の消滅（価値の減少を含む。以下この条において同じ。）を伴う事業でその消滅に対する補償を約して行なうものの遂行により譲渡所得の基因となるべき資産が消滅をしたこと（借地権の設定その他当該資産について物権を設定し又は債権が成立することにより価値が減少したことを除く。）に伴い、その消滅につき一時に受ける補償金その他これに類するものの額は、譲渡所得に係る収入金額とする。

（贈与等により取得した資産の取得費等）第169条の２

①　法第六十条第三項第一号（贈与等により取得した資産の取得費等）に規定するその時における配偶者居住権の価額に相当する金額に対応する部分の金額として政令で定めるところにより計算した金額は、同号に規定する配偶者居住権の目的となっている建物の取得費の額として計算される金額に、第一号に掲げる価額が次に掲げる価額の合計額のうちに占める割合を乗じて計算した金額とする。

【配偶者居住権の取得費の基となる金額＝Ⓐ】

一　その相続開始の時において配偶者居住権につき相続税法（昭和二十五年法律第七十三号）第二十三条の二第一項（配偶者居住権等の評価）の規定を適用したならば同項の規定により計算される当該配偶者居住権の価額

二　その相続開始の時において当該建物につき相続税法第二十三条の二第二項の規定を適用したならば同項の規定により計算される当該建物の価額

$$\text{（全体の）建物の取得費} \times \frac{\text{（配偶者居住権価額）}}{\text{（配偶者居住権価額）} + \text{（居住建物の価額）} = 100} = Ⓐ$$

②　法第六十条第三項第一号に規定する配偶者居住権の存続する期間を基礎として政令で定めるところにより計算した金額は、前項の規定により計算した金額に、配偶者居住権を取得した時から当該配偶者居住権が消滅した時までの期間の年数（六月以上の端数は一年とし、六月に満たない端数は切り捨てる。）が相続税法第二十三条の二第一項第二号イに規定する配偶者居住権の存続年数のうちに占める割合（当該割合が一を超える場合には、一とする。）を乗じて計算した金額とする。

【取得費の金額の計算上控除する金額Ⓑ（取得費計算明細書⑩欄）】

$$\text{配偶者居住権の取得費} \times Ⓐ \ \frac{\text{経過年数（取得時～消滅時）}}{\text{配偶者居住権の存続年数（平均余命）}} - Ⓑ$$

③　法第六十条第三項第二号に規定するその時における配偶者居住権の目的となっている建物の敷地の用に供される土地（土地の上に存する権利を含む。以下この条において同じ。）を当該配偶者居住権に基づき使用する権利の価額に相当する金額に対応する部分の金額として政令で定めるところにより計算した金額は、同号に規定する配偶者居住権の目的となっている建物の敷地の用に供される土地の取得費の額として計算される金額に、第一号に掲げる価額が次に掲げる価額の合計額のうちに占める割合を乗じて計算した金額とする。

【配偶者敷地利用権の取得費の基となる金額Ⓒ】

一　その相続開始の時において当該権利につき相続税法第二十三条の二第三項の規定を適用したならば同項の規定により計算される当該権利の価額

二　その相続開始の時において当該土地につき相続税法第二十三条の二第四項の規定を適用したならば同項の規定により計算される当該土地の価額

$$\text{（全体の）土地の取得費} \times \frac{\text{（敷地利用権価額）}}{\text{（敷地利用権価額）} + \text{（敷地所有権等価額）} = 100} = Ⓒ$$

④　法第六十条第三項第二号に規定する配偶者居住権の存続する期間を基礎として政令で定めるところにより計算した金額は、前項の規定により計算した金額に、配偶者居住権の目的となっている建物の敷地の用に供される土地を当該配偶者居住権に基づき使用する権利を取得した時から当該権利が消滅した時まで

の期間の年数(六月以上の端数は一年とし、六月に満たない端数は切り捨てる。)が相続税法第二十三条の二第一項第二号イに規定する配偶者居住権の存続年数のうちに占める割合（当該割合が一を超える場合には、一とする。）を乗じて計算した金額とする。

$$\text{敷地利用権の取得費Ⓒ}\times\frac{\text{経過年数（取得時〜消滅時）}}{\text{配偶者居住権の存続年数（平均余命）}}=\text{Ⓓ}$$

⑤　法第六十条第一項第一号に掲げる相続又は遺贈により配偶者居住権の目的となっている建物を取得した居住者が、当該配偶者居住権が消滅した後に当該建物を譲渡した場合における当該建物の取得費については、次に定めるところによる。

【配偶者居住権消滅後に建物を譲渡時の取得費】

一　当該配偶者居住権の消滅につき法第六十条第三項の規定によりその取得費とされた金額がある場合には、当該取得費とされた金額を法第三十八条第一項（譲渡所得の金額の計算上控除する取得費）に規定する資産の取得に要した金額並びに設備費及び改良費の額の合計額から控除するものとする。

【100 ＋ 20 －当該取得費とされた金額】

二　当該居住者が当該配偶者居住権の消滅につき対価を支払った場合における当該対価の額は、法第三十八条第一項に規定する資産の取得に要した金額並びに設備費及び改良費の額の合計額に含まれるものとする。【100 ＋ 20 ＋対価】

⑥　法第六十条第一項第一号に掲げる相続又は遺贈により配偶者居住権の目的となっている建物の敷地の用に供される土地を取得した居住者が、当該土地を当該配偶者居住権に基づき使用する権利が消滅した後に当該土地を譲渡した場合における当該土地の取得費については、次に定めるところによる。

【Ⓔ配偶者敷地利用権消滅後の譲渡時取得費】

一　当該権利の消滅につき法第六十条第三項の規定によりその取得費とされた金額がある場合には、当該取得費とされた金額を法第三十八条第一項に規定する資産の取得に要した金額並びに設備費及び改良費の額の合計額から控除するものとする。

【100 ＋ 20 －当該取得費とされた金額】

二　当該居住者が当該権利の消滅につき対価を支払った場合における当該対価の額は、法第三十八条第一項に規定する資産の取得に要した金額並びに設備

費及び改良費の額の合計額に含まれるものとする。【100 ＋ 20 ＋対価】

⑦　法第六十条第一項第一号に掲げる相続又は遺贈により取得した配偶者居住権を有する居住者が、その後において次の各号に掲げる資産を取得し、当該資産を譲渡した場合には、その者が当該資産を当該各号に掲げる資産の区分に応じ当該各号に定める金額をもって取得したものとして、譲渡所得の金額を計算する。

【配偶者居住権等者が建物又は土地等を取得した場合】

一　当該配偶者居住権の目的となっている建物

当該建物の取得費に、当該建物の取得の時に当該配偶者居住権が消滅したものとして法第六十条第三項の規定を適用したならば当該配偶者居住権の取得費とされる金額を加算した金額

二　当該配偶者居住権の目的となっている建物の敷地の用に供される土地

当該土地の取得費に、当該土地の取得の時に当該土地を当該配偶者居住権に基づき使用する権利が消滅したものとして法第六十条第三項の規定を適用したならば当該権利の取得費とされる金額を加算した金額

所得税基本通達

（配偶者居住権等の消滅による所得）33－6の8

配偶者居住権又は当該配偶者居住権の目的となっている建物の敷地の用に供される土地（土地の上に存する権利を含む。）を当該配偶者居住権に基づき使用する権利の消滅につき対価の支払を受ける場合における当該対価の額は、令第95条に規定する譲渡所得に係る収入金額に該当することに留意する。（令２課資３－７、課個２－18、課法11－４、課審７－９追加）（2020.07.01 追加）

（土地建物等以外の資産の取得費）38－16

土地建物等以外の資産（通常、譲渡所得の金額の計算上控除する取得費がないものとされる土地の地表又は地中にある土石等並びに借家権及び漁業権等を除く。）を譲渡した場合における譲渡所得の金額の計算上収入金額から控除する取得費は、法第38条及び第61条の規定に基づいて計算した金額となるのであるが、当該収入金額の100分の５に相当する金額を取得費として譲渡所得の金額を計算しているときは、これを認めて差し支えないものとする。（平４課資３－１、課所４－12追加、令２課資３－７、課個２－18、課法11－４、課審７－９改正）

（注）　配偶者居住権又は当該配偶者居住権の目的となっている建物の敷地の用に供される土地（土地の上に存する権利を含む。）を当該配偶者居住権に基づき使用する権

利の消滅につき対価の支払を受ける場合における譲渡所得の金額の計算上収入金額から控除する取得費については、60－５参照

(贈与等の際に支出した費用）60－２

法第60条第１項第１号に掲げる贈与、相続又は遺贈（以下この項において「贈与等」という。）により譲渡所得の基因となる資産を取得した場合において、当該贈与等に係る受贈者等が当該資産を取得するために通常必要と認められる費用を支出しているときには、当該費用のうち当該資産に対応する金額については、37－５及び49－３の定めにより各種所得の金額の計算上必要経費に算入された登録免許税、不動産取得税等を除き、当該資産の取得費に算入できることに留意する。（平17課資３－７、課個２－25、課審６－13追加、令２課資３－７、課個２－18、課法11－４、課審７－９改正）

（注）　当該贈与等以外の事由により非業務用の固定資産を取得した場合の登録免許税等については、38－９参照

(法第60条第２項の適用範囲）60－３

法第60条第２項の規定は、配偶者居住権の設定に係る同条第１項第１号に掲げる相続又は遺贈により当該配偶者居住権の目的となっている建物又は当該建物の敷地の用に供される土地（土地の上に存する権利を含む。以下60－10までにおいて同じ。）を取得した居住者が当該建物又は当該土地を譲渡した場合について適用があるのであるが、当該居住者から同号に掲げる贈与、相続又は遺贈により当該建物又は当該土地を取得した居住者が当該建物又は当該土地を譲渡した場合においても、その譲渡した当該建物又は当該土地の取得費については、同項の規定により、引き続きこれを所有していたものとみなされることから、同条第２項の規定の適用があることに留意する。((2020.07.01）令２課資３－７、課個２－18、課法11－４、課審７－９追加)

(「配偶者居住権等を取得した時」の意義）60－４

法第60条第３項第１号に規定する「配偶者居住権を取得した時」及び同項第２号に規定する「当該権利を取得した時」とは、配偶者居住権が設定された時をいうことに留意する。

（注）　配偶者居住権が設定された時については、昭和34年１月28日付直資10「相続税法基本通達の全部改正について」通達23の２－２《「配偶者居住権が設定された時」の意義》参照（令２課資３－７、課個２－18、課法11－４、課審７－９追加）

(配偶者居住権等の取得費）60－５

配偶者居住権又は当該配偶者居住権の目的となっている建物の敷地の用に供さ

れる土地を当該配偶者居住権に基づき使用する権利（以下60－10までにおいて「配偶者居住権等」という。）が消滅した場合における譲渡所得の金額の計算上収入金額から控除する取得費は、法第60条第３項の規定により計算した金額となるのであるが、当該収入金額の100分の５に相当する金額を取得費として譲渡所得の金額を計算しているときは、これを認めて差し支えないものとする。（令２課資３－７、課個２－18、課法11－４、課審７－９追加）

（配偶者居住権等の取得費に算入する金額）60－6

法第60条第３項の規定により配偶者居住権等の取得費を計算する場合において、配偶者居住権等を取得した後に、当該配偶者居住権の目的となっている建物又は当該建物の敷地の用に供される土地について改良、改造等が行われたときであっても、当該改良、改造等に要した費用の額は、同項の規定による配偶者居住権等の取得費の計算上加算されないことに留意する。ただし、配偶者居住権等を取得した場合に、60－２において資産の取得費に算入できることとされる金額については、令第169条の２第１項又は第３項《贈与等により取得した資産の取得費等》の規定により計算した金額に加算して、配偶者居住権等の取得費を計算して差し支えない。（令２課資３－７、課個２－18、課法11－４、課審７－９追加）

（令第169条の２第５項第１号及び第６項第１号に規定する配偶者居住権等の「取得費とされた金額」）60－7

令第169条の２第５項第１号及び第６項第１号に規定する配偶者居住権等の「取得費とされた金額」については、配偶者居住権を有していた居住者が配偶者居住権等の消滅による譲渡所得の金額の計算上控除した取得費について、60－５の定めにより計算した場合又は60－６ただし書の定めにより加算した金額がある場合であっても、法第60条第３項の規定により計算した金額によることに留意する。（令２課資３－７、課個２－18、課法11－４、課審７－９追加）

（配偶者居住権等の消滅につき対価を支払わなかった場合における建物又は土地の取得費）60－8

配偶者居住権の設定に係る法第60条第１項第１号に掲げる相続又は遺贈により配偶者居住権の目的となっている建物又は当該建物の敷地の用に供される土地を取得した居住者が、配偶者居住権等の消滅につき対価を支払わなかった場合において、その消滅後にその居住者が当該建物又は当該土地を譲渡したときにおける当該建物又は当該土地の取得費は、当該配偶者居住権の設定に係る相続又は遺贈の時から配偶者居住権が設定されていなかったものとした場合において計算

される取得費の額となることに留意する。（令２課資３－７、課個２－18、課法11－４、課審７－９追加）

（配偶者居住権の目的となっている建物又は当該建物の敷地の用に供される土地の購入後に配偶者居住権等の消滅につき対価を支払った場合における当該建物又は当該土地の取得費）60－９

配偶者居住権の設定に係る法第60条第１項第１号に掲げる相続又は遺贈により配偶者居住権の目的となっている建物又は当該建物の敷地の用に供される土地を取得した居住者から当該建物又は当該土地を購入した居住者が、対価を支払って配偶者居住権等を消滅させた後に当該建物又は当該土地を譲渡した場合における当該消滅の対価の額については、当該建物又は当該土地の取得費の計算上、令第169条の２第５項第２号又は第６項第２号の規定を準用するものとする。（令２課資３－７、課個２－18、課法11－４、課審７－９追加）

（配偶者居住権を有する居住者が贈与等により建物又は土地を取得した場合における当該建物又は当該土地の取得費）60－10

配偶者居住権を有する居住者（以下この項において「配偶者」という。）が、当該配偶者居住権の設定に係る法第60条第１項第１号に掲げる相続又は遺贈により当該配偶者居住権の目的となっている建物又は当該建物の敷地の用に供される土地を取得した居住者から同号に掲げる贈与、相続又は遺贈により当該建物又は当該土地を取得したことにより配偶者居住権等が消滅した場合において、その消滅後に配偶者が当該建物又は当該土地を譲渡したときにおける当該建物又は当該土地の取得費は、当該配偶者居住権の設定に係る相続又は遺贈の時から配偶者居住権が設定されていなかったものとした場合において計算される取得費の額となることに留意する。（令２課資３－７、課個２－18、課法11－４、課審７－９追加）

措置法関係通達

（分離課税とされる譲渡所得の基因となる資産の範囲）31・32共－１

措置法第31条第１項又は第32条第１項（同条第２項において準用する場合を含む。）の規定により分離課税とされる譲渡所得の基因となる資産は、次に掲げる資産に限られるから、鉱業権（租鉱権及び採石権その他土石を採掘し又は採取する権利を含む。）、温泉を利用する権利、配偶者居住権（当該配偶者居住権の目的となっている建物の敷地の用に供される土地（土地の上に存する権利を含む。）を当該配偶者居住権に基づき使用する権利を含む。）、借家権、土石（砂）

などはこれに含まれないことに留意する。（平19課資３－５、課個２－15、課審６－９、令２課資３－７、課個２－18、課法11－４、課審７－９改正）

⑴　土地若しくは土地の上に存する権利又は建物及びその付属設備若しくは構築物（以下「土地建物等」という。）

⑵　事業又はその用に供する資産の譲渡に類するものとして措置法令第21条第４項第２号に掲げる株式等（措置法第32条第２項に規定する株式等をいう。）のうち措置法令第21条第３項各号に掲げるもの

（配偶者居住権等が消滅した場合における建物又は土地等の所有期間の判定）
31・32共－７

配偶者居住権又は当該配偶者居住権の目的となっている建物の敷地の用に供される土地等を当該配偶者居住権に基づき使用する権利（以下この項及び次項において「配偶者居住権等」という。）が消滅した後に、当該配偶者居住権の目的となっていた建物又は当該土地等を譲渡した場合において、措置法第31条第２項に規定する所有期間を判定するときにおける同項に規定する「その取得をした日」は、配偶者居住権等の消滅の時期にかかわらず、当該建物又は当該土地等の取得をした日によることに留意する。（令２課資３－７、課個２－18、課法11－４、課審７－９追加）

（配偶者居住権を有する居住者が建物又は土地等を取得した場合の所有期間の判定）31・32共－８

配偶者居住権を有する居住者が、当該配偶者居住権の目的となっている建物又は当該建物の敷地の用に供される土地等を取得し当該建物又は当該土地等を譲渡した場合において、措置法第31条第２項に規定する所有期間を判定するときにおける同項に規定する「その取得をした日」は、配偶者居住権等の取得の時期にかかわらず、当該建物又は当該土地等の取得をした日によることに留意する。（令２課資３－７、課個２－18、課法11－４、課審７－９追加）

（借家権の範囲）33－31

措置法第33条第１項第３号の２及び第３号の３に規定する借家権には、配偶者居住権が含まれることに留意する。

なお、配偶者居住権に係る補償金がこれらの号に該当する場合における当該配偶者居住権の目的となっている建物の敷地の用に供される土地等を当該配偶者居住権に基づき使用する権利に係る補償金については、同条第３項第２号の補償金に該当するものとして取り扱う。（令２課資３－７、課個２－18、課法11－４、課審７－９改正）

（配偶者居住権の目的となっている建物の敷地の用に供される土地等を当該配偶者居住権に基づき使用する権利の価値の減少による損失補償金の取扱い）
33－31の3

配偶者居住権の目的となっている建物の敷地の用に供される土地等が措置法第33条の2第1項第1号の規定に該当することとなったことに伴い当該土地等を当該配偶者居住権に基づき使用する権利の価値が減少した場合において、当該権利の対価又は損失に対する補償金（措置法令第22条第22項に規定するものに限る。）を取得するときは、措置法第33条第3項第4号の規定に準じ、同項の規定の適用があるものとして取り扱うことができるものとする。（令2課資3－7、課個2－18、課法11－4、課審7－9追加）

（配偶者居住権等を有していた者の居住の用に供する建物）33－38の2

配偶者居住権又は当該配偶者居住権の目的となっている建物の敷地の用に供される土地等を当該配偶者居住権に基づき使用する権利の代替資産を取得する場合における措置法令第22条第4項第1号ロ若しくはハ又は第3号イ若しくはロに規定する「居住の用に供する建物」については、当該建物を居住の用と居住の用以外の用とに併せて供する場合においても、これらの号に規定する「居住の用に供する建物」に該当するものとして取り扱って差し支えない。（令2課資3－7、課個2－18、課法11－4、課審7－9追加）

（配偶者居住権等を有していた者の居住の用に供する建物の判定）33－38の3

措置法令第22条第4項第1号ロ若しくはハ又は第3号イ若しくはロに規定する「居住の用に供する建物」であるかどうかは、配偶者居住権又は当該配偶者居住権の目的となっている建物の敷地の用に供される土地等を当該配偶者居住権に基づき使用する権利を有していた者が、取得資産を取得してから相当の期間内にその者の居住の用に供したかどうかによって判定するのであるが、その取得の日以後1年を経過した日（当該取得の日の属する年分の確定申告期限がこれより後に到来する場合には、当該期限）までにその居住の用に供しているときは、相当の期間内に居住の用に供したものとして取り扱う。（令2課資3－7、課個2－18、課法11－4、課審7－9追加）

（借家権の範囲）33の3－1

措置法第33条の3第2項及び第4項に規定する借家権には、配偶者居住権及び当該配偶者居住権の目的となっている建物の敷地の用に供される土地等を当該配偶者居住権に基づき使用する権利が含まれることに留意する。（令2課資3－7、課個2－18、課法11－4、課審7－9追加）

〔措置法第69条の４《小規模宅地等についての相続税の課税価格の計算の特例》関係〕

（配偶者居住権等）69の４－１の２　省略

（被相続人等の事業の用に供されていた宅地等の範囲）69の４－４　省略

（宅地等が配偶者居住権の目的となっている建物等の敷地である場合の被相続人等の事業の用に供されていた宅地等の範囲）69の４―４の２　省略

（被相続人等の居住の用に供されていた宅地等の範囲）69の４－７　省略

（宅地等が配偶者居住権の目的となっている家屋の敷地である場合の被相続人等の居住の用に供されていた宅地等の範囲）69の４―７の２　省略

（法人の事業の用に供されていた宅地等の範囲）69の４－23　省略

（被相続人等の貸付事業の用に供されていた宅地等）69の４－24の２　省略

借地借家法

（自己借地権）第15条

①　借地権を設定する場合においては、他の者と共に有することとなるときに限り、借地権設定者が自らその借地権を有することを妨げない。

②　借地権が借地権設定者に帰した場合であっても、他の者と共にその借地権を有するときは、その借地権は、消滅しない。

（建物賃貸借の対抗力）第31条

①　建物の賃貸借は、その登記がなくても、建物の引渡しがあったときは、その後その建物について物権を取得した者に対し、その効力を生ずる。

○　公共用地の取得に伴う損失補償基準要綱（昭和37年閣議決定）（抄）

（建物等の移転料）第24条　省略

（配偶者居住権を有する者に対する建物の移転に係る補償）第24条の２　省略

○　公共用地の取得に伴う損失補償基準細則（昭和38年用地対策連絡会決定）（抄）

別記５（配偶者居住権補償実施要領）

（配偶者居住権の目的となっている建物の敷地の用に供されている土地に対する補償）第２条　省略

（配偶者居住権の目的となっている建物の敷地の用に供されている土地に関する所有権以外の権利に対する補償）第３条　省略

（土地の取得により配偶者居住権を有する者に通常生じる損失の補償）第５条　省略

遺言書の分類　確立した見解ではありません。

（遺言書の文言に遺贈すると書いていない）相続人に限定。

❶　相続分の指定➡共同相続人の相続分を定めること（民法902）。

例　「配偶者に3/5を相続させる。」

❷　相続分の指定を伴う遺産分割方法の指定➡遺産に属する特定の財産を共同相続人の一人又は数人に承継させる旨の遺言

「★特定財産承継遺言」（民法1014②）

例　「○○を○○に相続（又は承継）させる。」

❸　遺産分割の方法の指定➡遺産の分割の方法を定めること（民法908）。

例　「各物件を現物で分割せよ。」

（遺言書の文言に遺贈すると書いている）相続人に限定しない。

❶　特定遺贈　　物件何々をＡに遺贈する

❷　包括遺贈

①全部的包括遺贈＝消極財産も含めて全財産を包括した遺贈

例　遺産の全部を○○に包括遺贈する。（遺産分割協議不要）

②割合的包括遺贈＝全財産の割合的な一部を包括した遺贈

例　全財産の３分の２を○○に遺贈する。（遺産分割協議必要）

遺産分割だから➡割合の変更は可能

贈与税の問題は発生しないと思われる。

③特定財産を除いた財産についての包括遺贈＝特定遺贈と包括遺贈の併存型の遺贈のうち包括遺贈（遺産分割協議必要）

遺産分割だから➡割合の変更は可能

贈与税の問題は発生しないと思われる。

「配偶者居住権付建物の使用及び収益に必要な修繕（例示）」財務省

項目	種別		内容
畳	畳表		取替え又は裏返し
畳	畳床、縁		取替え
建具	障子紙、ふすま紙、戸ぶすま紙		張替え
建具	障子のさん及びかまち、ふすまの縁及び骨、戸ぶすま浴室の屋内に面する窓、浴室、便所、物置その他屋内間仕切りの扉、引き戸及びアコーデオンカーテン、建具の引き手その他附属物外回り建具の附属金物及びガラス		修理又は取替え
浴室等	風呂釜	風呂釜の外箱、熱交換器及び給排気筒を除く部品	修理又は取替え
浴室等	風呂釜	浴槽のふた、排水栓（鎖を含む。）保温材及びパッキング類	修理又は取替え
浴室等	風呂釜	瞬間湯沸かし器の取合い部分	修理又は取替え
浴室等	風呂釜	すのこ及び踏み板	修理又は取替え
浴室等	給湯器及び給湯暖房機	ツマミ、点検確認窓、その他の付属品	修理又は取替え
浴室等	給湯器及び給湯暖房機	コントロールボックス	修理又は取替え
壁	タイル張り		タイルの部分張替
壁	塗装		塗り替え
床	タイル張り		タイルの部分張替
床	カーペット及び合成樹脂系床材		修理又は取替え
外回り	木製		附属金物、ガラス、レール、パテその他の附属品等の修理又は取替え
外回り	鋼製及びステンレス製		附属金物（ドアクローザー含む。）ガラス、パテその他の附属品等の修理又は取替え（レール及び戸車を除く。）
外回り	アルミ製		附属金物、ガラス、網戸、戸車、ピートその他の付属品等の修理又は取替え（レールを除く。）

備品その他	水切りだな（ステンレス製）		取付け組み直し
	つり戸だな		扉の建付調整及び附属金物、レール、たな板、ガラス戸、防虫網、換気孔等の修理又は取替え
	げた箱		扉の建付調整及び附属金物、レール、たな板等の修理又は取替え
	化粧箱（たな）及び化粧鏡		取付け緩み直し及び本体附属物の修理又は取替え
	及び調理 台）台所 流し（ガ ス台	ステンレス	修理又は取替え
		下部戸だな	扉の建付調整及び附属金物、たな板、すのこ、防虫網、換気孔等の修理又は取替え
	ペーパーホルダー		修理又は取替え
	ハンガー用ボルト、化粧インサート、帽子掛け、タオル掛け及び手すり		修理又は取替え
	カーテンレール及びランナー		修理又は取替え
	郵便受け及び牛乳受け		ふた及び附属金物の修理又は取替え（集合郵便受箱を除く。）
	室名札		修理又は取替え
	物置		たな板の修理又は取替え
給排水設備	洗面器	陶器	見え掛り配管の漏水処理、取付け緩み直し及びゴムせん（鎖を含む。）の修理又は取替え
		収納キャビネット	扉の建付調整及び附属金物、引出し等の修理又は取替え
	手洗器		見え掛り配管の漏水処理、取付け緩み直し
	便器等	便器	見え掛り配管の漏水処理、取付け緩み直し並びに便座、便ぶた及び同丁番の修理又は取替え
		フラッシュバルブ	見え掛り配管の漏水処理及びハンドル、パッキングその他の部品の修理又は取替え

		ロータンク	見え掛り配管の漏水処理、取付け緩み直し及びレバー、フロートその他の部品の修理又は取替え
	各種給水、給湯せん		修理又は取替え（シャワーセットを含む。持出しソケットを除く。）
	洗面器及びロータンク用止水せん		修理又は取替え
	排水トラップ（流し）		目ざら、中ざら及びわんの取替え
	排水トラップ（浴室及び洗濯機置場）		目ざら及びわんの取替え
	バルコニー排水目皿		取替え
電気設備	電球、けい光灯管、点灯管等		取替え
	白熱灯器具及びけい光灯器具		修理又は取替え
	各種プレート		修理又は取替え
	各種スイッチ		修理又は取替え
	コンセント		修理又は取替え（埋込コンセントを除く。）
	ブザー、押しボタン及びチャイム		修理又は取替え
	インターホン		修理又は取替え
	テレビ用室内端子及びフィーダー線		修理又は取替え（直列ユニット及び整合器を除く。）
	アース端子		修理又は取替え
換気設備	台所換気扇（プロペラ型）及びパイプファン		修理又は取替え
	レンジファンその他排気・換気用ファン		フィルター、室内グリル及び羽根の修理又は取替え
ガス設備	ガス・栓	ガスカラン	修理又は取替え
		埋込ボックス	プレート及びつまみの修理又は取替え

（注）上記に掲げる修繕は、配偶者居住権者の費用で実施するものとし、修繕をするに当たって国への事前承認は不要である。

参考　賃貸人・賃借人の修繕分担表

原状回復をめぐるトラブルとガイドライン

平成23年８月　国土交通省住宅局

賃貸人の負担となるもの	賃借人の負担となるもの
【床（畳・フローリング・カーペットなど）】	
1.　畳の裏返し、表替え（特に破損してないが、次の入居者確保のために行うもの） 2.　フローリングのワックスがけ 3.　家具の設置による床、カーペットのへこみ、設置跡 4.　畳の変色、フローリングの色落ち（日照、建物構造欠陥による雨漏りなどで発生したもの）	1.　カーペットに飲み物等をこぼしたことによるシミ、カビ（こぼした後の手入れ不足等の場合） 2.　冷蔵庫下のサビ跡（サビを放置し、床に汚損等の損害を与えた場合） 3.　引越作業等で生じた引っかきキズ 4.　フローリングの色落ち（賃借人の不注意で雨が吹き込んだことなどによるもの）
【壁、天井（クロスなど）】	
1.　テレビ、冷蔵庫等の後部壁面の黒ずみ（いわゆる電気ヤケ） 2.　壁に貼ったポスターや絵画の跡 3.　壁等の画鋲、ピン等の穴（下地ボードの張替えは不要な程度のもの） 4.　エアコン（賃借人所有）設置による壁のビス穴、跡 5.　クロスの変色（日照などの自然現象によるもの）	1.　賃借人が日常の清掃を怠ったための台所の油汚れ（使用後の手入れが悪く、ススや油が付着している場合） 2.　賃借人が結露を放置したことで拡大したカビ、シミ（賃貸人に通知もせず、かつ、拭き取るなどの手入れを怠り、壁等を腐食させた場合） 3.　クーラーから水漏れし、賃借人が放置したため壁が腐食 4.　タバコのヤニ、臭い（喫煙等によりクロス等が変色したり、臭いが付着している場合） 5.　壁等のくぎ穴、ネジ穴（重量物をかけるためにあけたもので、下地ボードの張替えが必要な程度のもの） 6.　賃借人が天井に直接つけた照明器具の跡 7.　落書き等の故意による毀損
【建具等、襖、柱等】	
1.　網戸の張替え（特に破損はしてないが、次の入居者確保のために行うもの） 2.　地震で破損したガラス 3.　網入りガラスの亀裂（構造により自然に発生したもの）	1.　飼育ペットによる柱等のキズ、臭い（ペットによる柱、クロス等にキズが付いたり、臭いが付着している場合） 2.　落書き等の故意による毀損
【設備、その他】	

1. 専門業者による全体のハウスクリーニング（賃借人が通常の清掃を実施している場合） 2. エアコンの内部洗浄（喫煙等の臭いなどが付着していない場合） 3. 消毒（台所・トイレ） 4. 浴槽、風呂釜等の取替え（破損等はしていないが、次の入居者確保のために行うもの） 5. 鍵の取替え（破損、鍵紛失のない場合） 6. 設備機器の故障、使用不能（機器の寿命によるもの）	1. ガスコンロ置き場、換気扇等の油汚れ、すす（賃借人が清掃・手入れを怠った結果汚損が生じた場合） 2. 風呂、トイレ、洗面台の水垢、カビ等（賃借人が清掃・手入れを怠った結果汚損が生じた場合） 3. 日常の不適切な手入れもしくは用法違反による設備の毀損 4. 鍵の紛失又は破損による取替え 5. 戸建賃貸住宅の庭に生い茂った雑草

〈監修者　プロフィール〉

高橋　安志（たかはし　やすし）

山形県大石田町（おおいしだまち）出身

山形県大石田町立亀井田中学校卒業（人生大学在学中）

現在（税理士法人）安心資産税会計 会長 代表税理士

（有）相続110番協議会　代表取締役

（一般社団法人）安心相続相談センター　理事

（一般社団法人）法律・税金・経営を学ぶ会　理事長

伊沢　甲子麿（きねまろ）先生の最後の弟子

〈著者　プロフィール〉

大塚　政仁（おおつか　まさひと）

社員税理士

千葉県我孫子市出身

現在　税理士法人　安心資産税会計　社長

〈著者　プロフィール〉

平田　康治（ひらた　こうじ）

社員税理士

青森県青森市出身

現在　税理士法人　安心資産税会計　専務

税理士法人　安心資産税会計

相続税・贈与税・譲渡税（資産税）の専門税理士として40年超の実績から多数のノウハウ（**特に小規模宅地特例・相続後空き家住宅譲渡特例・配偶者居住権・**他）を所有し同業者からも相談される税理士事務所を経営。（税理士向け講演年30回以上・一般向け30回以上）

銀行・不動産会社・証券会社・税理士会等で相続税等の実務的な講演多数。

資産税の各種研究会会員（ＴＫＣ資産対策研究会、税理士懇話会、ＴＨ会）

平成５年 10 月から毎月第３土曜日に（税理士・不動産鑑定士の資産税研究会）＝第３土曜会を主宰している。

著　書　「よくわかる小規模宅地特例のすべて／平成７年９月」　初版
他　合計37冊（2024年８月現在）

取　材　「日本経済新聞」「ガイアの夜明け」「週刊新潮」「サンデー毎日」
「週刊現代」「日経ムック」「プレジデント」「週刊ダイヤモンド」
「全国賃貸住宅新聞」「家主と地主」その他　多数

ＴＶ出演
平成27年８月31日ＴＶ朝日　モーニングバードに生出演　他多数
テレビ埼玉・千葉・神奈川の「マチコミ」という番組で準レギュラー生出演

ＴＶＣＭ放映
月曜日　ＴＢＳ（ザ・タイム）05：20 ～ 05：55
木曜日　テレビ埼玉（ゴルフ）22：00 ～ 22：30
日曜日　テレビ埼玉（ゴルフ）06：00 ～ 06：30

税理士法人　安心資産税会計
（本部事務所の所在地）115－0045
東京都北区赤羽１－５２－10　メトロシティ赤羽岩淵５階
ＴＥＬ　フリーダイヤル　0120－430－506　ＦＡＸ03－5249－0586
（地下鉄南北線赤羽岩淵駅　一番出口　真上のビル　徒歩０分）
ＪＲ赤羽駅　東口　徒歩７分

Q&A 実例から学ぶ
配偶者居住権のすべて

令和３年６月28日　第１刷発行
令和６年９月10日　第４刷発行

監　修　高橋　安志
著　者　大塚　政仁・平田　康治

発　行　株式会社ぎょうせい
〒136-8575　東京都江東区新木場１-18-11
URL：https://gyosei.jp

フリーコール　0120-953-431
ぎょうせい　お問い合わせ　検索　https://gyosei.jp/inquiry/

〈検印省略〉

印刷　ぎょうせいデジタル㈱

ISBN978-4-324-11019-5
（5108730-00-000）
〔略号：配偶者居住権〕